扬州大学出版基金资助

经济发展中的中国农村教育问题研究

1949-2009年

时磊 著

中国财经出版传媒集团
中国财政经济出版社

图书在版编目（CIP）数据

经济发展中的中国农村教育问题研究：1949—2009 年 / 时磊著. --北京：中国财政经济出版社，2022. 9
ISBN 978 -7 -5223 -1683 -3

Ⅰ. ①经… Ⅱ. ①时… Ⅲ. ①乡村教育 - 研究 - 中国 - 1949 - 2009 Ⅳ. ①G725

中国版本图书馆 CIP 数据核字（2022）第 171487 号

责任编辑：吕小军　　责任校对：张　凡
封面设计：思梵星尚　　责任印制：党　辉

中国财政经济出版社 出版
URL：http：//www. cfeph. cn
E - mail：cfeph@ cfeph. cn

社址：北京市海淀区阜成路甲 28 号　邮政编码：100142
营销中心电话：010 - 88191522
天猫网店：中国财政经济出版社旗舰店
网址：https：//zgczjjcbs. tmall. com
北京财经印刷厂印刷　各地新华书店经销
成品尺寸：170mm × 240mm　16 开　20. 25 印张　256 000 字
2022 年 9 月第 1 版　2022 年 9 月北京第 1 次印刷
定价：82. 00 元
ISBN 978 -7 -5223 -1683 -3
（图书出现印装问题，本社负责调换，电话：010 - 88190548）
本社质量投诉电话：010 - 88190744
打击盗版举报热线：010 - 88191661　QQ：2242791300

前　言

《经济发展中的中国农村教育问题研究（1949—2009 年）》一书的初稿本是我 2009 年 6 月在南京大学经济学院申请博士学位的博士论文。十几年之后，再回首看这部当时的研究，不免有很多的遗憾。在这次出版之前，我系统梳理了毕业以来围绕这部博士论文自己的相关研究，对数据、文献进行了相当多的更新，并且对许多相关内容进行了增补。但是，仍然存在非常多的不尽如人意之处，主要是完全拆掉原有的研究框架可能是困难的，许多重要的文献没有仔细阅读，或者没有读到；一些经典的研究方法也没有深入领会，等到时过境迁不免令人遗憾。

这里应该谈谈这部研究的初心，以及多年以后自己对研究的理解的深化，可能对读者会有所裨益。由于出身农民家庭，耳闻目睹并亲身经历沿着教育阶梯攀爬的痛楚，在河南大学读本科时就比较关注农村问题，对于“农村真穷，农民真苦，农业真危险”有着切身的感受，对于农家子弟而言，通过接受教育来改变命运是一种非常重要的选择。2004 年本科毕业后，有幸进入南京大学经济学院就读，而且经过选拔获得了硕博连读的资格，此后一直关注着农村相关领域的研究。最初的关注领域主要是农村公共产品——灌溉系统，在这个问题上写了一些论文。然后在南京大学学习的时光里，在小百合论坛上和一群志同道合的朋友就中国农村发展有过不少的讨论和争论，但是很遗憾没有花足够多的时间去读经典。博士论文选题时觉得灌溉系统这个题目太小，无法展开一部博士论文，就开始转向和农村公共产品相关的农村教育问题研究。

中国农村教育问题研究的主要困难在于具体数据获取。读博士期间自己没有对整个宏观层面的切身感受，也没有合适的机会获取更为细致的微观数据，相关的公开数据当时还非常少。幸运的是，后来拿到了南京大学学生社团“天健社”在唐仲英基金会资助下的一个微观调研数据，但是间接数据可能存在着许多缺陷，所以最终的研究难免不够深入。博士毕业之后除了利用这一数据整理一篇论文发表在2010年的《财贸研究》之外，没有进一步的相关研究，反而是在当时看起来不起眼的“计划经济时期”的农村教育发展领域，做出了一系列的研究成果，这包括2010年发表在中国香港《二十一世纪》上的论文“文革时期的教育扩展”，2014年发表于《南京大学学报（哲学人文社会科学版）》的论文“‘分权计划经济’时期的普通教育发展：经济史的再考察”，以及2018年发表于《中国经济史研究》的“教育体制分权与计划经济时期的学校发展：经济史的再考察”，还有一篇未发表的研究成果。计划经济时期的教育发展研究的数据和资料相对可得性较好，当然这些数据主要是宏观数据，更为仔细的微观数据的获得也是比较困难的。这些后续研究由于无法整合进博士论文体系，我将之放在附录中，以飨读者。博士论文中许多内容成为我后续研究的基础，例如新中国经济史部分写出了“政府主导工业化：经济发展的中国模式”，这篇文章发表在2011年第4期的《江苏社会科学》。

本书可以视作我自2000年读经济学本科以来研究的一个整体梳理，尤其是2006年读博士研究生之后对中国农村教育问题的一系列思考的整理和梳理。成稿的过程得到了众多的经济学研究专家和老师、同学及合作者的帮助，尤其是我的硕士和博士阶段指导老师南京大学经济学院杨德才教授，多年来耳提面命，谆谆教诲；合作者华东政法大学政治学与公共管理学院田艳芳副教授，数年以来仔细讨论，多次打磨；以及中国人民大学中国经济改革与发展研究院张杰教授、东南大学经济管理学院高彦彦副教授、南京信息工程大学商学院张三峰副教授等都在许多方面给予建设性的意见和建议。最后特别感谢扬州大学商学院的领导、同事在研究过程中给予的帮助，尤其是院长秦兴方教授，经济学系系主任高功步副教授，经济学系韩宏华副教授、陈杰副教授，汤学良博士、赵丽丽博士等，在此一并致谢！

本书部分增补内容为国家社科基金项目（18BJL044）的阶段性研究成果，本书由扬州大学出版基金资助出版。

本书在成稿过程中参阅了众多的参考文献，在此对这些文献的作者表示衷心的感谢，如有因疏忽而未有列出的，在这里表示万分的歉意！

由于作者水平有限，书中难免存在诸多不足之处，欢迎广大读者、专家给予批评指正！

时 磊

2022 年 7 月 15 日

目　录

第1章 导 论

1.1 问题的提出及理论背景

1.1.1 问题的提出

1949年中华人民共和国成立（以下简称新中国成立）以来，尤其是改革开放之后的40余年，中国经济超长期、持续高速增长，被称为“中国经济奇迹”。同时，也产生了诸多问题，被系统地称为“供给体系质量不高”，主要表现可能包括但不限于过度投资、外部不平衡、消费不足、收入差距大、腐败、滥用资源和环境污染等。以消费不足为例，与成熟市场经济国家明显不同的是，中国消费支出占国内生产总值的比重比任何一个大的经济体都要低，虽然近些年来有所回升，但是仍然低于成熟市场经济国家和中国经济发展初期水平。依据国家统计局数据，2020年我国最终消费支出占GDP比重达54.3%，这一比例远低于1978—2000年的60%上下，2000年最终消费占GDP比例为63.3%，之后一路下滑，直到2010年的48.5%。这一数值近些年来略有回升，但是仍然表现为“消费不足”。

姑且不论是由于居民消费不足，导致中国经济增长不得不依赖于大量的商品出口与投资，还是由于中国经济过度依赖于出口与投资，导致了居民消费不足，关键是形成了一个“消费不足与投资、出口依赖的负反馈”。2008年爆发的全球金融危机给中国这种经济增长模式以巨大的冲击，中国商品最主要的出口市场——欧洲和北美经济的去杠杆化、居民财富的大幅度缩水，使欧美的消费模式受到巨大冲击，从而中国商品的出口面临前所未有的“寒冬”。全球经济再平衡的要求使得“美国创造—中国制造”“美国消费—中国生产”的局面无法持续。尤其是2016年以来的中美贸易摩擦，凸显了中国经济增长方式转型的必要性和紧迫性。另外，长期以来，中国经济投资的主力是地方政府，地方政府投资主要依赖于较少受到中央政府管制的预算外收入，预算外收入的主要来源是地方政府出售土地的收入。2008年之后，地方政府的预算外收入大大缩减，从而其投资能力受到制约，而且地方政府债务的巨量累积，为中国经济未来的平稳增长产生了很多的潜在的风险，这进一步需要约束地方政府投资行为。投资的另一块——居民投资则主要集中于房地产投资和股票市场，但经济不确定性和居民债务杠杆居高不下大大降低了居民的投资热情和投资能力。“三驾马车”中的两驾已经面临巨大的困境，中国经济未来的可持续增长已然面临前所未有的挑战。

从目前来看，启动国内消费似乎是唯一的选择，否则大量的过剩产能得不到消化必然会表现为企业大量倒闭，从而引致大规模失业，后果将是十分严重的。从现有经济理论出发，居民消费取决于三种主要的因素：收入效应、财富效应和对未来的预期。首先我们来看收入效应，经济学家的研究发现，在近年的中国经济收入分配中，利润总额和国家财政收入比重不断增加，家庭收入在国民收入中的份额却不断减少。最引人注目的是，工资总额在GDP中的比例持续低位运行。这部分说明了中国劳动力过剩，在中国生产率提高的同时，相对而言工资却被压低了。也许我们会认为，工资低了，企业就会雇用更多的人，从而缓解工资总额占 GDP 份额小的情况，但是，工作岗位数量的增加却异常缓慢。另外，不仅仅是居民收入总额在相对下降，世界银行公布的数据显示，中国居民收入的基尼系数也已由改革开放前的 0.16 上升到 2007 年的 0.47，之后 10 年持续走高，2016 年仍为 0.465，不仅超过了国际公认的 0.4 的警戒线，也超过了许多发达国家的水平。凯恩斯的消费理论表明，收入越低的人边际消费倾向越高，所以收入分配不平等必然不利于消费的增加。

我们再来看财富效应，居民的财富增减显然会显著影响居民的消费。然而在中国，家庭财产性收入占居民收入比重非常小，在 2005 年已经下降到 GDP 的 2%，而美国这一比例是 15%。根据张兵、生晗（2020）的研究，2018 年中国居民人均可支配财产性收入占人均可支配收入的比重为 10%，与其他发达国家的 20%—40% 的比重仍有较大差距。而且财富的分布甚至比收入分配更加不公平，根据美林证券[①]的研究，中国 0.032% 的百万富翁阶层拥有中国个人财富的 73%。很多低收入家庭几乎没有什么财富。与此同时，由于法制的不健全、金融体系秩序有待进一步加强，普通居民几乎很难从投资中获得稳定的收益，必然会制约居民的消费。最后是关于未来的预期，最广为人们所接受的消费不足的解释是，中国人因为对退休金、医疗、教育的不确定感而将收入中越来越多的部分存了起来。由于社会保障制度不健全，居民的大多数没有得到覆盖，人们不得不进行预防性储蓄以缓解未来可能出现的不确定性。综上所述，收入不平等、财富占有的不平等，社会保障机制的不

① 转引自“美林报告：中国有‘百万富翁’34.5 万名”，《国际金融报》2007 年 10 月 18 日。招商银行与贝恩公司发布的《2021 中国私人财富报告》，结果也有类似之处。

平等是导致居民消费不足的根本原因所在。

如何才能改变现有经济中的收入不平等、财富不平等，以及社会保障机制的不平等，毫无疑问是要坚定不移地推进社会主义市场经济建设，更好地进行财富和收入再分配。但是推动制度改革和加大财富和收入再分配牵涉利益格局的调整，可能损害一些人的利益，所以在现有制度结构下可能会受到一些阻力。而且我们加大了收入分配结构的调整，很可能会削弱经济的激励结构，使得经济增长面临类似于“福利病”的问题。这些方式在短期内是有效的，对中国经济增长模式的转变具有重要的意义，而更长久地削弱收入不平等、财富不平等的机制，是大力发展教育。Hannum 和 Buchmann（2005）写道，教育机会的扩展，可以同时提升收入的平等性和经济增长，是一个在大多数社会里通行的“双赢”战略，而且比财产再分配政策更容易实施。简言之，教育是减少贫困和不平等的有力武器，并建立在经济持续增长、容易治理和管理的基础上。霍雨佳（2021）通过中国家庭追踪调查 2016 年数据库研究了教育代际流动对收入不平等的影响，发现教育代际流动的性别差异随家庭教育背景不同而变化，低等教育家庭收入机会不平等的性别差异最为严重。

王燕（2007）发现，教育不平等和收入不平等存在某种内在关系。例如，在 1960 年，韩国的人均收入与印度接近，但是韩国的教育基尼系数是 0. 55，甚至低于印度 2002 年的数值，而且当时韩国的教育分配甚至比收入分配更加公平。到了 20 世纪 90 年代，韩国的收入基尼系数为 0. 29，教育基尼系数为 0. 10，印度 1997 年的收入基尼系数则为 0. 38，2000 年的教育基尼系数高达 0. 58。一般而言，教育更平等的国家未来收入会更平等，而且经济增长速度更快。中国的教育不平等主要表现为中国城乡教育发展的巨大差异，并且今天的中国正处于农业社会向工业社会转型的时期，在 13 亿人口中，农村居民高达 7 亿多，随着劳动力在城乡之间、地区之间的流动，农村居民正成为中国经济发展的主力军，是财富的主要创造主体之一，所以他们的教育状况和文化素质已经超出了“三农问题”的范畴，而与整个社会经济发展息息相关。随着大学扩招进行了20年，“教育红利”将成为中国经济未来发展的动力。

中国农村教育的发展问题对于中国经济未来的增长和发展已经提升到了一种战略的高度，无论是解决经济增长模式转变的内在要求，还是为未来经济提供更多的合格的现代知识劳动力，以及从哲学角度让每一个人都有过上幸福有尊严的生活的能力来说，都是如此。但是现有的关于农村教育发展研究的文献主要集中于教育学和社会学，缺乏经济学视角的研究。加里·贝克尔（1995）认为，经济学之所以作为一门学科，不是因为它的研究领域，而是因为它的研究方法。经济学的研究方法对人类行为的研究和分析在诸多领域里为人们提供了如此多的洞见，深深改变了这个社会，促进了资源更合理地使用和配置。本书试图用这一思想来研究中国农村教育发展问题，为这一问题的解决贡献一点力量。

1.1.2 理论背景

钱颖一（2002）将现代经济发展中的核心问题归结为：把激励搞对。伊斯特利（2005）悉数分析了发展中国家经济发展中遇到的各种问题后指出，激励机制的扭曲是发展中国家遇到的最大的问题。时磊、杨德才（2007）也写道，发展中国家的贫困与其说是缺乏物质资本、技术或者说是人力资本，不如说是缺乏有效的经济制度。彼得·鲍尔批评“资本决定论”时写道，“与其说发展依赖于资本积累，不如说经济发展创造了资本”，“所有的发达国家都始于不发达。假如恶性循环理论是正确的话，那么人类将仍处于石器时代”。所以鲍尔认为，当一个发展中国家摆脱了初始的贫穷状态之后，决定其经济发展效果的主要因素在于本国的制度和政府行为①。本书的分析主要是使用新制度经济学以及其他分析工具，分析的主要角度是社会博弈参与人的激励结构。本书认为，中国农村教育发展遇到的种种问题与农民、地方政府以及教师、学校的激励结构存在问题有关，如果我们能够进行制度改革，改变那些不合理的教育制度和经济制度，教育的发展并不是一件困难的事情。当然我们也考察了教育投资能力的问题。

与以往的研究单方面强调教育投入不足、教育投入地区差距不同，我们认为教育资源的短缺是存在的，但是更为严重的是教育资源的浪费，本来就并不丰富的教育资源在越是贫穷落后的地区越是没有得到合理的利用。这与近些年过度强调考试的"内卷化"并不矛盾，教育的本质应该是培养合格的人。所以与加大政府教育投入必须同时进行的是，教育制度体系的改革，以及相关经济体制的改革，只有更合理地使用教育资源，教育发展才会更加迅速。幸运的是，近年来经济学的研究已经摆脱了传统经济学致力于分析市场机制的运行及其影响的范畴，开始对发展中国家的经济运行机制进行研究，这些研究成果对我们理解发展中国家的经济发展与增长毫无疑问是重要的，教育发展作为经济发展的一个方面自然也身在其中。

我们这里首先提及的是关于农民行为的研究。以前，很多经济学家认为，新古典经济学分析方法不能用于分析农民的行为，因为农民是"非理性的"。舒尔茨（1989、2001）曾严厉批评这种观点，认为我们不能理解农民行为本身是因为我们没有去深入考察农民做出决策时所受到的约束条件。弗兰克·艾利思（2006）深入研究了农民行为后发现，在许多发展中国家，那些主要从农业中获取生活资料，在农业生产中主

① 转引自詹姆斯·道主编：《发展经济学的革命》，上海三联书店2000年版，第9页。

要利用家庭劳动的农户，被迫部分地参与常常是不完全或不全面的投入和产出市场，这是他们贫穷的根源所在，也可能是他们表现得与完全市场经济条件下行为者不同的原因。艾利思认为，假如市场运行的大部分条件——信息、交通、迁移、投入、产出和消费品的多样化和充分性——得到满足，我们所说的把农民和其他社会集团区分开来的那些特征就会慢慢消失。

其次是对于经济发展的研究，经济发展不同于市场机制条件的运行。新古典经济学所研究的是一个静态的、封闭的经济体系，而经济发展更多是一个动态的非均衡过程。如果我们将传统农业社会视作一个均衡状态，如舒尔茨（1989）那样，而将现代经济视作另一种均衡状态（这正是新古典经济学的分析），那么从一种均衡到另一种均衡的发展必然要经历一个非均衡的增长与发展过程。这一过程将怎么转变，新古典经济学对之的研究十分有限。由于不符合新古典经济学的研究范式和研究规范，在很长一段时期内，发展经济学一直处于一种被边缘化的境地。而要打破一种均衡状态，必须引入新的要素或者新的生产方式（舒尔茨，1989），引入新的生产要素或新的生产方式，我们可以称之为创新。Baumol（2001）发现，因为新古典经济学体系的封闭性，创新很难融入新古典经济学研究之中。随着新古典经济学的不断发展，尤其是信息经济学、合约理论、激励经济理论以及博弈论的发展，为发展经济学提供了越来越多的可供使用的工具，发展经济学近年来也发生了脱胎换骨般的变化，这主要表现为对传统农业社会分析的深入，而并不是经济发展过程分析的扩展。传统经济学尤其是微观经济学的动态研究并不适合于经济发展研究。

然后是近年来对政府行为的研究日渐深入，传统经济学将政府视作“无所不知而仁慈的暴君”，一旦市场出现解决不了的问题或者做不好的事情，就理所当然地认为政府可以做好这些事情，从而传统财政学的主要内容就是分析私有经济中各种财政制度对于个人或集团行为的影响。以布坎南（1988）为代表的公共选择理论否定了这种观念，将经济学研究方法引入政府行为的研究，他认为，“政治领域的人也如包括市场在内的其他领域中的人一样追逐私利”。而政府的本质被视作一个官僚机构，所以就引发了一系列关于官僚机构研究的文献。Niskanen（1968、1972）认为，官僚在给定公共需求与公共产品成本的条件下，根据最大化自己部门的财政支出的目标来制定财政预算，决定公共产品的供给数量和成本；而财政预算由以公众支持最大化为目标的政治家负责审批。周黎安（2004、2007）对中国地方政府的研究也具有重要的理论意义，中国地方政府像企业一样进行竞争，以邻为壑，但地方政府竞争是一种类似于锦标赛的为了晋升而追求经济增长的过程。对地方政府的研究在过去的20年是一个非常热门的议题。

最后是对于政府部门供给公共产品，还是将公共产品的生产责任外包给私人机构进行市场化的争议的研究。Hart、Shleifer和Vishny（1997）构建了一个模型，供给者可以投资于改进产品或者服务的质量，也可以投资于降低成本。他们发现，如果合同是不完全的，私人供给者比政府公共部门有更强的激励参与质量增进和成本减少。但是，私人供给降低成本的合同激励更强，因为质量很难在合同中得以量化。他们用这一模型来理解监狱私有化中的成本和收益。这一分析文献也可以用来理解学校和教师的经济激励，私立学校和私立学校教师相对而言有更强的合理使用教育资源的激励，无论资源是用来增进教育质量还是降低单位教育成本。但是私立学校和私立学校教师有更强的降低成本的激励，因为教育质量是更难测度的，所以对于教育市场化的讨论需要谨慎。

经济学的发展和工具箱的日益丰盈为我们理解现实经济提供了更多的帮助，但总结起来还是如我们一开始所讲的那样，经济发展的效率和经济增长的良性循环依赖于把激励搞对，教育发展也是这样。有了激励机制，家长才会更积极地进行投资，并督促学生的学习，学生也会更加努力地学习进步，政府会加大投入并合理地使用教育资源，教师和学校也会充分合理使用资源，努力提高教学质量。而这些良好的结果又会促进经济发展，为社会提供更多的合格劳动者，使得社会更加平等，经济增长更加迅速，从而为教育投资提供更多的收入来源。与之相反的是一个坏的均衡，教育投入不足，经济增长质量差，学生不爱学习，教师和学校不努力提高教育质量。所以我们必须要明白如何建立一个好的社会经济教育均衡，而如何建立一个这样的均衡依赖于我们对经济教育互补性的分析和理解，这就是本书的主要内容和努力目标。

1.2 文献综述

西奥多·舒尔茨（2001）写道，“改进穷人的福利的关键性生产因素不是空间、能源和耕地，而是提高人口质量，提高知识水平”，“而人口质量的提高很大程度上是由于接受了更多的教育”。伊斯特利（2005）引用联合国和其他机构的资料写道，“教育可以实现‘更安全、更健康、更繁荣和更环保的世界，同时促进社会、经济、文化发展，促进宽容和国际合作’”。“特定国家的总体教育水平……决定了一个国家分享全球发展成果、从知识进步中受益和在自身进步的同时对他国教育有所贡献的能力。这是一个不言自明、不容争论的真理。”其他关于教育作用的论述虽然没有将其提高到这样的高度，但仍然认为教育是经济成功增长的秘诀之一。

1.2.1 教育扩展的主要原因

教育扩展是20世纪一个较为独特的现象。Goldin 和 Katz（2009）将20世纪称为“美国的世纪”和“人力资本的世纪”。20世纪早期，美国在劳动力队伍的技能投资方面具有异乎寻常的优势，这可能是驱动美国经济长期持续增长的核心动力之一。中华人民共和国成立70余年来取得了举世瞩目的经济社会发展成就，回顾中国经济增长历程不难发现，当代中国经济发展的过程和成就印证了许多经济理论的重要结论，如“人力资本”。伴随着中国经济高速增长的、规模巨大的正规学校教育扩展，对经济社会发展的驱动效应长期以来并没有得到客观的评价。时磊、杨德才（2014）整理了1956—1978年“分权计划经济”时期中国普通教育的高速增长和巨大发展；邢春冰、李实（2011）分析了20世纪90年代中国高等教育大规模扩展现象。依据诸多研究文献，我们不难猜想，持续半个多世纪的中国经济社会巨大发展是否是由人力资本积累和增长推动的，中国经济发展是否也存在“人力资本的世纪”？当然这并不是这里的核心主题，我们关注的是，是什么驱动了教育扩展？

政府和国际组织是发展中国家教育发展的最大推动力。伊斯特利（2005）认为，在发展中国家，从1960—1990年，学校的规模急剧扩展，反映了政府对教育的重视。在世界银行和其他基础教育捐助者的推动下，1990年全球有一半的国家已经实现100%的小学教育。而在1960年，仅有28%的国家达到这一目标。在1960年，小学入学率的平均水平为80%，1990年则增加到了99%。在这些枯燥的数字背后是一个个的教育奇迹[①]。Wolf（2005）也认为，政府是教育发展一个十分重要的

---

① 伊斯特利：《在增长的迷雾中求索》，中信出版社2005年版，第68—69页。

推动力量。政府投入教育的激励可能表现在：政府教育投入可以加快经济增长；政府教育投入具有重要的公平效应。但是我们必须注意教育的质量方面，而不仅仅是数量，伊斯特利（2005）写道，“政府通过行政手段普及基础教育并不能产生投资激励从而影响经济增长，教育的质量因投资激励的不同而异”。“在有投资激励的国家，孩子们将会努力地学习，家长的督导更严格，教师的压力也更大。而在一个经济停滞、没有投资激励的国家，孩子们就不会认真学习甚至有时逃课，家长会让孩子们不上课而去地里帮忙干活，老师的工作会接近一个保育员”。“腐败、教师的低工资和文具开支不足，这些问题都会扭曲提高教育质量的激励”。

舒尔茨（2001）认为，上学读书本质上是一种投资，若将所有的教育支出都当作当前的消费，就会阻碍教育发展。由于教育的投资和收益发生在不同时期，中间存在着一定的时间间隔，所以对教育的观念成为促进教育发展的重要因素。联合国开发计划署驻华代表处（2003）写道，在改革开放之前，中国在提高社会和经济指数方面的成绩得到了广泛的认可。但是，不管在城市还是农村，随后的经济改革都减少了政府在医疗卫生和教育方面提供的公共服务。舒尔茨（2001）认为，在很多低收入国家，包括高等教育在内的学校支出都占国民收入的很大部分。这些支出数额在很大程度上与计量（看待）储蓄和投资的传统国民收入会计方式有关。

时磊、杨德才（2018）指出，新中国成立以来学校教育发展堪称“奇迹”，这一“奇迹”相当部分是计划经济时期（1949—1978年）完成的。计划经济时期普通学校发展“奇迹”的成因是什么？通过梳理中国经济史脉络基础，这篇文章认为，1949年新中国成立后，中国实现了教育指导思想的“大众化”转向，其重要体现是教育体制分权。计划经济时期教育体制分权主要体现在：第一，坚持国家办学和厂矿企业、社队办学的“两条腿走路”方针；第二，建立了具有中国特色的“民办教师”制度。教育体制分权降低了就学的直接成本和机会成本，提高了教学质量，推动了学校教育的发展“奇迹”。使用全国层面时间序列数据以及省级层面静态面板、动态面板数据分析均证实，测量教育体制分权的普通学校专任教师数是推动在校学生数量增长的核心因素，学校数量增长许多时候也是非常重要的，但这一指标噪音较大。最后，利用研究结论反思当前农村教育发展的一些问题，这篇文章的许多结论具有启发意义。

与发展中国家的教育发展大多依赖政府和外来援助推动不同，很多经济较为发达的国家教育发展来自于私人需求的推动。由于私人需求的推动，大多不会出现如发展中国家那样的，由于激励扭曲而导致数量扩张的同时，教育质量极其低下。而发达国家的教育需求高主要源于高回报率，发展中国家却缺乏这样的工作机会和就业机会。发展中国家的教育扩展甚至并没有给社会带来经济增长，从而使得学者们开始怀疑“教育到底有什么用”（伊斯特利，2005）。那么引致教育发展的教育需求是怎样产生的？本质上讲，还是教育能够带来经济收益，舒尔茨（2001）认为，“人类自出生之后所获得的任何质量素质，都需要付出一定的可具体计量的成本。每当值得付出这一成本的时候，总会刺激人们去进行质量投资。”“经济的现代化明显有利于创造各种新的机遇和刺激因素，促使人们获得更多的人力资本”。

那么具体的教育是如何促进人们获得经济收益的，特别是在经济发展的过程中？舒尔茨（2001）认为，“一国的农业产量向日益增长的状态转化的过程就是农业的现代化。在此过程中，由于可能得到更好的机会，所以必须调整农业的生产经营方式”。“在一个动态的经济过程中，应付非均衡的能力具有很重要的价值。这种非均衡是必然的，无论是法律，还是公共政策，都无法将之消除，花言巧语也肯定不能改变经济的非均衡状态”。而以教育为核心的人力资本正是对人的处理非均衡能力的培养，所以教育具有重要的经济投资价值（赖德胜，2001）。在经济技术处于停滞的均衡状态的“传统农业社会”，教育几乎没有任何社会经济价值（舒尔茨，1989）。

在当代经济研究文献中，教育培养出来的东西被称为“技能”（skill），但现有的文献并没有对之做出比较严格的定义，本书试图通过文献梳理构建这一概念的基本内涵。维基百科对技能的定义是：技能是指人们在既定的时间和条件下执行某一任务、达到预期结果的能力，这种能力是可学习的。黄玖立、冼国明、吴敏和严兵（2014）区分了劳动者的能力和技能：能力（ability）指劳动者“个体具有的影响其工作业绩的、持久不变的特质”；技能则是指“已被开发出来的有利于学习或更快学习知识的潜质”。Berman、Bound 和 Griliches（1994）在描述技能劳动力需求增长的时候写道，“伴随着使用机器和资本替代非技能劳动力，生产技术复杂性增加，需要更多的技能劳动力来检测、评估和监督整个生产过程”。现有诸多文献也指出，具备更高技能的劳动者更擅长处理越来越多的不确定性和责任（Caroli 和 Van Reenen，2001）。高技能劳动力更擅长沟通，以减少信息的重复（Zammuto 和 O’Connor，1992）。Goldin 和 Katz（1998）将制造业生产过程区分为两个阶段：机器安装、维护阶段，生产、装配阶段。技能劳动力的使用主要出现在机器安装、维护阶段，机械师安装机器设备并使其能够稳定运转。机器设备的安装、维护具有一定的周期：最初阶段机器设备都是粗糙的，运行需要高技能的机械师精心照料，直到技能劳动力创造了可以稳定运行的机器设备，非技能劳动力才可以使用原材料和资本品来创造最终产品。

综合上述分析，技能劳动力可能主要指的是，能够不断学习、快速学习，具备处理非常规、非均衡和复杂问题能力的劳动者。现代工业生产过程中，技能劳动力需要将不确定的、复杂问题转变为可以让物质资本、非技能劳动者处理的简单环境。Goldin和Katz（2009）列举一个例子，19世纪40—60年代，电报是一种非常重要的技术进步，电报员成为技能劳动力，“一名电报员是一名全能员工，他们常常身兼办公室的‘文员、记账员、换电池的人’等数个角色，甚至‘一拧就能把电线修好’”。但仅仅20年后的19世纪80年代，伴随技能复杂性下降电报员就沦为“玩键盘的”。“技能一旦和单一任务挂上钩，这项工作就很容易变得没有前途、没有出头之日。”技术进步初期，系统的不确定性和复杂性尚未被人们完全认识，显然无法将生产过程简化，要么内置于机器设备黑箱，要么引入非技能劳动力，这时候需要大量的、能够处理非常规和复杂问题的劳动者。Vernon（1966）的“产品生命周期理论”也指出，“生产技术可能不能够转移到欠发达国家直到他们成熟到一定的点，生产过程被改造得能够使用大量的非技能劳动力进行批量生产”。随技术进步不断完善乃至成熟，生产过程越来越稳定，不确定性和复杂性已经被至少大部分破解，这时生产过程的核心问题转变为如何将产品成本进一步降低，高成本的技能劳动力反而成为不利的因素。Acs和Audretsch（1987）也写道，技术创新导致的产品设计快速变迁和演化，可能需要更多的技能劳动力；相比于产品生命周期成熟阶段和下降阶段的“资本密集型”特征，产品生命周期早期的“技能密集型”可能是一个更为重要的特点。总而言之，技能具有非常重要的经济价值。

教育具有重要的经济价值与生产率的提高也有重要的关系，而生产率的提高是与专业化分工紧密联系的（杨小凯，1998）。专业化分工由于减少了不同工作之间的转换成本，增加了每个个体的熟练程度，有利于生产率的提高（Smith，1776）。专业化分工导致社会成员被递增地划分为不同的部分，这有利于知识的积累，因为不同领域的个体可以在原有的知识积累的基础上更加细分地从事工作，这也会导致效率的增加。

效率的增加加剧了社会的复杂性，加剧了人们对前人知识积累的依赖性，这就为教育的作用提供了巨大的空间。每一个个体进入社会之前，必须要花费越来越多的时间来学习社会所积累下来的这个专业领域的知识，然后才能在此基础上发展。正是这个原因，教育在现代经济增长中扮演着越来越重要的作用（Charlton 和 Andras，2005；福格尔，2003）。而作为社会复杂性增加带来高效率生产的重要环节的个人，自然会获得较高的教育收益，从而促使其进行教育的投资。

专业化分工提高了技术水平的结果打破了“传统农业社会”的“熟人社会”传统，人口的流动性增加，原有的简单的交易环境和交易习惯被破坏，更复杂的交易规则不得不被挖掘出来。离开了传统的“熟人社会”，离开了简单治理的合约环境，要签订新的合约，要防止陌生人群一次性博弈的机会主义行为，必须有更多的合约签订，这需要更多的知识。而陌生人组成的劳动力市场的“信息甄别”问题也显露出来，当面临一群陌生的求职者，谁是高能力的应该支付高工资，谁是低能力的应该支付低工资，这种类似的问题开始困扰雇主。同样，雇员也需要向雇主表明，自己是高能力应该获得高工资，这样教育的信号作用也会导致对教育投资的加大（Spence，1973；Rothchild 和 Stiglitz，1976）。

教育扩展发生的另一个重要原因是，人类社会的知识传播和传承方式发生了较为根本性的转型。阅读史料会发现非常令人惊讶的现象是，直到20世纪初甚至在现代科学技术的发源地西欧，整个社会人力资本积累的速度仍然非常缓慢，人力资本积累方式中学校教育也是不重要的。最为主要的技能积累方式仍然是在职学习和学徒培训（Goldin 和 Katz，1998）。例如，1910年以前属于高技能劳动力的机器安装、维护人员包括机械师、工程师等的认知技能，包括数学、几何、三角函数和图纸，最主要的获取方式是在职学习。始自20世纪10年代的美国高中教育扩展使得上述认知技能越来越多地被精确地在正规学校里加以教授。这种史无前例的、具有明显“大众化”特征的教育扩展现象很可能是对逐渐加速的技术进步的一种回应。科学技术缓慢积累的漫长历史孕育了20世纪初期的技术进步逐渐加速，传统的、非标准化的人力资本积累方式显现出越来越多的弊端，已经没有太多时间，也没有足够现成的训练机会提供给新生代劳动力，进行在职学习和学徒培训，社会分工程度加深也导致技能劳动力需要更多的科学技术基础。Goldin 和 Katz（2009）之所以将20世纪称之为“人力资本的世纪”，最为重要的原因可能是在这个世纪人力资本的积累速度和积累方式发生了根本性的变化。这个世纪人力资本的积累速度明显加快可能又源于人力资本的积累方式变革，即由在职学习和学徒培训转向学校教育体系。

教育扩展发生的另一个重要原因是，贯穿整个20世纪，学校教育体系的办学性质发生了较为根本性的转型。这个世纪之前绝大多数国家和地区的学校教育体系是以选拔社会精英、完善国家治理为目的的，在这个世纪学校教育体系出现了明显的“大众化”趋势，以提升整个社会的人力资本存量为目标。20世纪学校教育体系的办学性质和目标转型，最为直接的证据可能是学校教育内容的变革。黄玖立、冼国明、吴敏和严兵（2014）十分敏感地指出了转型后的学校教育内容：学校教育旨在改进或予以提高的技能包括演绎推理、数字演算、文字表达、文字理解等认知能力和听说读写等基本技巧。各种教育扩展为表现形式的学校教育性质和内容变革积累了大量的人力资本，即具备处理非常规和复杂问题能力的“技能劳动力”。学校教育性质和内容变革使得进入学校接受教育，可以获得处理复杂问题的能力，实现生产率提升，进而获得更高的平均工资水平。现有研究文献主要使用“技能溢价”和“教育回报率”测量接受学校教育、进行技能投资的经济收益率（Katz 和 Murphy，1992；Acemoglu 和 Autor，2012），这是理解“人力资本世纪”

的又一个关键。伊斯特利（2005）谈论发展中国家教育扩展时写道，“政府通过行政手段普及教育并不能产生投资激励从而影响经济增长，教育的质量因投资激励的不同而异”。“在有教育投资激励的国家，孩子们将会努力地学习，家长的督导更严格，教师的压力也更大。”

广泛的学校教育规模扩展引发的“技能劳动力”供给巨幅增加，在1949年新中国成立之后尤其是1978年改革开放以来表现得非常突出。依据本书作者测算，中国新增劳动力队伍中受教育水平为初中未毕业的比例已经由1978年的50.5%下降到2008年的13.1%；受教育水平为初中毕业到高中未毕业的比例由1978年的23.1%上升到了2008年的60.7%；受教育水平为高中毕业到本科未毕业的比例由1978年的25.4%下降到2008年的1.7%；受教育水平为本科毕业以上的比例由1978年的1.0%上升为2008年的24.5%。依据Goldin和Katz（2009）的研究，驱动20世纪成为“美国的世纪”和“人力资本的世纪”的核心原因是“教育和技术的竞赛”，即广泛的学校教育扩展引发的技能劳动力供给持续增加和“技能偏向型”技术进步导致的技能劳动力需求日益增长。“中国经济增长奇迹”是否是“人力资本的世纪”驱动的结果，逻辑推演中至关重要的一环是中国是否发生了“技能偏向型”技术进步？宋冬林、王林辉和董直庆（2010）使用1978—2007年宏观层面时间序列数据检验了中国经济是否存在“技能偏向型”技术进步，实证结果支持中国经济发展中存在较为明显的“技能偏向型”技术进步。这种“技能偏向型”技术进步主要表现为，资本体现型技术进步中，前沿技术固定设备投资与技能劳动力呈现较强的互补性。在研读相关文献基础上，我们认为，这一处理方法具有一定的合理性，但微观层面上却没有将影响技能劳动力需求的部门偏向因素和“技能偏向型”技术进步分离开来。

1.2.2 教育回报率估计的方法与文献回顾[①]

舒尔茨（2001）写道，“我们将把各种后天获得的、有价值的，并且能够借适当的投资而增长的人口质量因素，视为人力资本”。而学校教育是最为重要的人力资本积累途径之一（Lucas，1988）。作为一种重要的人力资本投资，教育可以提高个人的生产率水平和收入水平，这是人力资本理论的重要内容。对个人教育回报率的估计是验证人力资本理论的一个重要方面，也是研究教育需求的一个重要方面。现有的对教育回报率的估计方法主要有两种：一种是“明瑟法”，另一种被称为“内部收益法”[②]。“明瑟法”（Mincer – type Method）是由经济学家明瑟最早提出的，它通过一个简单的方程来估计教育个人回报率：

$$\mathrm{Ln}Y = \alpha + \beta \cdot S + \gamma_1 \cdot X + \gamma_2 \cdot X^2 + \varepsilon \qquad (1.1)$$

其中 Y 为就业者收入；S 是就业者受教育年限；X 是就业者的工作经验；β 为明瑟收益率，它的含义是：在相同工作年限条件下，多接受一年教育的就业者收入比未接受该年教育的就业者的收入的变化率。明瑟方程的结果存在着很多的问题，但“明瑟法”由于其方法简便、对数据要求较低而大大流行。它存在的问题中，最经常被人们提及的是遗漏能力变量导致的内生性问题（如罗楚亮，2007）。文献解决这一问题主要利用智力测验结果作为能力的代理变量来控制可能的遗漏偏误，或者使用双胞胎数据、兄弟姐妹数据来控制遗漏能力变量（如 Ashenfelter 和 Krueger，1994）。但是利用智力测验存在相关关系不足、测量误差等可

① 诚如前文分析，较高的教育回报率是教育扩展的重要原因，但因为这一问题更重要，且在现有文献中分量较重，这里单独做一小节进行介绍。

② Psacharopoulos（1981）还提到了第三种方法，他称之为“便捷法”（short – out method），但这一方法在文献中几乎很难见到。

能偏差。双胞胎数据可能代表性不足，存在样本选择偏误，而且此类数据较难得到。另外的处理方法如工具变量法，也存在诸多问题，主要是寻找外生的工具变量非常困难。Li 、Rosenzweig 和 Zhang（2010）是一篇估计教育回报率的优秀论文，使用同卵双胞胎、异卵双胞胎等数据非常巧妙地控制了可能存在的家庭因素、能力因素等，但不可否认这里面仍然存在一些核心假设，即同卵双胞胎能力几乎相同。近年来，大多数经济学家都开始同意，可以直接用明瑟收益率作为经合组织（OECD）国家的教育回报率测度。这主要基于两个原因：一是大多数研究发现能力偏误相当小；二是工具变量等其他方法估计存在问题，而且工具变量的解释力比非工具变量要弱很多。

但对发展中国家的教育回报率估计直接使用“明瑟法”尚存在诸多争议，主要的原因是工资数据的代表性不足以及教育质量的过大变异（Jones，2001）。Jones（2001）指出，在估算发展中国家教育回报率时，若没有可控制的指标，较大的教育质量变异会影响教育回报率估计的有效性。一般处理这一问题的方式是使用城镇样本，这样教育质量的变异会大大减小，虽不能完全一致，但可以很好地减小估计偏误。在估计农村地区教育回报率时，很多学者尽量使用小范围的调查以减小这一问题。发展中国家教育回报率估计的另一个重要问题是工资指标选取问题。发展中国家很多人口在非工资部门或非正式部门就业，若只使用工资部门数据会导致样本选择偏误；同时工资代表的收入在不同人群具有不同的意义。样本选择偏误及其他问题的处理比较复杂，而且还对数据有进一步的要求（Heckman，1978）。比较简单的方法是使用收入数据，但收入数据可能存在非劳动收入影响。大多数研究都尽可能利用可获得信息处理掉这些因素。经过这样处理后，大多数文献都同意使用简单的类似“明瑟法”来估算发展中国家的教育回报率，在中国教育回报率的估计文献中更是大抵如此（如 Li，2003；Yang，2005；Zhang 等，2005）。

农村教育回报率的估计存在许多与前述不同的问题和困难。在“传统农业社会”中，大多数家庭作为一个生产单位进行生产，产生的收入很难分离出每个人的收入。家庭内部的收入分配规则并不是资本主义式的“边际分配规则”，而是平均分配的收入分享机制（刘易斯，1989；瑞，2002）。所以在估计农村教育回报率时用什么收入指标①是一个困难的问题，一般统计出来的都是家庭收入，可以换算成平均每个人的收入，但这一收入是否与某人的教育水平或者平均教育水平存在关系就变得不确定起来。而且农村家庭的内部分工也会使得每个家庭成员获得的收入并不能代表其真实的收入潜力。另一个问题是“明瑟法”中的工作经验问题，农民的工作经验是很难界定的，很多人在很小的时候就开始参与生产性活动。所以为了满足“明瑟法”的需要，很多学者利用年龄减去受教育年限再减去7的方法构造出一个指标代表工作经验（侯凤云，2004；陆慧，2004）②。但很容易发现这一指标与受教育年限存在高度相关。所以用“明瑟法”来估计农村教育个人回报率可能是勉为其难的，因为收入和受教育水平的对应很不好、很难统计出可信的工作经验数据。

因为这些问题导致的原因，很多学者采取了一般的生产函数“因素分析法”来估计农村的教育个人回报率（Jamison和Gaag，1987；孙志军、杜育红，2004；朱农，2003）。这一方法将教育作为一个基本的控制变量，通过对各种因素的分析，得出一个教育回报率。这一方法相对而言对数据要求更多一些。事实上，因为缺乏一个客观的标准加以衡量，对于哪种方法估计更合适，莫衷一是。但是大多数教育经济学的研究学者都认为生产函数“因素分析法”更适合农村家庭的特点，可能

① 因为农村家庭更难区分工资与收入，我们遵循一般理论研究的做法，不区分这一点。

② 这一方法最早见于李实、李文彬（1994）的研究，但他们并没有用之来估计农村教育个人回报率。

更准确一些。还有一个在农村教育回报率估计中较难解决的问题，就是前述的教育质量的变异性很大，一般而言，控制样本区域是一种较好的选择。

由于“明瑟收益率”属于相对指标，消除了价格和货币的影响，可以进行国际比较和不同时期的比较（陈晓宇、陈良焜、夏晨，2003），而且“明瑟法”对数据要求较低十分流行，我们可以获得较多的研究结果。Psacharopoulos（1994）是一位在教育回报率国际比较方面做出巨大贡献的经济学家，他估算了100多个国家的教育回报率，得出很多很有意义的结论。例如，发展中国家的教育回报率一般高于发达国家，初等教育的回报率一般高于高等教育等。英国经济学家McMahon（1991）发现，教育投资的回报率远高于房产投资，与机器设备、厂房投资相当，但风险更小。Psacharopoulos（1994）总结道，撒哈拉以南的非洲教育回报率平均为13%，拉丁美洲和加勒比海地区12%，亚洲（不包含OECD国家）10%。由此可以证实，较高的、在某种程度上超越很多物质资本投资的教育回报率是推动很多国家教育发展的重要原因。

Zhao（1997）发现，中国的教育回报率估计数值普遍都很低，但是中国的教育发展在发展中国家中属于良好的。她认为，在中国广泛存在的低教育回报率估计结果与在发展中国家处于几乎最高水平的入学率之间的矛盾必然意味着我们忽视了某种可能影响教育需求的教育收益。通过理论分析，她认为，教育可以通过影响找到工作的概率和提高在工作中的收入两方面起作用，而教育回报率的估计只是估算了后者的影响，但不能估计出前者，所以就会低估教育的经济收益。低教育回报率下教育发展可能的原因是，在教育回报率的估计中忽视了教育可以提高劳动者迁移的概率，而迁移可以大大提升经济收入，这里的迁移主要是指从农村到城市部门的迁移。通过一个隐函数Logit模型，作者发现教育在提高进入城市部门的概率方面具有非常重要的影响。与没有受过教育的劳动者相比，小学、初中和高中教育水平分别提高迁移的概率27.5%、50.8%和60.1%。通过这种方法作者调整出新的教育回报率，较高的教育回报率对于解释学校的高入学率自然是十分有帮助的。

1.2.3 教育的微观决策与经济发展中的教育投资

过去的大多数人口学文献所表达的观点都是，低收入国家的穷人没有获取人力资本的动机，因为传统观念对他们的束缚太强大了。所以这些专家认为，若要提高人口质量，必须设法使政府制订一些公共计划以强制提高人口质量。舒尔茨（2001）强烈批评这些观点，认为"这样评价穷人的行为没有什么可靠的依据。低收入国家的人民并不会对那些提供了值得刺激他们对自己的人力资本投资的机会，不感兴趣。那种认为穷人们总是无精打采、被动地受习惯支配，而不善于察觉新机遇的观点，与他们的行为并不相符"。伊斯特利（2005）也认为，必须提高穷人进行教育投资的激励，才有利于提高教育质量，有效地建立教育与经济增长之间的正向关系。

对教育投资需求的微观作用机理进行研究，一般而言有两种方法来进行：一种是个人最优决策模型。把家庭中孩子的数量及其他家庭和个人特征当作外生给定的，纳入预算约束中，将教育水平看作个人在约束条件下权衡教育的机会成本和收益的两难冲突所做的选择（贝克尔，2007）。

另一种就是家庭决策模型。这一模型起始自 Becker 和 Lewis（1973）建立的模型，假设孩子的教育水平是由父母选择的，父母根据家庭收入、抚养孩子的成本、消费品价格的因素决定对孩子的数量和质量（包括对教育）的投资。这类模型经常用于分析孩子的教育选择与生育率的联合决定以及家庭背景对孩子教育水平的影响。Becker 和 Lewis（1973）对孩子的数量和质量的相互作用的分析框架进行扩展，得出结论，“可观察到的数量的价格弹性超过了质量的价格弹性，恰好与我们就有关可观察到的收入弹性所得出的结论相反”。“这种与价格及收入弹性有关的数量—质量排列次序与其他作者的研究结果相符”。Fan（2004）在 Becker – Lewis 模型基础上引入童工因素，模型发现，如果考虑童工的话，生育和收入的负向关系要成立多少依赖于对父母效用函数价值的信念。尤其是，模型发现，如果子女的数量和质量在父母的效用函数中是相称的，没有童工的话，随着父母收入的增长，子女是正常品。但是，如果考虑童工的角色，将获得相反的结果：随着父母收入的增加，生育会下降，子女会受更好的教育。现有有关家庭决策模型的文献大概可以区分为三类：第一类，父母将子女视作“投资品”，父母以未来一生的预期收益来决定子女数量和质量的投资，即父母是否让孩子接受教育，接受多少教育取决于教育的回报率。第二类，父母将子女视作“消费品”，抚养子女的过程本身给父母带来了效用，而父母对子女的消费随着收入的增长就会升级，Becker（1960）最早将经济分析工具引入家庭行为研究，将子女和汽车、房屋等耐用消费品类比，父母对子女数量和质量权衡可以在既定偏好下分析。父母可能既从子女数量中获得效用，也从子女的质量（教育投资）中获得效用，Becker（1960）在文章中最早提出了家庭收入变化可能会影响父母对子女质量的反应，这和家庭对汽车、房屋等耐用消费品的收入质量弹性非常类似。例如，随家庭变得更加富裕，家庭可能并不是买入更多汽车和房屋，而是买入质量更高的汽车和房屋。这一研究的一个问题是父母将子女视作“耐用消费品”。第三类，如 Qian（2006）则认为，父母不仅将子女视作消费品，在发展中国家父母可能将子女也视为投资品，更有趣的是班纳吉和迪弗洛（2013）认为，对于穷人家庭而言，子女承担了“储蓄、保险和彩票”等多重功能。当然，前述文献中将父亲和母亲的看法视作一致的，存在统一家庭模型，但也有一些文献如 Bourguignon 等（1993）认为，家庭内部父母的偏好可能是不一致的，存在着家庭内部的“讨价还价”。Qian（2008）的研究发现，由于母亲更多抚养子女，更在意子女的质量，当母亲在家庭内部地位提高的时候，孩子的受教育状况会得到改善。

对家庭生育和教育相互作用决策进行研究可以解释很多有意思的现象。贝克尔（2007）写道，“家庭层面的子女数目和平均花费的负相关关系，说明了在大的层面上的人口增长和人力资源投入之间的密切的负相关关系。在美国，不同种族间的差异令人吃惊。规模小的家庭通常在单个孩子的教育和培训上花费较多，那些规模大的家庭的花费则少得多。日本人、中国人、犹太人和古巴人家庭规模小，孩子的受教育程度高；墨西哥人、波多黎各人和黑人家庭规模大，孩子的受教育程度则低得多”。Greenwood 和 Seshadri（2004）发现，在 1830—1990 年这段时间，美国真实工资增长了 9 倍，当用市场产品来衡量时，真实工资的长期增长意味着抚养孩子的机会成本将会增加。所以美国的生育率由 1800 年每个妇女生 7 个孩子下降到今天的 2 个，大大缩小了家庭规模。贝克尔（2007）认为，妇女工作机会的增加，与妇女工作激励的变化有很大关系，“起主要作用的因素是工作可以获得更多的报酬，它比传统观念对妇女行为影响还要大得多”。妇女更多地参加工作同时也与“人口出生率大大下降，离婚率迅速上升和服务行业变得越来越重要”密不可分。总结一下，对孩子教育投入的增加与经济发展、技术进步和由此而带来的社会观念都密不可分。

贝克尔（2007）强调，“科学和技术知识的发展传播提高了劳动力和其他要素的生产力。随着科学家、技术人员、管理人员和其他人员知识的增长，系统地将科学知识运用于产品生产，这极大地提升了教育、技能培训和在职培训的价值”。“中学和大学教育在现代经济中如此普及，是因为在技术先进的经济中通过学校获得的额外知识和信息非常重要。我应该补充一点，近几年随着对美国学校和劳动力素质的重视，文凭主义的拥护者变得沉默了”。如前面论述过的，在传统农业中教育几乎没有多少用处，因为耕作的方法和知识是父子相传的。因而，在传统经济中，农民往往是劳动力中受教育水平最低的。但是，现代的农民必须能够培育杂交种子、掌握养殖技术、使用化学肥料、操作复杂的农业机械以及应对商品市场未来的诸多变化。在帮助农民更快地适应杂交技术和其他新技术的过程中，教育的巨大价值已经显现（Welch，1970）。因而，毫无疑问，农民也应同现代社会的工人一样接受良好的教育。在制造业和服务业中，教育和培训对改进技术和提高生产力也同样有效。近期的研究表明，发展得越快的行业就越能吸引受过良好教育的工人，同时也能提供更多的在职培训（Mincer 和 Higuchi，1988；Gill，1989）。

教育不仅有利于经济的增长，而且对于投入结构的变化、产出结构的变化、产品构成的变化和质量的改进、居民生活水平的提高和分配的改善都具有重要的意义。我们以分配的改善为例来回顾，Heckman 和 Hotz（1986）研究了教育的代际传递性，父母的教育水平会很大程度上影响子女可以获得的受教育水平，而且父母对子女的其他教育、婚姻的稳定和其他重要的生活事项都会有重大影响。Fan 和 Stark（2007）发现，由于教育是影响收入的重要因素，教育的代际传递性会带来收入的代际传递性，所以他们认为一个人接受教育具有“代际外部性”。贝克尔（2007）写道，“下层社会”这个词为我们描述这样一种情景：受教育水平低、依赖于救济、早孕、婚姻不稳定等，而且这一切从上一代沿袭到下一代。如果政府能够增加“下层社会”的受教育机会，就可能会走出这种恶性循环，使得社会的分配状况逐渐得以改善。

1.2.4 政府的教育投资

Kasliwal（1998）认为，教育除了可以给个人带来正的私人回报外，还可以通过外部性带给社会更多的收益。受教育人口增加相互之间会形成协同效应。因为这一原因，大多数社会都倾向于对教育投资进行补助。如果市场是完全竞争的，且没有外部性，教育投资的私人收益和社会收益没有区别，那么市场机制就会实现最优的教育投资规模。一旦教育投资的私人收益和社会收益存在差别，似乎就需要政府来进行补助以实现最优的社会教育投资，但是政府会实现比市场更好的教育投资效率么？很多经济学家并不这么认为。郭熙保（2000）发现，在发展中国家的劳动力市场上，存在过多的大学毕业生，导致了“知识失业”。Kasliwal（1998）认为，政府投入高等教育的受益者作为一个利益集团对政府施加压力，这导致政府进行了错误的投资。政府部门补助所导致的错误激励促使更多的人投资于高等教育，政府投资可能不但没有实现社会资源配置的合理化，更可能使得社会资源配置进一步恶化。

舒尔茨（2001）认为，政府对教育进行投资不但可能影响资源配置效率，而且政府教育投资使得政府过多地干预教育，使得教育质量处于不断下降的境地。他写道，“那些尽力使家长们无权决定其子女所受教育的质量的政策，显然不符合我们的自由的价值观。在物质资本构成仍占绝大多数的私人市场部门内，要由企业家来决定其即将进行的投资的详细规划和数额。然而那些有孩子就读于大城市学校的父母亲们，却几乎根本不能决定其子女所受教育的细则。鉴于家长们的教育程度已经大大提高，这种现象就显得更不协调了”。“这种不能令人满意的局面，在很大程度上是由基础教育和高等教育都与学生和家长的自身利益的分离日益加剧导致的。”“虽然家长及其子女们的自身利益对教育体系的成功来说十分重要，但是，目前我们的教育筹资、组织，以及管理方式却越来越拒绝考虑他们的利益。”

缪尔达尔（1992）在对南亚国家的研究中也认识到，政府投入存在着方向性的问题，而不仅仅是投入资源的规模。他写道，“在南亚各种形式的教育中存在着大量的浪费现象，其中绝大部分是完全错误的教育。在把现代化和发展作为目标的前提下，传授和传播了各种错误的才能和错误的态度。这意味着教育的改善需要更好地使用资源，而不是简单地增加这个目标的资源量”。“出勤无常、留级和退学体现了资源的巨大浪费。如果小学教育的总支出用顺利完成小学毕业和获得一些实用文化能力的每个小学生的平均成本表示，那每个小学生的成本必然大大高于一般计算所得出的成本。不幸的是，这样计算所求得的每个小学生的成本在很贫穷的国家和乡村地区则特别高，最无力办学的地方浪费更大。”“人们很少注意去适应各种风俗。假期时机的选择在一个国家的所有地方，乡村和城市所有层次的学校几乎都一样，人们似乎很少做出真正的努力使假期与每年最需要孩子们作为田野劳动的助手，或代替成人放羊，或照顾更年幼的孩子的时间一致。特别是在一些较为贫穷的国家和地区，效率和纪律的缺乏充斥在教育体系。当小学生离开学校一段时间，他们就成为留级者，这往往就是自然而然允许蹲班生退学的前兆。”“对出勤不正常、留级和退学的问题所进行的研究少之又少。对于南亚国家教育的权威人士来讲，获得有关这些问题的全面和详细的数据是一项十分紧迫的任务。这是任何一项旨在根除学校体系中基层无效率和资源浪费等现象的政策制定过程中的起码要求。”

缪尔达尔（1992）也发现，政府主导的教育体制，教学内容脱离发展中国家的现实，这降低了教育可能获得的收益率，从而阻碍着教育的扩展和进步。他写道，“虽然小学生们只有少得可怜的书籍和纸张供他们学习，但学校正在变得‘书生气’过浓。而且这个问题有强化来自殖民主义时期和前殖民主义时期有害传统的趋势。在印度，甘地想把所有的课程进一步面向社会的生活并使手工劳动合作化的意图并没有实现。代表着甘地建议的淡化形式并继续作为小学体系中的一部分‘基础学校’，基本上受到上层阶级家庭的冷遇。”“在印度中等教育委员会1958年的报告中，直言不讳地对这一地区的中等教育提出了批评式的一般性总结，这个总结是好的，但事后针对这些批评几乎没有采取任何措施。中等教育的迅速膨胀有进一步降低质量水平的趋势。委员会发现以下问题：（1）现行所有课程的设计过于狭窄；（2）课程过于书生气和理论化；（3）课程过于繁重，没有提供丰富和有意义的内容；（4）课程没有为实践活动和其他各种活动作充分的准备，若课程设计旨在对个人进行全面教育，则上述课程理当在课程安排中占得一席之地；（5）课程安排没有迎合青少年的各种需要和能力；（6）课程过分受考试的约束；（7）课程没有包括技术和职业的目标，而这些是训练学生参加国家工业和经济发展所必需的。”

舒尔茨（2001）认为，教育中公平与效率的互补性在“追求公平”的过程中一直被人们所忽视。在我们的大教育体系中的最佳效率水平，很可能要比目前正在实施的许多改革对实现公平目标的贡献要大。“大多数财务教育专家们长期以来所关心的问题，是实现每个学生教育基金方面的平等。而实现这一目标的过程，大大促进了教育决策的中央集权化。中央集权化使得学校教育的技术和学科方面的问题目前主要是由职业教育工作者及教育行政管理人员决定。从事具体教学工作的教师和家长一样，无论其受过多么良好的教育，都被认为没有资格决定这类事务。”“某些职业教育工作所共有的政治信念是，大规模的教育体系对于提供最基本的优质教学及训练，具有相对的优势。”“这种教育体制下，教师和学生都必须像标准化的工业流程一样操作，教育本身所拥有的创造性被慢慢地抹杀。在这种教育体制下，鼓励人们成为优秀教师的刺激因素已变得既微弱又模糊，而且还遭到了严重的扭曲。”“这些教师正在像应当被预料到的那样，对向其开放的极其有限的机会做出反应。他们不是机器，而是人，对于其可能得到的、值得选择的机会，是能够察觉、理解，并采取相应行动的。”

1.3 本书的研究思路、方法和结构

1.3.1 本书的研究思路

本书的研究思路是：我们先对中国农村教育发展的历史和现状进行梳理分析，从中总结出一些“特征性事实”，在这些“特征性事实”基础上展开理论和实证研究。理论和实证分析主要从三个大的角度来进行：农民家庭的教育投资激励、政府的教育投资能力及激励和学校、教师的工作激励。对经济发展中中国农民家庭教育投资激励的研究分为两块：农民家庭收入的角度和农民家庭支出的角度。我们认为，只有教育能够较好地促进农民家庭收入的增长，农民真正感受到教育投资的高收益，才会有激励加大教育投资。本书研究主要是从理论和实证的角度，分析教育对农民家庭收入的影响方式是什么，影响的结果是什么，以及造成这种结果的原因在哪里。我们知道，教育投资周期很长，经济发展中的农村地区没有完善的资本市场，农民家庭会不会由于信贷约束导致的资金短缺影响而降低教育投资能力和激励？这需要对农民家庭支出行为进行分析，我们主要遵循资金来源、支出优先顺序的方法来观察教育支出的位置，然后利用计量方法评估信贷约束可能对农民家庭造成的影

响。如果存在信贷约束问题，政府介入减免义务教育学杂费，是否会增加家庭教育支出，甚至可能增加家庭子女就读年限的决策？这是我们关心的另一个问题。

对经济发展中的政府教育投资责任、能力和激励进行研究也是本书较重要的一部分。政府的教育支出责任究竟是什么？为什么只有政府才可以负担教育支出责任，尤其是义务教育的主要支出责任？如果政府不能承担教育支出责任，造成的经济发展的后果是什么？明确了政府的教育投资责任，由于政府的地区、层次组成不同，在复杂政府组织体系内，哪些政府层级承担了最重要的教育支出责任，政府间的财政收入是如何分配的，这种政府间财政收入关系是否能保证具有最重要教育支出责任的政府机构具有足够的教育投资能力？如果具有最重要的教育投资责任的政府机构具有教育投资能力，其又是否有教育投资激励？

对经济发展中中国农村学校和教师激励进行研究也是我们研究计划中较为重要的一部分，而当代中国的农村学校可分为公立学校和私立学校。我们首先感兴趣的是公立学校和公立学校教师的激励，然后是近年来风风火火的教育市场化是否促进了学校和教师的激励，这既包括公立学校和公立学校教师的激励，也包括私立学校和私立学校教师的激励。最后，在农民家庭的教育投资激励、政府的教育投资能力和激励及学校和教师的工作激励三种制度关系中，是否存在着一定的内在关系，如果要进行全面制度改革，哪个是最重要的、最基础的？是否可以采取渐进的方式？

1.3.2 本书的研究方法

本书采用了理论与实证相结合的研究方法。主要应用的方法有：

1. 数理经济学分析方法

本书将经济发展理解为从传统农业社会到现代经济社会的转型，那么农民提高收入的主要方式就是从农村农业部门向农村非农部门和城市工商业部门转移。我们考察这一转移过程中的教育的作用可以使用两部门模型，这种模型在发展经济学、二元经济研究中具有广泛的应用。而对教育需求的研究可以借用内生教育变量的决定研究，在这一框架下可以研究经济发展对农民教育需求的影响。

2. 计量经济学的分析方法

计量经济学是使用调研数据考察经济变量之间关系的重要的统计方法。本书主要使用江苏省宿迁市的微观家庭调查数据来考察农民对经济发展带来的外生经济机会的反应，以及教育在其中的作用。在另一部分，我们通过对农村家庭支出结构的梳理，考察农民家庭教育长期支出决策受到影响的因素。然后是如果政府介入实行教育补助政策，是否会改变农村家庭教育投资决策。

3. 新制度经济学的分析方法

所谓新制度经济学就是用经济学的方法研究制度的经济学。与旧制度学派的凡勃伦、康芒斯、加尔布雷斯、缪尔达尔的反对新古典经济学的研究方法与研究范式不同，新制度经济学吸收了大多数的新古典经济学的研究范式和方法。新制度经济学虽然对于新古典经济学的研究范式有很大的继承，对之的超越也是同样明显的。新制度经济学的新古典内核可以表述为：现代经济学是在界定一定的经济环境，沿用一定假设条件下，给出一定的制度安排，求出均衡结果，再对之进行评价这一分析线条下进行的。在这些线条构建的研究平台基础上，采用一定的分析工具[①]。新制度经济学的方法论意义上的创新主要有：案例研究的方法，

① 田国强："现代经济学的基本分析框架与研究方法"，来自经济学教育科研网。

这与新古典经济学大样本调查的思路形成鲜明的对比；路径依赖的研究方法；达尔文主义与拉马克主义进化理论的研究方法。对这些研究方法的详细论述可以参见杨德才（2007）的研究。

本书认为，对于发展中国家而言，制度的意义要远大于成熟的市场经济国家，后发国家的贫穷落后的根本原因就在于有效制度的供给不足。有效制度供给不足形成扭曲的激励结构，人不尽其责，物不尽其用，社会经济教育发展总是表现为资源短缺与资源浪费并存，不公平与无效率并存。新制度经济学为我们提供了重要的理论工具，我们可以分析并得出结论，如何才能改变现有的扭曲的激励结构，促进制度由一种无效均衡向有效均衡转变。制度经济学在本书的思考过程中具有极其重要的地位。本书大多数地方都渗透着新制度经济学的思路和方法，不再一一描述。

1.3.3 本书的结构安排

本书内容将分为 7 章。

第 1 章是导论，这一部分分为三节。第 1 节是问题的提出及理论背景，描述中国农村教育发展的必要性和现有相关理论的研究进展。第 2 节是文献综述，主要回顾四个方面的文献：教育扩展的原因；教育回报率的估算方法和结果国际比较；教育家庭微观决策与经济发展中的教育投资；政府的教育投资。第 3 节是本书的研究思路、方法和结构。

第 2 章是经济发展中的中国农村教育：历史、现状与特征性事实，这一部分分为三节。第 1 节对计划经济时代的农村经济和农村教育发展进行梳理。第 2 节对改革开放以后中国农村经济和农村教育发展进行梳理。第 3 节针对历史和现实提出中国农村教育发展中的几个特征性事实。

第 3 章是农民家庭收入结构与教育投资激励，这一章共分三节。第 1 节是农民家庭收入与教育关系的理论模型，通过几个简单变量总结出不同收入来源、不同教育回报率、不同部门之间流动的概率对农民教育投资激励的影响；第 2 节利用家庭微观调查数据进行实证检验，检验分为教育回报率估计和教育就业效应估计；第 3 节是结合中国改革开放以后经济发展中农民收入、教育回报率的变动来解释中国农村教育发展。

第 4 章是农民家庭支出与教育投资能力，这一章共分四节。第 1 节是农民家庭支出：资金来源与优先顺序，对农村家庭支出资金来源和项目划分进行叙述后，利用数据分析家庭支出的优先顺序；第 2 节利用家庭微观调查数据进行实证检验，检验家庭支出不同资金来源对农村教育投资影响；第 3 节利用数据检验当农民家庭资金来源不足时，政府介入是否会增加每个学生获得的教育经费；第 4 节是结合中国改革开放以后经济发展中农民收入、家庭支出和教育投资激励的变动来解释中国农村教育发展。

第 5 章是政府教育投资：责任、能力与激励，这一章共分三节。第 1 节是经济发展与政府投资责任，对经济发展中的外部性和市场失灵进行分析后，认为政府介入是制度成本最低的解决方案，然后分析政府缺位与农村危机；第 2 节是教育投资能力：政府间财权、事权关系分析，研究发现，财权和事权不对称、支出结构不合理导致的政府支出能力不足是教育发展的重要问题之一；第 3 节是地方政府的教育投资激励，分析认为，由于政府承担二元职能，且政治集权、经济分权导致晋升竞争，承担主要教育支出责任的地方政府没有教育投资激励。

第 6 章是市场化与学校、教师激励，这一章共分三节。第 1 节是公立学校和公立学校教师激励，对经济发展的非均衡增长中教育成本提高进行分析后，认为教育经费短缺会导致教师流失，学校激励和教育质量也会下降；第 2 节是市场化：宿迁模式，分析了宿迁模式的内容、背景，认为宿迁模式改善了学校和教师激励，但政府责任缺位、政府监管不力也导致了不良后果；第3节是市场化：教育券模式，首先分析了教育券的理论设想及其在国外的实践，然后总结并分析了中国教育券实践中的长兴试验、监利变法，并对之进行了评价。

第7章是结论与政策建议。

第2章　经济发展中的中国农村教育：历史、现状与特征性事实

“经济发展中的中国农村教育问题研究”中的“经济发展”指的是，由传统农业社会向现代经济社会的转变过程。中国的经济发展过程可以简单地描述为：中华人民共和国成立（以下简称为新中国成立）以后、改革开放以前提高了传统农业的生产技术，使得劳动生产率有了巨大的进步，但由于经济激励制度的扭曲使得这一劳动生产率的大幅度提高没有表现出来；改革开放后，经济制度的改革使得传统农业均衡被打破所带来的劳动生产率的提高显性化，这促进了劳动力按照新的产业模式进行组织，向现代经济社会的发展开始起步并且加速。因此，在这个意义上，我们研究的经济发展中的中国农村教育主要是改革开放后的中国农村教育发展。但是，要了解改革开放后的中国农村教育是不能割裂历史的，何况中国经济发展的历史具有十分独特的性质，经济发展经历了先计划经济后市场经济的方式。这种经济发展方式的独特性也带来了教育发展的独特性。

2.1　计划时代的中国农村经济与教育发展

开始正式地分析中国农村经济与教育发展之前，有必要较为详细地

论述一下在本书中使用的经济发展的含义。经济发展是整个经济学最重要的领域之一，以至于Lucas（1988）写道，“经济学家一旦开始考虑这些问题，就将无暇他顾”。依据林毅夫（2012）的研究，19世纪“工业革命”之前的人类社会里，经济长期地极其缓慢地增长，人们的生活水平长期停留在生存与死亡的边缘。马尔萨斯（1798、1992）指出，在对人口增长不加任何限制的情况下，增长是呈现几何级数，其增长力是无限的，而相应的生活资料却只能以算术级数来增长。因此，经济增长常常被更大规模的人口增长所吞噬，最终导致人均收入水平长期几乎没有增长，西蒙·库兹涅茨（1989）称之为“非现代经济增长”。长期人均收入几乎没有增长，人均收入水平位于生存线附近，外生冲击导致的经济衰退必然以大规模消灭人口的方式实现“强制性再平衡”，这常常被称为“马尔萨斯危机”或“马尔萨斯陷阱”。但是自工业革命以来，人类社会迅速摆脱“马尔萨斯危机”，而且资产阶级在它的不到100年的阶级统治中所创造的生产力，比过去一切时代创造的全部生产力的总和还要大（马克思、恩格斯，1848、1997）。值得提出的问题是：人类社会是如何从传统农业社会迅速蜕变为现代经济的，“中国经济奇迹”和这个经济发展过程有何异同？

本书认为，经济发展是从传统农业到现代经济的转变过程。“传统农业社会”是经济发展的起点，也是工业革命之前的人类社会状态。西奥多·舒尔茨（1962、2006）是对传统农业社会进行研究的影响最大的经济学家，他在《改造传统农业》开篇写道，“农业是一个定居社会中最古老的一项生产活动，但令人惊讶的是，人们对在农民受传统农业束缚的地方的储蓄和投资的激励了解很少。更奇怪的是，在分析穷国农民的储蓄、投资和生产行为方面，经济学反而倒退了”。那么什么样的社会是“传统农业社会”？舒尔茨（2006）是这样定义的，“传统农业社会”是指，农业生产完全以长期存在的传统生产要素为基础的经济社会，收入来源是增加传统生产要素的数量。但这一社会增加收入流的价格是比较高的，以至于对农业要素进行投资是毫无激励的。他悲观地写道，“促使这些人去做更多的工作的刺激是微弱的，因为劳动的边际生产率非常低；促使这些人进行更多储蓄的刺激同样也是微弱的，因为资本的边际生产率也是非常低的”。因此，“传统农业社会”应当被看作一种特殊类型的经济均衡状态，这种状态甚至被形象地称之为“贫困的最优”。这种经济发展状态有时候也被视作是“贫困陷阱”，虽然人均收入水平很低，但是没有内生的经济发展和经济增长动力。

“传统农业社会”各种要素的低回报率是十分重要的技术特征，它直接导致了各种要素积累的困难，从而引发了经济发展的困难，这被很多经济学家观察到。阿瑟·刘易斯（1989）写道，“经济发展理论的中心问题是去理解一个由原先的储蓄和投资占不到国民收入4%或者5%的社会本身，变为一个国民收入自愿储蓄增加到12%到15%以上的经济过程。它之所以成为中心问题，是因为经济发展的中心事实是迅速的资本积累（包括用资本的知识和技术）”。“储蓄增加是因为技术知识的进步和其他机会扩大的社会比技术停滞的社会提供了更多的投资机会，使得资本更多地用于生产途径，而不是例如庙宇、坟墓等耐用消费品。”“资本家阶级是一个总想为生产而投资的集团，地主、商人、高利贷者、牧师、王公、军人是不会考虑这些的。私人资本家大多是伴随新技术、新机会和市场的扩大的过程而产生的，这也是现代化的重要问题。”也就是说，“传统农业社会”经济发展的根本困境正是由于要素回报率低下，人们不愿意更多工作，也不愿意更多储蓄，这使得整个社会资本极其缺乏，根据亚当·斯密（1776、2005）的研究，劳动生产率的提高来源于专业化分工，而专业化分工带来的结果是生产链延伸的资本积累。只有充分的资本积累才能够促进专业化分工。

依据“循环累积因果”原理，“传统农业社会”可能形成了这样一个恶性循环：低技术水平→低要素回报→低储蓄意愿→低资本积累→低技术水平；而相应地也有一个良性循环：高技术水平→高要素回报→高储蓄意愿→高资本积累→高技术水平。“传统农业社会”能够长期存在必然是在整个循环过程的各个环节，没有任何可能出现持续积累进而超越一定的“门槛效应”，这主要包括如下一些情况：第一，“传统农业社会”的技术水平要么是没有太多的新技术产生，要么是产生了新技术但是是不可累积的；第二，“传统农业社会”储蓄水平低下，人们没有太多的能力也没有太多的意愿进行储蓄，甚至在外生冲击下产生的剩余也不会转变为资本积累。针对技术进步和技术发展，我们将解释如下两个问题：首先，“传统农业社会”为什么没有太多的新技术产生；其次，“传统农业社会”即使有技术进步，也很少传播并不断发展。针对储蓄行为和资本积累，我们将解释，为什么“传统农业社会”剩余很少，和为什么即使人们有储蓄，也不会去做“生产性投资”。回答这些问题，对于理解“传统农业社会”是极其关键的，理解了这些之后，我们很容易解释为什么工业革命之后，在中国是改革开放后，经济迅速增长。

“传统农业社会”的农业生产方式缺乏技术进步和技术创新，“传统农业社会”最重要的生产性活动是种植业，种植业是农民利用土地、农业资本（例如种子和肥料）以及劳动生产出粮食、纤维作物和经济作物等的农业生产活动。种植业最重要的技术特征是，受自然资源和气候影响较大、生产周期长以及生产存在季节性。技术进步和技术创新往往需要实验，生产周期长和季节性决定了种植业技术更新速度一定是缓慢的，而克服自然资源和气候条件影响需要更高的技术水平支撑。因此技术进步和技术创新的希望一般在手工业，更进一步是工业活动，工业生产活动周期短，季节性不强，可以迅速实现技术尝试和迭代，生产性活动从农业转向工业是“工业革命”乃至人类社会整体进步的一个关键所在。但“工业革命”发生的一个重要前提是整个社会人均收入水平提升，社会需求结构从食品这样的农产品转向纺织品这样的工业品，相对于食品，纺织品是消费收入弹性更高的产品。更高的需求带来更大的销量、更高的价格、更多的利润，会加快“工业革命”的发生，企业更多投资生产性活动，进而出现制度和技术的跃迁。但是如前所述，“传统农业社会”的一个特征是“马尔萨斯陷阱”，人口增长与经济增长同步，人均收入水平几乎没有变化，因此，工业部门在“传统农业社会”内部无法自然生长出来，原发性资本主义是漫长历史孕育和偶然的结果。

我们需要解释“传统农业社会”的人口增长，才能理解为什么工业革命不会发生在“传统农业社会”内部。我们从成本和收益两个方面来分析微观家庭人口选择，首先是收益方面：第一，德布拉吉·瑞（2002）认为，由于金融工具缺乏与不确定性较大，面对恶劣卫生条件与知识贫乏导致的孩子高夭折率，在经济发展时多生孩子才可以降低年老后面临凄凉的风险。第二，Greenwood 和 Seshadri（2004）认为，传统农业生产方式和生活方式是“劳动密集型”的，幼儿很早就可以承担家务劳动或者照顾其他孩子。第三，班纳吉、迪芙洛（2013）认为，穷人的生活中满是漏洞，存钱储蓄需要抵制各种压力和诱惑，生孩子则是一种硬约束，如果不能在遇到困境时随时变现应付困境，“存钱不如存人”。“传统农业社会”的生育成本可能也是更低的，这主要表现在：第一，“传统农业社会”往往是大家庭，大家庭内存在很强的外部性（林毅夫，2000），大家庭可以承担很多的孩子抚养成本，主要是时间成本和机会成本；第二，“传统农业社会”孩子养育成本存在边际递减。陈吉元（1993）认为，“把一笔相当于生养一个简单农业劳动力费用的资金额，直接投入农业生产过程所产生的经济效益，比起一个简单农业劳动力所带来的农户经济收益要低”。刘易斯（1989）也认识到，在“传统农业社会”，资本的收益率是低于劳动力的收益率的。文一（2016）则认为，相对于纺织品等消费品，生孩子是一种更廉价的替代品。

综合上文所述，“传统农业社会”技术水平低导致的成本收益结构，导致经济增长被迅速转化为人口增长，而人均收入水平基本没有变化，这导致了经济结构被锁定在了“传统农业”的基础上。技术水平低下导致没有足够的储蓄，没有生产性投资，进一步的劳动生产率没有获得提升，最终使得收入低下，形成恶性循环。更为令人沮丧的是，技术水平低下还会导致进一步的互补性制度特征的出现，Banerjee 和 Newman（1998）进一步分析了“传统农业社会”的制度特征，将之界定为一个“低技术”但“高信息”社会，即“传统农业社会”是一个“熟人社会”。由于技术水平低，人们面临更多的生存风险，在生产力水平短期难以提高的情况下，一个自然的反应是构建出更成体系的制度结构，这主要就是相应的非正规金融制度。瑞（2002）分析了在“传统农业社会”大量存在的非正规保险制度，Das Gupta（1987）则分析了“传统农业社会的”非正规借贷机制的存在。这种非正规金融制度有要求信息的可验证性且要规避可能的“道德风险”，可能需要“传统农业社会”产生“高信息”的制度特征，也就要限制人口的大规模流动。人们世世代代生活在一起，通过宗族、家族的方式连接起来，形成一种非正规的金融制度共同应对“传统农业社会”的技术风险，波兰尼（1944、2007）称之为“保护穷人的方法”。每一个社会在其发展过程中，都会逐步建立保护穷人的方法。

但是这种限制人口流动的“熟人社会”也会成为技术创新和技术进步的重要阻碍。“熟人社会”内部由于没有新的思想以及人口流入，受到的冲击比较少，人们之间的关系都是强联系，真正的创新可能是来自于弱联系之间的相互启发，这导致“传统农业社会”自身创新很少。

即使随机产生的一些外生创新，由于创新往往携带着风险，“传统农业社会”也会抵制创新。而传统农业社会形成的非正规金融制度无法化解新的风险，只能化解传统的风险，而且传统的非正规金融制度支持了低技术，使得人们可能没有太多的激励去尝试风险更大、更危险的新技术。而且“传统农业社会”的“熟人社会”构筑了一种“关系型合约”体系（王永钦，2006；Stiglitz，1974），这种合约体系成本低廉，但是缺陷是不可拓展，无法将经济规模从“熟人社会”拓展到“非熟人社会”。而经济增长可能需要规模扩张带来的分工深化，分工深化才能进一步提高技术，“传统农业社会”的技术特征和制度特征相互锁定，形成了一种稳定的均衡体系，虽然超级稳定，但是不利于经济扩张。中国古代社会正是逐步构建出这样一种“超稳定均衡”，如果没有鸦片战争以来的剧烈外部冲击，可能这一体系自身的瓦解是非常困难的。即使是在强烈外部冲击下，中国的“传统农业社会”也极其顽强，直到1949年新中国成立之后才逐步瓦解。

那现代经济又是怎样的社会呢？西蒙·库兹涅茨（1989）同时强调现代经济的技术特征和制度特征，他写道，“时代创新在很大程度上是技术性的，但利用创新带来的增长潜力常常需要许多社会创造——即改变组织方式以诱导人们在经济活动方面合作与参与”。“技术进步和制度变革共同作用是现代经济增长的核心”。库兹涅茨认为，现代经济与过去时代经济的根本不同在于科学技术在经济发展中的支配作用。他同时认为，“如果没有制度变革，不可能产生科学在技术上的应用。为了适应和促进制度上的调整以及科学技术开发的实践，需要有新的姿态”。因此，我们认为，现代经济社会是一个技术特征与制度特征相互促进，不断地推动包含技术体系和制度体系的社会整体演化和进步的社会（时磊、杨德才，2007）。要想实现从传统农业社会的停滞状态走向现代经济，外在的冲击力或者内在的、长期的力量积累是必不可少的。

舒尔茨（1989）认为，对于大多数发展中国家而言，打破经济停滞均衡需要政府的作用，方式是引入新的要素和生产方式。

2.1.1 计划时代的中国农村经济发展

1949年以前，中国社会的绝大部分仍属于“传统农业社会”，除了几个像孤岛一样的现代城市。这种“传统农业社会”生产方式依然是几千年来的生产方式，没有新的要素和生产工具，生产的资本收益率和劳动生产率处于十分低下的程度（时磊、杨德才，2011）。但与一般意义上的“传统农业社会”不同，中国的传统农业社会是一种在外来商业化压力下的、处于崩溃边缘的“传统农业社会”（费孝通，1986；侯建新，2002）。外来商业压力使得农民面临更大的不确定性，破坏了原有社会自身的平衡，使得农民更加贫穷，抵御自然风险和社会风险的能力更差。贫穷使得生产工具、耕畜极为缺乏，更谈不上有肥力的肥料、农药、优良品种和灌溉设施，这导致了农业的低生产率（侯建新，2002）。低生产率使得农民不得不耕种更多的土地才能维持生存，而对土地的过度需求又抬高了地租价格，加剧了农民的贫困。这一时期租佃的期限变短、价格更高（杨德才，2004）。农民的贫穷抬高了地租，使得土地资本回报率甚至超越了工商业的资本回报率，使得资本困守于土地，经济发展成无源之水（姚洋，2003）。

1949年新中国成立，人民政府有效地打破了原有的恶性循环，通过土地改革有效地降低了土地需求，缓解了农民的贫困。同时采取降低税赋、休养生息的政策以提高农民收入，农民才可以添置传统农业需要的生产资料，例如牲畜、水车以及耕犁，以提高生产效率。1951年农业部召开了农具工作会议，提出全国农具工作的方针是迅速增补旧式农具，稳步发展新式农具。到1953年底，全国共生产旧式农具5900多万件，并对西南少数民族地区无偿发放了小农具 200 多万件①。在增补旧式农具的同时，也涌现了一大批革新改良的新农具，经农业部和中国农科院粗略统计，这次改良的农具不下上千种。与此同时，我国还有选择地从苏联和东欧引进了一些机械和半机械农具。1952 年发放了贷款 3 万亿余元（旧币），以新式农具、优良品种、农业机械为推广对象，并组织国营农场对互助组、生产合作社的农业技术提供帮助②。同时进行的影响更为深远的是良种推广、土壤改造、大力鼓励生产农家肥的运动。国家还投入建立了几个大的化肥、农药制造企业，在技术上采用优良种子，并对种子进行消毒。各地区同时采用许多简单易行的办法，将防治病虫害的科学技术和土办法结合起来。从这一时期起，农业灌溉系统也开始大量修建③。

人民政府对于传统农业技术的恢复和更新，客观上促进了生产率的提高，增加了农业剩余，为进一步的工业化打下了坚实的基础。而这时我国的工业化采取的是“重工业优先发展”的“赶超战略”（林毅夫等，1994）。从当时的知识水平与发展阶段看，迅速地引进先进技术等在西方社会已经发展成熟，并且在苏联学习到的现代社会分工体系以及部分管理制度对于促进经济发展起到关键性作用（杨小凯，2002）。但这一社会分工水平不符合我国资源禀赋比较优势，超越我国市场发展阶段，必须采用非市场的手段使得社会生产资料流向有益于这一分工体系的方向。根据林毅夫等（1994）的分析，这将会内生地产生出一系列

① 资源来自周昕的《近百年中国农具的变迁》，转引自王思明、姚兆余主编：《20 世纪中国农业与农村变迁研究：跨学科的对话与交流》，中国农业出版社 2003 年版。

② 资料援引自《中华人民共和国经济档案资料选编：农业经济体制卷（1949—1952）（1953—1957）》以及《中华人民共和国经济档案资料选编：农业卷（1949—1952）（1953—1957）》。

③ 资料援引自《中华人民共和国经济档案资料选编：农业经济体制卷（1949—1952）（1953—1957）》以及《中华人民共和国经济档案资料选编：农业卷（1949—1952）（1953—1957）》。

的相应制度：毫无自主权的微观经济主体、集中的资源计划配置以及扭曲的宏观政策环境。这种“三位一体”的制度是中国为了在不具备成熟交易制度的情况下，用来协调从外部引进的现代社会分工体系的必然结果（时磊、杨德才，2007），这一整套体制就构成我们称之为的“计划经济体制”。

“计划经济体制”建立的目的就是从农业中掘取剩余大力发展“重工业”。为了尽可能降低农产品的收购价格，同时提高重工业产品的销售价格，国家从1953年开始逐步实施了对各种产品的统购统销。由于要加强对个体农民产品销售的管制，国家对农村政治经济制度进行了称之为“人民公社化”的集体主义改造。这种改造破坏了农村社会的激励结构，压低了农产品的销售价格，使得农民重新陷于贫穷。但是这种改造客观上促进了农业机械、农药、化肥和优良品种的推广，促进了大规模的农田水利建设和其他农村农业技术、设施的改善（林毅夫等，1994；林毅夫，1992）。这种技术和设施的改善就是舒尔茨（1989）所说的新的要素的引进，它打破了传统农业的均衡，只是由于制度激励的扭曲，这些技术设施改善的效应没有表现出来而已。

2.1.2 计划经济时代的中国农村教育发展[①]

如前文所述，1949年以前的中国农村经济呈现出典型的传统农业特征，虽然在一些地区商业化已经开始侵蚀农民的生产、生活，但是这种商业化并没有使得农民变得富裕，而是增加农业劳动密集度，加速了人口的增加与农民劳动时间的增加（黄宗智，2001）。由于农民对土地

① 这一部分研究后整理为几篇学术研究论文，放在附录中，以飨读者。

需求过度而抬高农村地租导致了农民的过度贫穷，在20世纪30年代的中国农村农具的缺乏触目惊心，耕作牲畜也十分稀缺，耕犁甚至落后于元明清时代。土地得不到深耕，更谈不上足够的有肥力的肥料、农药、良好的品种，农业生产率极为落后（侯建新，2002）。由于极度贫穷，教育对于大多数农民而言就是一种奢侈品，农村是文盲和半文盲的世界，读过几年私塾也就堪称“农村精英”了。而在此时的中国农村，因为较低的就学成本，“私塾”是最主要的教育形式，从西方舶来不久的现代学校教育凤毛麟角，且不是“私塾”的竞争对手。直到1949年，全国学龄儿童平均入学率也只有20%①。当然，此时的教育思想也是“精英化”的。

新中国成立以后，人民政府实施了土地改革政策，有效地降低了地租，并且大力推广甚至免费发放大量的传统农具，加大新的现代农具的制造。而且政府投入大量的人力、物力进行技术推广，利用“土洋结合”的办法来提高农业和农村的生产率。并组织了互助组、合作社等新的生产合作形式来调剂生产工具、生产资金的使用。总之，这些措施有效地缓解了农村、农民的贫困，有利于农民教育需求的产生，因为在极度贫困的条件下，即使教育完全没有直接成本，机会成本也会阻止农民将子女送进学校。政府同时大大削减农民需要支付的教育直接成本，通过大量建立学校、国家投入的形式，有效降低农民对于教育的支付，这促进了农村教育的快速发展。到1952年，全国学龄儿童入学率已经达到49.2%，小学毕业生升学率高达96%，在3年国民经济恢复时期，基础教育能得到如此快速的发展，确实是一件很了不起的事情（见表2-1）。

① 本部分数据如无特别说明，均来源自张德元的《中国农村义务教育发展历史评述》，网易历史。

表 2－1　学龄儿童的入学率及小学毕业生的升学率（1949—1985 年）

年度	学龄儿童入学率（%）	未入学人数（万人）	小学毕业生的升学率和未升学人数			
			全国平均（%）	城市（%）	农村（%）	未升学人数（万人）
1949	20	—	—	—	—	—
1952	49.2	—	96	—	—	—
1957	61.7	—	44.2	—	—	—
1962	56.1	—	42.6	84	32.3	—
1965	84.7	—	44.9	81.8	33.6	—
1970	—	—	89.7	94.8	88.8	—
1975	96.8	393.4	90.5	101.8	89	188.9
1976	97.1	355.1	94.2	103.3	93.1	152.7
1977	96.5	421.5	92	104	90.8	215.3
1978	95.5	545.9	87.7	103.3	86.4	281.3

资料来源：张德元，《中国农村义务教育发展历史评述》，网易历史。

但中国教育的发展从一开始就注定其不是一帆风顺的。教育的快速发展依赖于师资队伍的历史基础与快速发展。但是历史积累的师资力量从一开始就与共产主义的意识形态不相协调，在最初的时期内，由于全面接受苏联的教育模式，以为发展经济、建设国家服务为目的，强调知识和技能的训练，这至少在一定程度上与旧有的教育理念相衔接，所以促进了早期教育的快速发展。而随着经济从战后重建中恢复，人民政府决心以政治动员的方式发展，以政治教育为核心的教育观念与旧有的教育观念之间有着巨大的冲突（姚若冰，1984）。为了“统一思想”“纯洁队伍”，中国教育改革进入“运动”战时期。由于对知识分子队伍的不断清理导致了师资的匮乏，教育的发展受到很大的影响。全国学龄儿童入学率从 1957 年的 61.7% 下降到 1962 年的 56.1%，小学毕业生的升学率则从 1952 年的 96% 骤降至 1962 年的 42.6%，而在这 42.6% 中，城市为 84%，农村只有 32.3%。办学性质在这一段时间也有不断变化，李若建（2014）[1] 写道，1950 年小学教师中约有 25% 是民办，中学教师约 35% 是民办。1952 年后，教师队伍中民办教师比重迅速下降，1956 年前后达到最低点，小学教师中民办教师的比重约为 5%，中学教师则不足 1%。1958 年的“大跃进”带来的教育扩张，导致教师队伍膨胀，而教师队伍膨胀主要是民办教师数量的增加。这里所说的民办教师和前文有区别，由此民办教师占教师队伍的比重一路上升，到改革开放前的 1978 年，小学教师中 65% 是民办教师，中学教师中民办教师的比重也达到 16%。

在随后的经济社会发展中，中国社会进入一种经济发展与思想政治斗争反复的“体制困局”：当经济发展状况出现困境时，经济发展的思路就占据上风；当经济发展状况改善时，政治斗争的思路又开始占据上风（邓宏图、李亚，2005）。这种社会发展的“体制困局”同样也作用于教育，但是教育的波动远没有经济的波动剧烈，原因是教育发展的“低端化”。这种“低端化”到了“文化大革命”时期，甚至教育呈现一片欣欣向荣的局面，最起码从规模上是这样。1964 年春节，毛泽东发表了著名的“甲辰谈话”，对农村教育没有受到足够重视提出了批评。在此后的“文化大革命”中提出，“教育要为无产阶级政治服务，要与工农群众相结合”“要面向农村”等，“最高指示”得到彻底贯彻，城市里大量知识分子和“知识青年”被“下放”到“广阔天地”，教育资源由城市流向农村，农村学校大量设立，“民办教师”“知识青年”“耕读小学”和“农民夜校”为农村教育带来了新气象，全国农村基本形成了“大队”办小学、“公社”办初中、“区委会”办高中的农村教育格局。虽然其教学方式和教学质量确有值得商榷之处，但不可否认，

① 李若建：“荆棘大道：改革开放前社会流动视角下中小学教师研究”，《开放时代》2014 年第 3 期，第 124—142 页。

正是当年形成的这种农村教育格局为后来的农村教育奠定了基础。在此期间，农村学龄儿童入学率和小学升学率得到史无前例的大幅提升，全国学龄儿童入学率从 1962 年的 56. 1% 上升到 1976 年的 97. 1%；同期小学毕业生的升学率从 42. 6% 上升到 94. 2%，其中农村地区的升学率从 32. 3% 急速提高到 93. 1%。

对改革开放以前时期农村教育发展的经济解释为数不多，本书主要回顾的是其他研究，笔者的研究放在附录中。Zhao（1997）认为，教育可以通过影响找到工作的概率和提高在工作中的收入两方面起作用，而教育回报率的估计只是估算了教育对后者的影响，但是不能估计出前者，所以就会低估教育的经济收益。她认为，在计划经济时代，由于制度原因形成的城乡劳动力市场分割、城市工资远高于农村（由于高估工业品价格导致的），那么农村人就有激励接受教育通过提升在城市找到工作（具体表现为升学、招工等）的概率方式获得巨大的教育收益。时磊、杨德才（2008）部分同意这种看法，并扩充了这种解释，认为“文化大革命”以及毛泽东的国家建设思路导致了计划经济的小型化，需要更多的管理人员，并且加速了小工业的发展，小工业的资本密集度比较低，需要大量的工人，这提高了农民进入非农部门和管理部门的概率，提高了农民接受教育的激励，所以促进了农村教育的发展。时磊、杨德才（2008）也指出，改变大学招考方式，将考试改为政治审查和推荐，客观上提高了农村学生上大学的概率，也是促进农村教育发展的重要原因。高默波（2001）则称赞当时的“准福利体制”有效地减轻了农民支付教育费用的负担。时磊、杨德才（2008）则认为，“大锅饭式的”平均主义分配政策有效地降低了农民子女接受教育的机会成本，是促进农村教育在这一时期获得迅速发展的重要原因。

阿马蒂亚·森（2002）在其著作《以自由看待发展》中称赞改革开放以前的中国大量的人力资本积累为中国后来的经济发展起到了巨大

的推动作用。Zhang、Liu 和 Yung（2007）甚至为这一时代的教育质量正名，认为当时强调实际经验，通过让大中小学生参与农业和工厂生产劳动，提高他们的动手操作能力未必不是一种良好的教育方式。他们利用双胞胎数据估计“文革时代”与非“文革时代”的教育回报率，惊奇地发现“文革时代”的教育回报率竟然高于非“文革时代”，而且这一结果是稳健的。他们认为，“文化大革命”使得学生们更加接近现实世界，这可能增进了他们的现实技能，并磨炼了他们的意志，他们早年的经历和艰难困苦可能对他们以后的工作都有着很重要的作用。“文化大革命”使人更加努力地工作，更有纪律，更有责任感，这些抵消了教育和知识质量方面的不足。总体而言，长期以来我们忽视了改革开放以前的时代教育发展为我们改革开放以后经济增长和教育发展所带来的基础性作用。而对这种基础性作用的忽视很有可能是我们近年来过度忽视教育发展，尤其是农村教育发展的重要原因，这也许已经或者将要为我们经济社会的进一步发展种下苦果。

2.2 改革开放后的中国农村经济与教育发展

2.2.1 改革开放后的中国农村经济发展

中国经济的改革开放起始自农村经济制度的改革。诺斯和托马斯（1973）认为，在人口对稀缺的资源禀赋产生巨大压力时，会导致那些支配产权规则的制度发生变迁。改革开放以前缺乏自生能力的现代经济体系并不能够实现自我维持与推进，更不用说反哺农业，现代经济体系扩张的推进依赖于对农业的长期掠夺。由于农业本身剩余很少，再加上人口的高速增长，这种长期的掠夺最终会使得农业人口面临巨大的生存压力，到了一定的临界值的时候，改变具有支配地位的产权制度规则就成为内在自发选择。在严酷的经济现实导致人们对于这种现代分工推进与协调方式带来极大怀疑的时候，在受到生存压力最大的、当时受灾的、贫困的农村地区，诸如安徽和四川，最先点燃了改革的火炬（丁龙嘉，1998）。张军（2002）则认为，缺少计划经济体制形成的既得利益群体也是使农村地区改革得以最早爆发并迅速推进的重要原因。

制度变迁造就了新的激励结构，在新的、不同于传统农业的技术基础上，中国农业实现了跨越式的进步。这种进步激发了分工的出现和演进，从开始的粮食作物向经济作物转变，到后来的农村内部农业向非农业转变，这引发了 20 世纪 80 年代的乡镇企业兴办和发展高潮。同时，农民收入的增长为城市工业部门提供了巨大的市场，这种市场所产生的产品需求，使得城市部门大规模上马消费品工业，这也推进了消费品市场和生产资料市场改革的进展。改变的速度太快，以至于原来的计划总赶不上变化，一项项的改革进展顺利、迅速，甚至迅速得超乎最初的想象。

中国经济发展故事的变化起始自 20 世纪 90 年代初期的外商直接投资大量涌入长江三角洲地区。80 年代外资主要是小规模的香港资本或者华人资本，主要进入的地区是广东和福建。而随着中国经济的十年增长，欧洲、美国、日本等发达国家资本看到中国经济增长所培养的市场潜力，以及基础设施和政策环境的改善，在中国提出上海浦东开发的设想后，外资积极响应。外来资本的大量涌入为中国经济持续增长带来推动力的同时，也使得经济增长的“故事”完全发生了变化。外资由于其携带的先进技术与管理，迅速地摧毁了中国原有的乡镇企业，使得其市场份额和盈利能力大大缩水，以致到了 90 年代末期外商直接投资

（FDI）就可以解释地区间差距的80%（张军，2002）。而东南五省市（上海、江苏、浙江、广东、福建）在这一时期吸收的外资规模占到全国外资引进数额的80%以上，这使得中国的地区差距迅速形成①。

地区差距的形成改变了中国以乡镇企业为主的“离土不离乡”的就业模式，大量的就业机会由乡镇企业转向沿海地区的外资企业和新成长起来的民营企业，由此导致了“民工潮”的涌动。而与此同时，经济增长成果分配的地区差异导致了国内需求市场开拓的困难，外来资本迅速发现，当初将中国视作“世界市场”的设想是错误的，廉价的劳动力使中国成为“世界工厂”则十分简单（张军，2002），中国加入世界贸易组织又为这种转变提供了方便之门。劳动力的地理转移使得劳动收入大部分流失的同时，也加速了劳动力流出地经济边缘化。农村商品经济发展方式由20世纪80年代的农民收入增长导致的需求拉动演变成城市商业体系的商品输入，农民被动地接受新的观念和市场的安排，这使得他们更多地面对不确定性，从而城乡差距进一步扩展。

“世界市场”设想转变为“世界工厂”，必然伴随着经济增长方式的变迁，以外贸为主导的经济增长模式迅速来临。庞大的国际市场、欧美的金融创新为“世界工厂”制造业的迅速扩张提供了相当大的空间，使得我们有足够长的时间继续“醉心于美丽的繁荣”。但是，以廉价劳动力和压低汇率为核心竞争优势的外贸扩张政策为我们带来繁荣的同时，也种下了苦果。经济增长的不平衡局面持续扩大导致的内需不足问题并没有得到足够重视，因为外贸足以拉动经济的持续增长。压低汇率导致政府必须收购市场上的外汇，被动地积累了大量外汇储备，货币政策丧失了独立性。外汇储备的不断积累，我们渐渐地发现这已经成为一种严重的经济负担。而起始于美国的金融危机表明，巨额的外汇储备大

① 张军：《书里书外的经济学》，上海三联书店2002年版。

大增加了我国经济参与经济全球化的金融风险。国际市场产品不对称的供需矛盾导致人民币有不断的升值压力，而货币升值强烈地打击着出口企业，使得国家经济继续增长的基础面临巨大的压力。这就是2008年我们面临的最大的经济危局（郎咸平，2008）①。

从1998年开始，我国政府推动了新的政府投资计划，试图缓解内需不足以及对外贸的依赖问题，这一投资计划以基础设施建设为核心。实质上，这一投资计划初期确实改善了我国的基础设施，有利于推进中国经济的进一步增长。但是基础设施建设的大量投入在中西部贫困地区为经济增长垫下基石的同时，也损坏了当地的税收基础，所以“招商引资”成为地方政府十分热衷的活动。地方政府税收基础并没有重大扩展的情况下，政府的财政能力下降，政府许多重要的经济和社会职能陷入困境，社会矛盾和社会问题又阻碍着资本的进入。在许多地方，地方政府大规模基础设施投入非但没有达到预想的效果，反而降低了政府缓解社会经济发展中所需的社会改革的能力。

在上述背景下，缓解社会矛盾、重建有利于社会经济发展的社会环境的意义在很多有待发展的地区远高于基础设施建设。也就是在这种情况下，中共中央提出了“建设和谐社会”的政策导向。郑永年（2006）② 认为，中国2002年以前的改革主要是侧重效率的经济改革，从2002年开始转向效率与公平兼顾的社会改革，而社会改革最重要的内容就是教育、医疗、住房和社会保障。虽然国家政策已经发生了较大程度的调整，但是在实施的过程中，经济发展的惯性以及经济性分权、行政性集权导致的错误激励（王永钦等，2006）等原因仍然使得地方政府没有激励改变政策。劳动力大量外流，当地缺乏必要的缓解社会矛

① 转引自郎咸平：“中国制造业的大危局”，《南方周末》2008年8月28日。

② 郑永年：“中国政治发展需要以制度建设为中心”，《参考消息》2006年12月20日。

盾的公共产品投入是当时中国落后的农村地区的主要问题。

2.2.2 改革开放后的中国农村教育发展

改革开放起始于中国农村的家庭联产承包责任制改革，极大提高了农民的积极性，促进了农村经济的迅速发展（林毅夫，1992）。但是经济决策单位由生产大队、生产队向家庭转变，提高了未成年子女读书的机会成本，特别是在经济发展状况尚且比较差的情况下，子女参与家务劳动或者生产劳动可以增加收入，提高家庭成员的效用。而且，由于高考制度的改革，农村学生进入大学从而进入城市正式劳动力市场的概率下降，这些都显著地减少了农村家庭子女接受教育的激励。对劳动力流动管制的放松，使得农民进入城市的概率增加，教育的迁移功能被劳动力流动管制放松所取代，也降低了教育投资的激励（Zhao，1997；韩莉，2000）。所以在这一时期，农村中小学在校生、招生、毕业生人数都有较大幅度的下降（Zhao，1997；张鸣，2007）。表2－2为各地区农村小学毕业生的状况。

表2－2　　农村小学毕业生数（1979—1986年）　　单位：万人

年份	1979	1980	1981	1983	1984	1985	1986
总计	1731.46	1737.66	1715.69	1630.63	1600.26	1626.87	1636.14
北京	7.53	7.46	5.73	7.79	8.17	7.46	6.76
天津	7.16	7.19	6.52	5.01	6.33	6.51	6.09
河北	94.66	94.40	97.51	93.41	85.74	81.73	76.81
山西	50.14	50.84	52.00	54.45	53.23	51.9	50.32
内蒙古	30.97	29.03	27.29	27.80	29.22	29.54	30.07
辽宁	54.04	52.65	38.40	31.90	45.65	48.08	47.91
吉林	33.57	32.39	32.75	26.79	21.96	19.08	28.96
黑龙江	49.01	42.82	47.12	37.73	39.23	42.13	45.16

续表

年份	1979	1980	1981	1983	1984	1985	1986
上海	6. 40	6. 50	6. 78	4. 72	7. 11	6. 8	6. 48
江苏	106. 99	111. 46	112. 41	96. 15	87. 51	80. 38	72. 96
浙江	63. 27	69. 96	71. 88	67. 41	62. 40	58. 78	53. 54
安徽	79. 96	81. 76	83. 43	85. 36	88. 98	90. 36	92. 41
福建	37. 72	40. 39	41. 05	44. 06	46. 23	48. 49	48. 60
江西	52. 24	55. 46	56. 95	57. 11	61. 06	65. 71	71. 62
山东	143. 69	141. 03	141. 00	122. 94	112. 18	129. 77	135. 89
河南	157. 63	156. 50	147. 87	148. 52	142. 39	154. 25	148. 67
湖北	93. 44	96. 73	90. 13	76. 95	84. 91	83	80
湖南	116. 43	124. 06	120. 99	103. 67	92. 23	93. 67	91. 06
广东	98. 68	97. 26	97. 11	108. 27	106. 61	98. 72	90. 05
广西	59. 39	54. 47	52. 25	56. 57	58. 57	62. 1	65. 1
四川	201. 68	203. 17	211. 25	198. 32	174. 39	171. 75	181. 70
贵州	39. 14	37. 39	37. 52	37. 89	39. 77	43. 33	49. 71
云南	40. 98	38. 61	36. 94	38. 50	43. 55	48. 89	53. 31
西藏	1. 14	0. 54	0. 56	0. 74	0. 50	0. 5	0. 69
陕西	47. 98	49. 78	46. 01	45. 69	47. 91	46. 55	42. 89
甘肃	26. 94	25. 23	23. 70	23. 60	25. 58	27. 12	27. 21
青海	4. 12	3. 82	3. 90	3. 57	3. 30	3. 41	3. 78
宁夏	5. 30	5. 07	4. 54	4. 47	4. 91	4. 92	5. 38
新疆	21. 26	21. 69	22. 10	21. 24	20. 73	21. 78	23. 45

资料来源：1980—1987年《中国教育统计年鉴》，缺1983年，该表由作者整理。

改革开放初期，国家教育改革的主要内容是进行教育结构调整、重视教育质量。自1978年开始至此后的20世纪80年代，改革的重点放在重建高等教育，以及为考大学做准备的“重点”中小学的建设上，农村地区的学校被大幅度地撤销或合并，教育资源向“重点”集中。农村小学由1977年的94.9万所减少到1985年的76.6万所，农村中学（包括初中和高中）也从18.2万所减少到不足7万所，分别减少了

19.3%和62%。而同期城市和镇的小学则从3.3万所增加到5.7万所，中学从1.9万所增加到近2.4万所，分别增加了72.7%和26.3%。重提重视教育质量致使大量被分派到农村基层的教育人才和资金再度向城镇集中，城镇学校成为1978年后教育改革的最大受益者。统计数据表明，教育改革使得中国教育不但没有发展而且有所退步。全国学龄儿童的入学率1977年为96.5%，1982年则下降到93.2%，未入学儿童的人数从421.4万人激增到804.7万人；同期小学毕业生的升学率也从92%降至65.9%，其中农村由90.8%骤降到62.6%，全国未能升学的小学毕业生从215.3万人增加到705.8万人。很显然，这705.8万人中的绝大多数是农村少年①。

接下来的政策则进一步使得农村教育被边缘化。1985年中央出台了“振兴教育”的系统政策——《中共中央关于教育体制改革的决定》，第一次提出，中小学教育实行“地方负责，分级管理”。紧接着，1986年，《中华人民共和国义务教育法》（以下简称《义务教育法》）正式实施，它除了实现了从“基础教育”到“义务教育”的教育观念彻底更新外，还进一步把“分级办学”的教育制度“法治化”。1993年2月《中国教育改革和发展纲要》正式颁布，为“义务教育”提出了具体奋斗目标，即到2000年全国实现“双基”达标——在全国覆盖85%人口的地区基本普及九年制义务教育和基本扫除青壮年文盲。“地方负责，分级管理”的教育发展政策名义上是为了更方便管理，与其他改革一起将管理权力下放，事实上事权下放的同时并没有下放财权，甚至在分税制改革以后进一步加强了财权的集中，这种改革导致教育发展不平衡的同时，也为20世纪90年代农村问题的出现埋下了隐患。

---

① 本部分资料来源自张德元的“中国农村义务教育发展历史评述”，网易历史和《中国教育统计年鉴》。

虽然中央政府下放事权在当时的时代背景下属于无奈之举，但这给中国农村教育的供给带来了问题，特别是贫困地区。在从计划经济向市场经济的转变过程中，政府放松对企业的干预是十分重要的一步，这一步会导致中央政府财政收入的大幅度下降，因为要对国有企业进行“放权让利”（麦金农，1997）。“放权让利”导致了中央政府财政收入大幅度下降，由于民营经济以及其他非公经济尚且没有培育起来，没有更好的税收基础，而政府的支出是十分刚性的，这包括一些战略性国有企业、城市建设和国家安全。所以中央政府不得不将很多事权下放以减轻自身的财政负担，这为国家发展带来了一定的喘息之际，也为进一步经济发展埋下了一些隐患。地方政府与中央政府十分类似，并没有更多的财政能力来支持类似于计划经济时代的教育“准福利体制”，只能将教育发展的事权层层下放，最后不得不由农民来支付教育发展的所有费用，甚至还有地方政府一些违规的“搭车收费”，对农村、农业、农民问题的出现起到了不可推卸的作用。

根据国务院发展研究中心《县乡财政与农民负担》课题组2001年的调查，农村义务教育的投入实际上主要是由农民们自己负担的，在全部义务教育投入中，乡（镇）一级的负担竟高达78%左右，县财政负担约9%，省地财政负担约11%，中央财政只负担了2%[①]。农业部农村经济研究中心蒋中一2000年的典型调查表明，“乡（镇）财政拨款只能满足农村学校30%—40%的所需经费，连足额发放教师的工资都不够”[②]。于是“集资办学”成了《义务教育法》颁行后数年间在农村经久不衰的“文明时尚”，农业部农村经济研究中心专门对全国农村固定观察点1995—1999年的观察数据进行了抽样分析，结论是，教育集

---

① 资料来源自“新‘义务教育法’，又一部过剩的法律”，新浪网，2006年9月1日。

② 资料来源自蒋中一：“关于普及农村九年义务教育中的集资和学费问题”，转引自农业部农村经济研究中心：《中国农村研究报告》，中国财政经济出版社2000年版。

资增长率超过农民人均纯收入增长幅度；1999 年与 1995 年相比，被观察的 360 个样本村的农民人均纯收入增长幅度为 1.3%—81.6%，而教育集资增长率高达 62.4%—464.0%。

根据《1999 年全国教育经费统计快报》数据显示，1999 年和 1998 年相比，义务教育阶段学生生均缴纳杂费的增长幅度最低也超过 6%，甚至农村小学的增幅高于城市小学①，与此形成鲜明对照的是，1999 年农民人均纯收入增长率比 1998 年下降 0.5 个百分点。国家统计局的统计数据表明，2000 年全国农村居民人均用于文化娱乐方面的支出为 187 元，比 1995 年增长 82.4%，其中主要是学杂费支出增加较快，学杂费支出 5 年间人均增加 72 元，占文教娱乐用品及服务支出的比重由 66.6% 提高到 74.9%②。农业部农村经济研究中心的抽样调查显示："农民交付学杂费数额增幅半数超过人均纯收入增幅，中、西部地区负担超过东部地区五成。1999 年与 1995 年相比，在 12 个样本村中，有 9 个村的农民所支付的学杂费是增加的，增加幅度为 15.4%—115.6%，其中有 6 个村农民交付学杂费的增加幅度超过了农民人均纯收入的增加幅度，最高的村超过了 135 个百分点"。杨丽、刁银生的研究结论是，"1999 年农村和农民在每个小学生身上平均投入 568 元，在每个中学生身上平均投入 806 元"③。

高昂的学杂费和学校集资费用导致了农民子女辍学率大幅度增加，即使违反国家的《义务教育法》也无法避免。《义务教育法》颁行后的 1986—2000 年，全国初中在校生辍学率最高年份达 7.3%，最低年份也有 3.1%，到 2000 年，这一指标反而从 1997 年的 3.1% 上升到 3.2%，

---

① 资料来源自《1999 年全国教育经费统计快报》。

② 资料来源自《中国统计年鉴》（2001 年）。

③ 杨丽、刁银生："关于农村义务教育与农民承担费用情况的调查研究"，转引自农业部农村经济研究中心：《中国农村研究报告》，中国财政经济出版社 2000 年版。

当年辍学人数达200.8万人，15年间辍学人数累计总和达3067.6万人。而“普九”达标的规定是，落后地区的初中辍学率控制上限为3%，城市和发达地区的控制上限则为2%。可见，就全国平均水平看，2000年我国农村义务教育并未完全“达标”。典型调查表明，农村学校学生流失率普遍偏高，1999年已达4.20%，2000年已飙升到5.47%，有的地方高达10%以上。1999年，广西壮族自治区边境及经济欠发达地区的50个山区县小学、初中的辍学率分别为2.44%和6.41%①。教育部课题组袁桂林教授（2005）的调研结果显示，在以乡镇为样本抽样调查时发现，被调查的17所农村初中学校，辍学率参差不齐，差异性较大，最高的为74.37%，平均辍学率约为43%，大大超过了“普九”关于把农村初中辍学率控制在3%以内的要求。在不少地方存在着初一三个班、初二两个班、初三一个班的情况②。

进入21世纪，中国农村教育问题以及与之紧密相关的农业、农村、农民问题成为中国经济增长中最为不和谐的一环。随着经济改革所积累的社会矛盾、城乡矛盾不断凸显，教育改革已经势在必行。2005年12月27日，财政部有关人员发表谈话指出，国务院提出了从2006年开始全部免除西部地区农村义务教育阶段学生学杂费，2007年扩大到中部和东部地区，这一惠及百姓的举措实施后，全国农村中小学每年可取消学杂费达150亿元，分摊到每名中、小学生身上，分别为180元和140元③。减免义务教育学杂费政策以及其他政策的实施，为中国农村教育发展掀开了新的一页。但是中国农村教育的发展并不是一项或者两项政策改革就可以迅速改变中国农村教育的现状，我们必须从更广的视角、

① 以上资料来源自张德元的“农村‘知识贫困’与教育资源配置”，湖北财政与发展研究中心网页，2005年12月27日。

② 教育部课题组：“缩小差距——中国教育政策的重大命题”，《北京师范大学学报：社科版》2005年第3期。

③ 资料来源自“免除学杂费使全国农民减负150亿”，搜狐新闻，2005年12月27日。

更深的方位为中国农村教育乃至中国经济进一步发展做出研究，以求找出根本性的治本之策。

近些年来，中国义务教育问题迅速改善根本上得益于教育经费主要来源转变为中央政府。2015 年的《国务院关于进一步完善城乡义务教育经费保障机制的通知》规定：自 2006 年实施农村义务教育经费保障机制改革以来，义务教育逐步纳入公共财政保障范围，城乡免费义务教育全面实现，稳定增长的经费保障机制基本建立，九年义务教育全面普及，县域内义务教育均衡发展水平不断提高。文件要求，在整合农村义务教育经费保障机制和城市义务教育奖补政策的基础上，建立城乡统一、重在农村的义务教育经费保障机制。具体举措是，中央统一确定全国义务教育学校生均公用经费基准定额。对城乡义务教育学校（含民办学校）按照不低于基准定额的标准补助公用经费，并适当提高寄宿制学校、规模较小学校和北方取暖地区学校补助水平。落实生均公用经费基准定额所需资金由中央和地方按比例分担，西部地区及中部地区比照实施西部大开发政策的县（市、区）为8∶2，中部其他地区为6∶4，东部地区为 5∶5。免费教科书资金，国家规定课程由中央全额承担，地方课程由地方承担。家庭经济困难寄宿生生活费补助资金由中央和地方按照5∶5 比例分担，贫困面由各省（区、市）重新确认并报财政部、教育部核定。中央确定 2016 年生均公用经费基准定额为：中西部地区普通小学每生每年 600 元、普通初中每生每年 800 元；东部地区普通小学每生每年 650 元、普通初中每生每年 850 元。在此基础上，对寄宿制学校按照寄宿生年生均 200 元标准增加公用经费补助，继续落实好农村地区不足 100 人的规模较小学校按 100 人核定公用经费和北方地区取暖费等政策；特殊教育学校和随班就读残疾学生按每生每年 6000 元标准补助公用经费。教育经费责任上移大大提高了农村教育发展水平。

2.3 中国农村教育发展的特征性事实

中国农村教育从改革开放后、20 世纪 80 年代中前期实施的教育改革以来，不断地被边缘化，教育经费负担的绝大多数由农民来承担，尤其是在贫困的地区，这使得农村教育的问题不断积累和凸显[①]。这种现状导致了中国农村教育成为一个系统性的问题，而要想根治这种问题，梳理其内在逻辑是必要的，这是本书的目的，但在此之前我们总结出几个重要的特征。本小节我们计划梳理中国农村教育目前发展的几个重要特点，只有抓住了这些特征性事实，我们在本书的理论和实证部分进行研究时才更有针对性，有利于我们对问题的研究和理解。我们认为，当代中国农村教育发展的主要特征性事实有：教育经费短缺、教师与教育质量低下、学生辍学率居高不下。

2.3.1 农村教育经费短缺

如前文言，在实施教育改革“地方负责，分级管理”政策后，农村教育经费的主要支出责任来自于地方政府，因为农村并没有高等院校。由于经济分权和政治集权的政治经济体制，地方 GDP 的增长率和排名成为地方政府绩效竞争的主要测度方式，地方政府有激励从事有利于 GDP 增长的一切活动，而没有激励做与之无关的社会事业。很不幸

---

① 由于本部分初稿写作于 2008 年，现在中国农村教育状况发生了相当大的变化，因而这一部分有些内容可以作为教育史研究看待。与当前中国教育发展可能存在一些差距，由于教育体系变化较大，这一部分也比较难以大幅度修改。

的是，教育正是这样一个在短期内无助于经济增长的显性绩效的事业部门，农村教育更是如此。近年来，中央政府一直在试图利用新的政治评价机制来改变地方政府的激励机制，但是似乎没有更好的测度标准。20世纪90年代以来外资涌入对80年代地方政府重要的收入来源——乡镇企业带来了冲击，东南沿海地区的税收来源由新涌入的企业以及新发展起来的非公经济所补充受影响较小，贫困地区非公经济发展不足、缺乏外资进入，加剧了政府的财政压力。地方政府的财政压力加上政治晋升的冲动，会进一步影响投资环境和私营企业的成长环境，导致财政压力的进一步加剧。财政压力的加大使得本已被不断边缘化的农村教育的形势更加逼人。在20世纪90年代，拖欠教师工资、农村建校大规模集资屡禁不止就源于此。

如果以城市教育经费为合理标准，农村教育经费短缺可见一斑。教育部课题组（2005）的资料显示，2001年生均教育经费，城镇小学生为1484元，农村为798元，城镇是农村的1.86倍。初中生为1955元，农村为1014元，城镇是农村的1.93倍。生均预算内教育经费城镇小学是953元，农村是558元，城镇是农村的1.71倍。普通初中的生均预算内教育经费，城镇是1120元，农村为667元，城镇是农村的1.68倍。小学的生均预算内公用经费，城镇是95元，农村为28元，城镇是农村的3.39倍。初中的生均预算内公用经费，城镇是146元，农村为45元，城镇是农村的3.24倍。2001年全国普通小学危房面积为3803.3万平方米，城市为188.3万平方米，占4.95%，农村为3117.5万平方米，占81.97%①。湖北省长阳县的调查资料显示，由于经费不足，而政府对学生的收费标准有要求，大多数农村学校处于负债运营的状态；

① 教育部课题组："缩小差距——中国教育政策的重大命题"，《北京师范大学学报：社科版》，2005年第3期。

中小学的危房面积达52277平方米，其中D级危房16104平方米，漏雨、渗雨面积达3万平方米，如果要消除这些危、漏校舍每年需要投入200万元。并且生均学校面积远远低于湖北省的标准。由于缺乏经费，无法调整学校布局，按照国家政策办理寄宿制学校；无法推进信息化教育；无法对教师进行培训；无法实施新的课程改革；无法给予教师医疗保险①。

中央政府在将农村教育发展事权下放之后，长期以来不得不面临着不断地筹集资金对经费不足导致的问题进行补充和“救火”，特别是老、少、边、穷、牧县（旗、团场）地区。1995年中央政府开始实施“国家贫困地区义务教育工程”，一期“工程”的计划期为1995—2000年，中央财政计划投入专款39亿元，地方配套资金87亿元，共计126亿元，用于改善贫困地区中小学办学条件，重点投向列入“国家‘八七’扶贫攻坚计划”的592个国家级贫困县，适当兼顾省级贫困县。2001—2005年，投入中央和地方财政资金72.5亿元，实施第二期“国家贫困地区义务教育工程”，计划将在中国中、西部近20个省区的县级单位实施，覆盖人口1亿多。但是这种修修补补的措施并不能从根本上解决中国农村教育经费短缺问题，而且地方配套财政资金的财政拨付政策明显有着边缘化贫困地区的倾向。所以农村义务教育经费短缺问题并没有因为中央政府的投入有太多改善。

以危房为例，根据教育部、国家计委、财政部2001年年初对全国农村中小学危房的普查结果，截止到2000年底，除北京、天津、上海、江苏、浙江、广东6省（直辖市）及大连等5个计划单列市之外的25个省、自治区、直辖市及新疆生产建设兵团，共有农村中小学各类危、

① 长阳县政协、教育局调研组：“长阳县农村教育经费保障机制调研报告”，《湖北教育》2003年第22期。

破校舍 8400 万平方米，占农村中小学校舍总面积的 9.6%。其中，D 级危房（指房屋整体出现险情，不能继续使用）5700 万平方米；C 级危房（指房屋局部出现险情，维修后尚可继续使用）2000 万平方米；B 级危房（指房屋个别构件出现险情，可继续使用，但需抓紧维修）700 万平方米。2001—2002 年，中央投入 30 亿元资金，加上地方多渠道筹措的资金，由教育部、原国家计委、财政部和地方各级政府共同实施“全国农村中小学危房改造工程”。但截至 2002 年底，农村中小学还存在 4000 万平方米 D 级危房[①]。

2.3.2　农村教育与教师质量的低下

教师是教育质量的关键。在我国教师水平大幅度提高的大背景下，城乡教师水平的差距日益拉大。农村教师有效供给严重不足，年轻人到农村从教的意愿明显下降。中国教育问题的焦点在农村，农村教育问题的焦点在教师[②]。根据一般的劳动经济学原理，要想吸引资质更高的教师去经济条件更差的农村地区工作必须提高其工资待遇以补偿其恶劣的工作环境影响。但是长期以来由于农村教育发展经费权力的下放，地方政府错误的经济激励以及财政能力的低下，导致农村教师待遇不但没有太大的改进，甚至在很多贫困地区还处于不断下降的情况。后果是农村教师队伍不断流失，最后只剩下机会成本最低的人停留在教师队伍中，维持着农村教育的生存与发展。

教育部课题组（2005）认为，我国教师学历要求偏低，如果将教师学历要求提高一个层次，农村教师将有 70%—80% 成为学历不合格

① 本部分资料来源自张德元的“中国农村义务教育发展历史评述”，网易历史。

② 教育部课题组：“缩小差距——中国教育政策的重大命题”，《北京师范大学学报：社科版》2005 年第 3 期。

教师[①]。改革开放以来，“民办教师”曾是农村教育的主力军。1978 年，全国“民办教师”多达 464.5 万人，占教师总数的 55.3%。1994 年 6 月，中央提出要在 20 世纪末基本解决“民办教师”问题的工作目标。20 世纪 80 年代中期以来，共有约 212 万名“民办教师”经考核考试转为公办教师，中等师范学校招收民办教师约 71 万人。可以推算出，目前农村师资队伍中“民转公”教师占 40% 以上，这些教师已经年龄偏大、学历偏低、知识老化。在欠发达农村地区，由于教师流失严重，不得不聘用大量代课教师，有些学校甚至是“以代课教师为主”。根据教育部的统计，2002 年，农村和县镇小学教师中具有专科以上学历者分别占 25.07% 和 40.03%，农村和县镇初中教师中具有本科以上学历者分别占 11.36% 和 17.58%；大大低于全国平均水平[②]。近年来，在农村地区又出现了新的代课老师。

自“分级办学”始，农村教师工资主要由乡镇财政负责供给，“拖欠教师工资”的报道就不断见诸各种新闻媒体。2001 年起，各地陆续将农村中小学教职工工资管理和人事管理上收到县，但“拖欠教师工资”问题还是没有彻底解决。根据教育部的统计，截至 2002 年 7 月，全国累计拖欠教师工资总量距国家规定标准还有 127.06 亿元，涉及 24 个省份；仅 2002 年 1—4 月，全国新欠的教师工资就达到 14.6 亿元，涉及 21 个省份 420 多个县。农村教师工资尚且不能保证，其医疗保障、住房公积金、其他补助就更是奢望了。待遇低下迫使大量农村优秀教师“人往高处走”——向城镇转移。

农村教师待遇低也加剧了教师的流动。北京市农村教师调查显示，一直在 1 所学校工作的农村教师占 55.6%，即一半多点的教师没有过

---

① 教育部课题组：“缩小差距——中国教育政策的重大命题”，《北京师范大学学报：社科版》2005 年第 3 期。

② 本部分资料来源自张德元的“中国农村义务教育发展历史评述”，网易历史。

流动；在2所学校工作过的农村教师占25.3%；在3所学校工作过的农村教师占13.4%；在4所学校工作过的农村教师占5.4%①。重庆市的调查显示，由于教师待遇低下，几乎所有的农村教师表明有放弃教书的打算，而且几乎买不起书以更新自己的知识②。四川宜宾市的调查表明，农村地区平均师生比达到1∶30.18，与四川省的标准1∶23.6相比大大超标，古蔺农村小学的师生比平均达到1∶39，大大超过四川省编制委员会规定的1∶23.6的标准。古蔺农村小学大多数班额都在70人以上，有的一个班达到90人以上。而且这里的教师工作量很大，每个教师都是包班教学，既要负责语文、数学、自然、思品、音乐、美术、体育、国防知识、安全教育等近10个学科的教学任务，又要批改这些学科的作业以及这些学科的备课。更不用讲，农村小学教师工资收入普遍偏低，一个中等师范毕业工作5—6年的教师，国家每月发给个人的工资和政策性补贴总共只有693元，扣除医疗保险和各种基金后，个人实际月收入只有600元左右③。

2.3.3　农村学校学生辍学率居高不下

前文我们已经就农村学生辍学的严重性予以分析，政府层层下放事权导致的农民教育经费负担过重是农民不愿让子女上学的主要原因。这里我们分析包含了农村学生辍学的其他重要原因，而现有资料表明，随着经济的发展，经济原因在农村学生辍学率急剧上升中的作用日渐衰微，其他原因作用迅速上升。结合国家统计局山西调查总队针对农村学

① “北京农村教师队伍现状调查”，新浪网，2004年9月9日。

② “重庆市农村中小学教师队伍质量现状调查”，http：//www.blog.edu.cn/user1/21/archives/2008/2155659.shtml。

③ “我市农村小学教师的情况调查”，www.5ykj.com/Article/zjbgdcbg/34204.htm。

生在义务教育阶段中途辍学现象重新抬头的问题进行的专题调查，我们将导致农村学生辍学的主要原因总结为以下几个方面[①]：

1. 学生厌学、缺乏学习兴趣

有调查发现有70%左右的学生是由于厌学原因而中途辍学。学生厌学产生的原因是多方面的，教师质量不高，缺乏必要的引导和使学生产生学习兴趣的有效教学方法是比较重要的原因。另外，现有的以升学为目的的教育体制导致了学生沉重的学习压力，特别是一些学生自身基础较差，在升学中没有希望，就会弃学。

2. 教育体制和教学内容安排得不合理

缪尔达尔（2001）批评了在许多发展中国家，教学内容完全照搬西方发达国家，农村教育体制和假期安排也照搬西方，导致了许多学生在农忙期间辍学，而等到农闲时期回到学校已经跟不上学习进度，学习成绩越来越差。这种原因导致了农村学校的高复读率和高辍学率。以升学为目的的教学内容，严重脱离农村社会现实，导致在农村地区大多升不了学的学生就业无路，致富无门。学生在升学无望的情况下继续读书远不如及早离开学校，学到一技之长，或者外出打工。

3. 经济负担沉重，是导致学生辍学的主要原因之一

当前在农村，虽然义务教育阶段实行了“两免一补”的收费政策，农村孩子的上学费用大大减轻。但由于学校撤并，转变为寄宿式学校，很多家庭不得不面临着相对于农村家庭收入数目甚为巨大的寄宿费用。撤并乡镇、撤并村组给学生上学带来其他诸多不便，在学习成绩较差，升学无望的状况下，就学成本的增加提高了农村孩子的辍学率。

表2-3是根据我们2006年暑期在江苏省宿迁市农村的调研所整理的结果，有接近25%的家庭表示家庭内有辍学的子女。而在辍学原因

---

① 原因来自“义务教育阶段农村学生辍学现象再度抬头”，百度贴吧、灵石吧。

中，经济困难是其中最为重要的原因，然后是因为失去学习兴趣而辍学，再加上学习压力大而辍学，因学校质量或者学校取向不同导致的原因几乎可以与经济贫困平分秋色。其他调研结果也显示，农村学校辍学的非经济原因占比越来越大，这包括“一刀切”的管理方式、学生学习吃力或者对学习不感兴趣、学生成绩差受到教师的歧视、教师素质不高、教育方法不当等。桂建生的湖南省调查表明，在湖南的农村学生辍学原因中，经济原因只占到42.5%，非经济原因占到57.5%①。袁桂林等（2004）也将农村中学辍学的原因归结为诸多的非经济原因，他们认为，农村中学辍学的直接原因是，教师素质低、办学条件差、课程缺乏适应性、学校布局不合理、初中后出口少、家庭经济困难、学校生活单一、学校管理模式僵化等，而根本原因在于政策执行的非连续性与教育周期长的矛盾、教育体制与机制不合理、教育投入不足等②。

表2-3　　江苏宿迁调研学生辍学比例及其原因分析

类别	有失学人口家庭数（个）	占总家庭比例（%）	占失学的比重（%）
没有辍学	247	0.7508	
因经济困难辍学	48	0.1459	0.5854
因学习压力大辍学	3	0.0091	0.0366
因失去学习兴趣辍学	26	0.0790	0.3171
因和老师同学关系不好辍学	1	0.0030	0.0122
受其他辍学人影响	0	0.0	0.0
其他	4	0.0122	0.0488
总计	329	1.0	1.0

资料来源：本表根据江苏宿迁调研结果由本书作者整理。

① 桂建生：“对农村中小学‘辍学’问题的反思”，《中国教育学刊》2004年第2期，第6—9页。

② 袁桂林、洪俊、李伯玲、秦玉友：“农村初中辍学现状调查及控制辍学对策思考”，《中国教育学刊》2004年第2期，第1—5页。

第3章 农民家庭收入结构与教育投资激励

要研究中国农村教育发展问题，农民的行为研究必不可少。如我们在文献部分所言，如果不充分调动农民的教育投资激励，那么政府推动教育有可能变成一种数量膨胀而质量大幅度下滑的现象。伊斯特利（2005）发现，这种现象在发展中国家和地区非常普遍，“政府通过行政手段普及基础教育并不能产生投资激励从而影响经济增长，教育的质量因投资激励的不同而异”。“在有投资激励的国家，孩子们将会努力地学习，家长的督导更严格，教师的压力也更大。而在一个经济停滞、没有投资激励的国家，孩子们就不会认真学习甚至有时逃课，家长会让孩子们不上课而去地里帮忙干活，老师的工作会接近一个保育员。”如果教育质量低下，就很难推动经济增长，在许多发展中国家，教育规模的迅速膨胀并没有带来经济增长和发展，以至于经济学家们惊呼“教育到底有什么用?”因此，只有农村居民有充分的教育投资激励，他们才会督促子女努力学习，并进行一些辅助投资，甚至可以通过各种途径加大对学校、教师和政府的监督和激励，这都有利于教育质量的进一步增进。

对农民教育投资行为激励的研究我们分为两个部分：农民家庭收入的角度和农民家庭支出的角度。农民家庭收入的角度更多是分析教育对增加农民家庭收入的作用，如果教育能够很好地促进农民家庭收入的增加，那么农民家庭就会感受到教育投资的高回报率，从而就可能促使他们加大对子女的投资，这种投资既包括直接投资也包括时间和精力的投资。农民教育投资激励的加强对于农村教育发展是十分重要的一个方面。农村家庭支出的角度更多是考虑教育投资的机会成本，因为如果不对子女进行教育投资，这些资金和时间、精力可以投资于生产生活，改善农民家庭的经济福利。如果农民家庭面临较大的教育投资机会成本，可能教育投资激励就会弱化。

3.1　农民家庭收入与教育：理论模型

如前文所述，在传统农业社会中，农民的主要收入来源就是传统农业生产，增加收入流的方法是加大传统农业生产要素的投资。而随着经济打破传统农业的均衡，开始向现代经济社会迈进，新的就业机会和收入增长机会就会出现。刘易斯（1989）认为，在传统农业部门中存在着边际收益为零甚至为负的大量的剩余劳动力，这是传统农业社会低效率的最重要的原因。实现经济的发展，最重要的途径就是将这些剩余劳动力转移出来，投入到边际回报更高的现代工业部门。当经济发展开始以后，农民收入增长最重要的来源就是将劳动力从低效率的传统农业部门转移到相对高效率的非农业部门。在中国经济发展中，非农业部门主要包括两个部分：农村非农部门和城市工商业部门。农村非农部门是指，包含林、牧、副、渔业和农村小工业在内的部门，尤其是在 20 世纪 80 年代中国迅速崛起和发展的乡镇企业。城市工商业部门的来源有两个：一个是传统计划经济条件下的国有企业和国有商业部门；另一个是改革开放以后成长起来的非国有经济，以及外资企业。

农民为什么会从传统农业部门流向现代非农部门？传统农业社会农民的低流动性是由于在传统技术条件下，贫穷的农民要进行相互保险以应对自然风险可能导致的生存风险。相互保险要求信息的完全，所以形成了传统农业社会的低人口流动性和“熟人社会”的传统（瑞，2002）。因此，农民流动性的增强首先得益于技术水平的提高，即使没有“熟人社会”的相互保险，一个经济个体也具有抵御自然风险的能力而不至于被饿死，这也是改造传统农业的关键所在。其次，农民的流动性加强得益于非农部门的高工资，现代非农部门由于较容易吸收现代科学技术，劳动生产率较高，从而工资收入水平较高。在中国非农部门工资较高一定程度上也得益于计划体制遗留的价格管制，低估农产品价格导致农民收入较低，是导致农村居民大量外流的推动力之一。

3.1.1 理论模型

如前所言，我们这里考虑的农民收入主要包括农民家庭农村非农收入、城市工商业部门收入，以及在农村农业部门的收入。农民家庭的“兼业化”是近年来国内外学者讨论较多的话题之一，农村家庭在不同时间内进行各种不同的生产活动是东亚国家和地区经济生活的重要特点，也是小土地所有的农民最大化经济收入的必然选择。收入来源的多样化和教育对不同收入来源的效应不一会导致不同农民家庭感知的教育激励的不同，从而其教育投资的规模和强度就不同，这就是本章的主要观点之一。我们通过把农民家庭不同收入来源和不同收入来源中的教育作用予以模型化可以更好地理解经济发展中，以及经济发展不同阶段农民由于收入结构的变动而引致的教育投资激励的变动。本章理论模型的基础借鉴自 Zhao（1997）和韩莉（2000），不再仔细说明。

Rosen（1977）发展出一个被称为“内生教育模型”的理论框架，用以解决代表性行为者的教育决策。这一模型可以描述如下：

$$\max_s E = \int_s^{\infty} e^{-rt} Y(s,H)\,\mathrm{dt} \tag{3.1}$$

其中 r 表示折现率；s 表示代表性行为者的受教育水平；H 表示代表性行为者的个人能力；$Y(s,H)$ 表示代表性行为者的收入函数。在这个模型中，假设教育没有直接成本，只有机会成本，这样由最大化方程（3.1）可以获得一阶条件：

$$(\partial/\partial s)\ln Y(s,H) = r \tag{3.2}$$

由代表性行为者的收入函数我们可以看到，代表性行为者面临的劳动力市场在较为理想化的完全竞争的情况下，没有失业。如果我们结合发展中国家的劳动力市场就需要对模型进行相应的修改，劳动力市场的制度性分割是发展中国家劳动力市场的重要特征（赖德胜、田永坡，2005），中国尤其如此。如果我们只考虑城乡之间的劳动力市场分割，我们可以将上述模型修改为：

$$\max_s E = \int \{p(s)u(s) + [1 - p(s)]A(s,B)\} e^{-rt}\mathrm{dt} \tag{3.3}$$

其中，$A(s,B)$ 表示代表性行为者务农的收入方程；B 表示代表性行为者拥有的土地等农业生产资料数量；$p(s)$ 表示代表性行为者进入城市部门的概率；$u(s)$ 表示代表性行为者在城市部门就业的收入方程。这里代表性行为者要么在城市部门就业，要么在农村部门就业，没有失业，这是 Zhao（1997）的分析思路。如果同时考虑在农村从事非农部门和迁移到城市，但将两者合并为非农就业，可以这样修改模型：

$$\max_s E = \int \{p(s)n(s) + [1 - p(s)]A(s,B)\} e^{-rt}\mathrm{dt} \tag{3.4}$$

其中，$A(s,B)$ 含义与前文分析一致。$p(s)$ 表示代表性行为者进入非农部门就业的概率；$n(s)$ 表示代表性行为者在非农部门就业的收入方程。这里代表性行为者要么在非农部门就业，要么在农业部门就业，没有失业。这种思路与韩莉（2000）的研究结论一致。根据前文的叙述，本章将同时考虑在农村从事非农部门和到城市从事工商业部门，所以我们需要将原有模型修改为：

$$\max_s E = \int \{ p_1(s)u(s) + p_2(s)n(s) + [1 - p_1(s) - p_2(s)]A(s,B) \} e^{-rt} dt \quad (3.5)$$

其中，$A(s,B)$ 、B 、s 、$u(s)$ 、$n(s)$ 含义与前文类同；$p_1(s)$ 表示代表性行为者由农村进入城市部门的概率；$p_2(s)$ 表示代表性行为者由农村农业进入农村非农产业的概率。这里代表性行为者要么在非农部门就业，要么在城市工商部门就业，再要么在农业部门就业，没有失业。为了进一步描述城市就业概率、非农就业概率和教育之间的直接关系，同时为简化问题起见，我们假设存在以下关系：

$$p_1(s) = \alpha_1 + \beta_1 \cdot s \text{，其中} 0 < p_1(s) \leqslant 1, \alpha_1 > 0, \beta_1 > 0 \quad (3.6)$$

与之类似：

$$p_2(s) = \alpha_2 + \beta_2 \cdot s \text{，其中} 0 < p_2(s) \leqslant 1, \alpha_2 > 0, \beta_2 > 0 \quad (3.7)$$

这里用 $\alpha_i(i = 1,2)$ 表示流动的固定障碍，$\alpha_i(i = 1,2)$ 越小，说明农业以外的就业机会越少；$\beta_i \cdot s(i = 1,2)$ 是可以通过教育改变的流动概率部分，随着教育水平 s 提高，代表性行为者在非农部门找到工作的概率增大。因此，$\alpha_i(i = 1,2)$ 描述的是整个市场环境对流动限制的松动程度；$\beta_i(i = 1,2)$ 描述的是教育改变流动概率的效应程度，$\beta_i(i = 1,2)$ 越大，教育水平对找到工作的概率的影响越大。下面我们可以通过对 $\alpha_i(i = 1,2)$ 和 $\beta_i(i = 1,2)$ 做比较静态分析来讨论政策或制度改革造成就业机会变化对最优教育选择的影响。

由（3.2）式和（3.5）式，我们可以求得最优教育选择的一阶条件：

$$\frac{1}{r}[p_{1s}u + p_1u_s + p_{2s}n + p_2n_s - (p_{1s} + p_{2s})A + (1 - p_1 - p_2)A_s]$$
$$= p_1u + p_2n + (1 - p_1 - p_2)A \tag{3.8}$$

为了求得最优教育选择的二阶条件，我们令：

$$G = \frac{1}{r}[p_{1s}u + p_1u_s + p_{2s}n + p_2n_s - (p_{1s} + p_{2s})A + (1 - p_1 - p_2)A_s]$$
$$- p_1u - p_2n - (1 - p_1 - p_2)A \tag{3.9}$$

则二阶条件为：

$$\frac{\partial G}{\partial s} < 0 \tag{3.10}$$

由（3.6）式和（3.7）式可以得到：

$$p_{1s} = (\partial/\partial s)p_1(s) = \beta_1 \tag{3.11}$$

$$p_{2s} = (\partial/\partial s)p_2(s) = \beta_2 \tag{3.12}$$

将（3.11）式、（3.12）式代入（3.8）式可以得到：

$$(\beta_1 - rp_1)(u - A) + (\beta_2 - rp_2)(n - A) + p_1(u_s - A_s)$$
$$+ p_2(n_s - A_s) + A_s - rA = 0 \tag{3.13}$$

将（3.13）式进一步整理可以得到：

$$\frac{\beta_1u + \beta_2n - (\beta_1 + \beta_2)A}{p_1u + p_2n + (1 - p_1 - p_2)A} + \frac{p_1u_s + p_2n_s + (1 - p_1 - p_2)A_s}{p_1u + p_2n + (1 - p_1 - p_2)A} = r \tag{3.14}$$

通过比较我们容易发现，（3.14）式左边的第一部分表示的是教育通过影响流动的概率所带来的经济收益，而第二个部分表示教育通过增加代表性行为者的教育回报率来增加的经济收益。这个式子及其结果显然与 Zhao（1997）的研究结论类似。但是，这里结果的成立存在着一定的限制条件，即：

$$u(s) - A(s) \geqslant 0 \tag{3.15}$$

$$n(s) - A(s) \geqslant 0 \tag{3.16}$$

这两个式子是显然成立的，如果农村的非农部门、城市的工商业部门的收入不高于农村的农业部门，那么理性的代表性行为者就不会选择流动，因为流动并没有带来经济收益，所以（3.15）式、（3.16）式成为流动发生的必要条件，这与韩莉（2000）的分析一致。对（3.14）式第二部分进行分析可以发现，教育直接作用带来的代表性行为者的收益率的增加取决于农村非农部门、城市工商业部门和农村农业部门三个部门的教育收益率的加权平均，当然农村农业部门的权数可能是负的。

我们可以在这里将经济发展过程描述为流动概率的增加，不同的经济发展阶段有着不同的向农村非农部门和城市工商部门流动的概率。而根据（3.6）式和（3.7）式，流动概率取决于流动的固定障碍 $\alpha_i(i=1,2)$ 和教育改变流动概率的效应程度 $\beta_i(i=1,2)$ ，以及代表性行为者所愿意接受的教育水平。但是，在我们的研究框架中，代表性行为者的教育水平是内生决定的，因此我们主要通过对流动的固定障碍 $\alpha_i(i=1,2)$ 和教育改变流动概率的效应程度 $\beta_i(i=1,2)$ 的分析来研究经济发展中的教育决策。而通过这种分析，我们可以回到这两个变量对代表性行为者的最优教育选择的影响来考察经济发展过程中的教育需求问题，即教育投资激励问题。下面我们来进行这种比较静态的分析：

由（3.8）式、（3.9）式我们可以推导出如下结果：

$$\frac{\partial G}{\partial s}=\frac{1}{r}\{\beta_1[u_s-A_s-r(u-A)]+\beta_2[n_s-A_s-r(n-A)]\} \tag{3.17}$$

$$\frac{\partial G}{\partial \beta_1}=\frac{1}{r}[(1-rs)(u-A)+s(u_s-A_s)] \tag{3.18}$$

$$\frac{\partial G}{\partial \beta_2}=\frac{1}{r}[(1-rs)(n-A)+s(n_s-A_s)] \tag{3.19}$$

$$\frac{\partial G}{\partial \alpha_1}=\frac{1}{r}[(u_s-A_s)-r(u-A)] \tag{3.20}$$

$$\frac{\partial G}{\partial \alpha_2}=\frac{1}{r}[(n_s-A_s)-r(n-A)] \tag{3.21}$$

比较静态分析要求我们求得对流动的固定障碍 $\alpha_i(i=1,2)$ 和教育改变流动概率的效应程度 $\beta_i(i=1,2)$ 对代表性行为者教育需求的边际影响。由基本数学原理知：

$$\frac{\mathrm{d}s}{\mathrm{d}\beta_1}=-\frac{\partial G/\partial \beta_1}{\partial G/\partial s} \tag{3.22}$$

$$\frac{\mathrm{d}s}{\mathrm{d}\beta_2}=-\frac{\partial G/\partial \beta_2}{\partial G/\partial s} \tag{3.23}$$

$$\frac{\mathrm{d}s}{\mathrm{d}\alpha_1}=-\frac{\partial G/\partial \alpha_1}{\partial G/\partial s} \tag{3.24}$$

$$\frac{\mathrm{d}s}{\mathrm{d}\alpha_2}=-\frac{\partial G/\partial \alpha_2}{\partial G/\partial s} \tag{3.25}$$

我们下面来讨论（3.24）式和（3.25）式的符号。由 $\frac{\partial G}{\partial s}<0$，（3.24）式和（3.25）式，我们知道 $\frac{\mathrm{d}s}{\mathrm{d}\alpha_1}$、$\frac{\mathrm{d}s}{\mathrm{d}\alpha_2}$ 的符号取决于 $\frac{\partial G}{\partial \alpha_1}$ 和 $\frac{\partial G}{\partial \alpha_2}$ 的符号。结合（3.15）式和（3.16）式我们进行如下讨论：

（1）如果 $u_s-A_s\geqslant r(u-A)\geqslant 0$，那么 $\frac{\mathrm{d}s}{\mathrm{d}\alpha_1}\geqslant 0$；但是如果出现相反的情况，也就是：$u_s-A_s<r(u-A)$，那么 $\frac{\mathrm{d}s}{\mathrm{d}\alpha_1}<0$。而后一种情况中又包含了两种情境，分别为：$u_s-A_s<0<r(u-A)$ 和 $0\leqslant u_s-A_s<r(u-A)$。

我们可以这样解释：如果城市部门教育的边际收益率足够高，以至于上面的第一种情况得以实现，那么就意味着，放松对劳动力进入城市部门的流入限制就会使得农民的教育需求大大增加。但是如果城市部门教育的边际收益率低于这一情况，那么我们不得不面对这种情况：放松对劳动力进入城市部门的流入限制会使得农民的教育需求减少。这里面包含两种情境：城市部门的教育边际收益率低于农村农业部门教育的边际收益率的情形和城市部门教育边际收益率不低于农村农业部门教育边际收益率，但不能实现第一种情况要求的情形。

（2）如果 $n_s - A_s \geqslant r(n - A) \geqslant 0$，那么 $\frac{\mathrm{d}s}{\mathrm{d}\alpha_2} \geqslant 0$；但是如果出现相反的情况，也就是：$n_s - A_s < r(n - A)$，那么 $\frac{\mathrm{d}s}{\mathrm{d}\alpha_2} < 0$。而后一种情况又包含了两种情境，分别为：$n_s - A_s < 0 < r(n - A)$ 和 $0 \leqslant n_s - A_s < r(n - A)$。

相应的解释也是类似的：如果农村非农部门教育的边际收益率足够高，以至于上面的第一种情况得以实现，那么就意味着，放松对劳动力进入农村非农部门的进入限制就会使得农民的教育需求大大增加。但是如果农村非农部门的教育的边际收益率低于这一情况，那么我们不得不面对：放松对劳动力进入农村非农部门的进入限制会使得农民的教育需求减少。这里也包含两种情境：农村非农部门的教育边际收益率低于农村农业部门教育的边际收益率的情形和农村非农部门教育边际收益率不低于农村农业部门教育边际收益率，但不能实现第一种情况的要求的情形。韩莉（2000）就发现，政府放松对劳动力进入城市部门和农村非农部门的进入限制，导致农村教育需求大幅度下降。

下面我们来讨论（3.22）式、（3.23）式的符号。由 $\frac{\partial G}{\partial s} < 0$，（3.22）式和（3.23）式，我们知道 $\frac{\mathrm{d}s}{\mathrm{d}\beta_1}$、$\frac{\mathrm{d}s}{\mathrm{d}\beta_2}$ 的符号取决于 $\frac{\partial G}{\partial \beta_1}$ 和 $\frac{\partial G}{\partial \beta_2}$ 的符号。结合（3.24）式、（3.25）式，我们将（3.22）式、（3.23）式整理为：

$$\frac{\partial G}{\partial \beta_1} = \frac{1}{r}\{(u - A) + s[(u_s - A_s) - r(u - A)]\}$$

$$= \frac{1}{r}[(u - A) + s\frac{\partial G}{\partial \alpha_1}] \tag{3.26}$$

$$\frac{\partial G}{\partial \beta_2} = \frac{1}{r}[(n - A) + s\frac{\partial G}{\partial \alpha_2}] \tag{3.27}$$

那么，结合（3.15）式和（3.16）式我们进行如下讨论：

（1）如果$u_s - A_s \geqslant r(u - A) \geqslant 0$，那么$u - A \geqslant -s\frac{\partial G}{\partial \alpha_1}$结合（3.15）式就可以发现$\frac{\partial G}{\partial \beta_1} \geqslant 0$显然一直成立。如果$u_s - A_s < r(u - A)$，只要$u - A \geqslant -s\frac{\partial G}{\partial \alpha_1}$，$\frac{\partial G}{\partial \beta_1} \geqslant 0$就仍然可能成立。但如果出现$u - A < -s\frac{\partial G}{\partial \alpha_1}$，那么就可能出现$\frac{\partial G}{\partial \beta_1} < 0$。

我们可以做如下解释：如果城市部门教育的边际收益率足够高的情况下，使得第一种情形成立时，就意味着通过政策或者经济发展的其他因素增加教育对劳动力向城市部门流动的促进作用，会使得农村代表性行为者的教育需求增加。即使城市部门的教育边际收益率达不到这一情况，只要城市部门的收入高于一定程度（因为城市部门的收入必然高于农村农业部门），仍然可以使得增加教育对劳动力向城市部门流动的促进作用，会使得农村代表性行为者的教育需求增加。但是一旦城市部门的收入过低，太接近于农村农业部门的收入水平，增加教育对劳动力向城市部门流动的促进作用，并不会使得农村代表性行为者的教育需求增加。韩莉（2000）否认这种情况会发生，直接就认为$\frac{\partial G}{\partial \beta_1} \geqslant 0$是必然成立的，当然也许这样做也存在一定程度的合理性。

（2）如果$n_s - A_s \geqslant r(n - A) \geqslant 0$，那么$n - A \geqslant -s\frac{\partial G}{\partial \alpha_2}$结合（3.16）式就可以发现$\frac{\partial G}{\partial \beta_2} \geqslant 0$显然一直成立。如果$n_s - A_s < r(n - A)$，只要$n -$

$A \geqslant -s\frac{\partial G}{\partial \alpha_2}, \frac{\partial G}{\partial \beta_2} \geqslant 0$ 就仍然可能成立。但如果出现 $n - A < -s\frac{\partial G}{\partial \alpha_2}$，那么就可能出现 $\frac{\partial G}{\partial \beta_2} < 0$。

农村非农部门的解释也是类似的：如果在农村非农部门教育的边际收益率足够高的情况下，第一种情形成立时，就意味着通过政策或者经济发展的其他因素增加教育对劳动力向农村非农部门流动的促进作用，会使得农村代表性行为者的教育需求增加。即使农村非农部门的教育边际收益率达不到这一需求，只要农村非农部门的收入高于一定程度（农村非农部门的收入也必然高于农村农业部门），仍然可以增加教育对劳动力向农村非农部门流动的促进作用，会使得农村代表性行为者的教育需求增加。但是一旦农村非农部门的收入过低，太接近于农村农业部门的收入水平，增加教育对劳动力向农村非农部门流动的促进作用，却并不会使得农村代表性行为者的教育需求增加。

3.1.2 农民家庭收入与教育回报率

如上讨论，农民家庭城市部门收入、农村非农部门收入与农村农业部门收入的关系，农民家庭城市部门教育边际收益率、农村非农部门教育边际收益率与农村农业部门教育边际收益率的关系，影响和决定着代表性行为者的教育需求和教育投资激励。教育边际收益率的计量估计结果又被称为“教育回报率”，我们下文不再使用教育边际收益率，统一使用教育回报率的概念。下面我们来讨论一般的经济发展中农民家庭非农收入、工商部门收入与农业收入的可能关系，以及非农教育回报率、工商部门教育回报率与农业教育回报率的关系，至于与中国经济发展的结合分析放在本章的最后一节。

“传统农业社会”是经济发展的起点。传统农业社会是“农业生产完全以长期存在的传统生产要素为基础的经济社会，收入来源是增加传统生产要素的数量”。“传统农业社会”显然不存在城市工商部门，但农村非农部门存在，即传统农村手工业。传统农业社会的农村非农部门的收入会高于农村农业部门么？显然不会。传统农业社会既然被看作一种特殊类型的经济均衡状态，那就意味着传统农业的边际收益等于传统农村手工业的边际收益。传统农业社会的农村非农部门教育回报率会高于农村农业部门么？显然也不会。贝克尔（2007）写道，在传统农业中教育几乎没有多少用处，因为耕作的方法和知识是父子相传的。因而，在传统经济中，农民往往是劳动力中受教育水平最低的。传统农业社会中手工业技术与耕作技术一样，几乎不需要任何教育，都是通过父子相传的，因此在当时，教育的回报率几乎都是零（艾利思，2006）。

经济发展过程是通过技术优势来打破传统农业社会的经济社会均衡。传统农业部门之外建立的城市工商部门由于先进技术带来的生产率优势，使得资本和劳动都可以获得更高的回报，从而社会资源会从传统农业不断地流向现代经济部门。这个意义上，城市工商部门的收入应该高于农村农业部门和农村非农部门。而城市工商部门的技术特征也为教育提供了发挥作用的空间，新的生产技术和方法打破了技术的父子相传模式，默示的、口头相传的知识转变为书面的知识。因此，城市工商部门的技术和制度结构要求更多地奖励教育，其教育回报率也更高。

但是，现代技术发展呈现出阶段性和时代性，只有当劳动者获得的教育与现代技术层次协调时，才会受到与技术体系相契合的制度体系的奖励。随技术的不断进步，劳动者可能因接受的教育知识陈旧、过时而受不到任何奖励，这也是我们一再强调教育质量对教育发展具有重大意义的原因。另外，教育回报率的体现还与劳动力市场制度建设相关，只有有良好运行的劳动力市场制度将每个人配置在最能发挥自身潜能的岗位上，教育的作用才能得以体现，而发展中国家的劳动力市场制度往往执行很差。在中国，计划经济时代对劳动力市场的管制就是一个例子。再者，发展中国家的教育本身也是值得反思的。发展中国家教育内容大多脱离生产生活实践，以升学考试为导向，以学究式的思辨为导向，因此教育可能体现不出提高生产效率的作用，从而得不到生产制度的奖励。所以，城市工商部门的教育回报率可能未必高于农村农业部门和农村非农部门。

随着经济不断发展，技术进步逐渐从城市工商部门传导到农村非农部门和农村农业部门。以农村农业部门为例，城市工商部门的发展要吸收更多的劳动力，这意味着维持生存部门生产足够粮食的人口要下降，因此要求传统农业部门提高劳动生产率（刘易斯，1989；福格尔，2003）。传统农业要提高劳动生产率，必须引入新的要素，这包括新技术、新种子以及其他新要素。伴随这一过程，农民必须能够培育杂交种子、掌握养殖技术、使用化学肥料、操作复杂的农业机械以及应对商品市场未来的诸多变化。在帮助农民更快地适应杂交技术和其他新技术的过程中，教育的巨大价值已经显现（Welch，1970）。因而，毫无疑问，农民也应同现代社会的工业工人一样接受良好的教育（贝克尔，2007）。但农业部门是被动接受城市工商部门提供的新要素，收入增长速度相对应当慢于城市工商部门，与之类似，教育回报率应当也低于城市工商部门。

农村非农部门的分析与上文类似。农村非农部门由于更易吸收工业技术知识，其劳动生产率更易得到提高，收入一般应高于农村农业部门，同样其教育回报率一般也高于农村农业部门。另外，与在城市工商部门就业不同，农民在农村非农部门中一般要做更多的生产决策，农民承担更多风险的同时，也可能获得更多的收益。舒尔茨（2001）认为，在农业现代化过程中，由于可能得到更好的机会，所以必须调整农业的生产经营方式。“在一个动态的经济过程中，应付非均衡的能力具有很重要的价值。这种非均衡是必然的，无论是法律，还是公共政策，都无法将之消除，花言巧语也肯定不能改变经济的非均衡状态。”而以教育为核心的人力资本正是对人的处理非均衡能力的培养，所以教育具有重要的经济投资价值（赖德胜，2001）。弗兰克·艾利思（2006）认为，在许多发展中国家，主要利用家庭劳动的农户，被迫部分地参与常常是不完全或不全面的投入和产出市场。而市场不完全、不全面所导致的市场风险需要更多的新知识、新技能的获得（教育）才能化解，农村非农部门尤其如此。

城市工商部门通过抽取劳动力和产出要求农村农业部门和农村非农部门提高劳动生产率，而与此同时城市工商部门又向农村非农部门和农村农业部门输出技术、知识及包含技术、知识的产品以提升两个部门的劳动生产率维持和促进经济持续发展。农村非农部门消耗农村农业部门的产出以生产附加值更高的产品，必然要求农村农业部门进一步增加产出，减少劳动力，提高劳动生产率（Huffman，1980）。经济增长与发展就是三个部门相互作用，共同推动三个部门的劳动生产率不断增长的过程。在此过程中，由于劳动生产率增长，参与这一经济过程的农民的收入必然不断增长，而且根据传导顺序和经济发展动力的根源在城市工商部门技术的自我持续增长，城市工商部门的收入应该会高于农村非农部门和农村农业部门。农村非农部门处于传导得更上端一些，所以一般而言，农村非农部门的收入要高于农村农业部门。而教育回报率的分析类似，但这种关系并非绝对的，要结合劳动力市场制度、教育内容、技术层次的变迁。

3.2 农民家庭收入与教育：实证分析

要分析农民家庭收入与教育的关系，单纯的理论分析显然是不够的。理论分析舍弃掉许多现实的条件，对很多问题进行了简化，因此可能存在一些缺陷。但理论分析确实抓住几个关键因素，简明地告诉我们教育与农民家庭收入的关系，即：只有城市部门或者农村非农部门的教育回报率足够高，促进劳动力流动，或者增加教育在劳动力流动中的作用的经济发展才会促进农民的教育投资激励；当城市部门或者农村非农部门教育回报率不够高时，只要教育促进农民从农村农业部门到农村非农部门和城市工商部门的流动能力增强，而且两个部门的收入足够高于农村农业部门，农民的教育投资激励也会加强。我们很感兴趣的是，在加入现实的许多因素之后，这些有趣的结论是否还会成立，特别是在大样本的情况下，计量经济学的研究方法很容易告诉我们这些结果。

这一节我们就利用微观家庭数据来进行验证，遗憾的是，数据仅仅来自一个地区，可能代表性不足，但这为我们控制教育质量的变异带来了便利。与Zhao（1997）的研究类似，理论研究表明，教育可以通过两个途径增加农民家庭收入：增加农民由农村农业部门进入农村非农部门和城市工商部门的概率；增加农民在具体部门工作时的劳动生产率。教育可以增加农民在某一部门工作的劳动生产率和收入，这可以通过教育回报率估计的计量经济方法来实施。而教育增加农民由农村农业部门进入农村非农部门和城市工商部门的概率的估计可以采用另外一套计量经济工具来实施，这一系列工具被称为“教育就业选择”方法。根据这两种区分，我们通过实证数据来分析样本地区农民教育投资激励不足是由于教育回报率过低，还是由于教育就业选择效应不强。如果教育回报率过低，产生的原因是什么？如果教育就业效应不强，产生的原因又是什么？如果可以得到这些结果，我们就可以通过制度变革或者政策安排来推动农民教育激励的增强，从而促进中国农村教育发展。

3.2.1 教育回报率估计[①]

教育回报率的估计文献在文献综述部分已经有所描述，不再重复。为了减少争议，我们这里加入样本选择偏误的处理。这里的样本选择偏误是指在估计教育回报率时，影响劳动者收入的那些因素也会同时影响劳动者的参与活动选择。例如教育会影响劳动者的收入，但也会增加劳动者从事收入更高的经济活动的概率。不对样本选择偏误进行处理，会使得样本估计值存在着非一致性或者没有其他良好统计性质（Heckman，1978）。对这一问题的处理，我们采用 Heckman（1978）、Lee（1979、1980）发展的两步估计法。首先估计一个多重选择的就业模型的简化式（3.29）式，计算出逆米尔斯比（Inverse Mill's Ratio），加入收入方程的解释变量中，再用最小二乘法回归。上述估计方法可以用公式描述如下：

$$\ln W^s = \beta_s X_s + \mu_s \tag{3.28}$$

$$V_s^* = Z_s \gamma_s + \eta_s \tag{3.29}$$

s 表示不同的收入来源。（3.28）式是各部门的明瑟收入方程，解释变量中包括了受教育年限；根据方程含义，受教育年限的系数就可以理解为教育的年收益率。（3.29）式是就业选择方程，劳动者选择在 s 部

---

① 数据的详细信息我们将放在附录中。

门就业当且仅当$V_s^* > \max\limits_{j \neq s} V_j$。（3.29）式的解释变量中既包括影响收入的因素又包括不影响收入而直接影响就业选择的变量。我们可以用多重选择Logit模型估计（3.29）式，然后根据估计结果计算逆米尔斯比λ_s：

$$\lambda_s = -\phi[\Phi_0^{-1} F_s(Z_s \gamma_s)] / F_s(Z_s \gamma_s) \tag{3.30}$$

把λ_s作为解释变量之一加入方程（3.28）中，得到方程（3.31）：

$$\ln W^s = \beta_s^c X_s + \delta_s \lambda_s + \varepsilon_s \tag{3.31}$$

用普通最小二乘法估计（3.31）式，可以得到系数的一致估计。

由文献综述可知，农村家庭教育回报率估计中农村家庭的收入和教育指标的选取是非常重要的问题。由于农村生产生活中普遍以家庭为单位，农村农业部门的生产本来就是联合生产，很难分解出哪部分收入是由于谁的生产而导致的，而即使可以进行区分或者部分区分的农村非农部门生产和城市工商部门就业，因为存在家庭内分工，家庭其他成员承担了一些这些成员没有承担的成本才使得这些成员获得了该项收益。所以在本书中，我们采取多项家庭收入和教育指标测度，为了简便地进行报告，我们对相关结果进行筛选，一般而言只报告显著的、经济意义明确的，没有多重共线争议的结果。我们使用的家庭收入指标有：家庭总收入、家庭人均收入、种植业收入、养殖业收入、副业收入和外出务工收入。教育指标的选取也有一些争议，家庭内的教育具有外部性，在生产决策时最终的决定可能并非户主敲定的，而且家庭内教育还存在着传递性，以及家庭内分工可能对教育有所影响，所以我们也采取多指标的办法以避免主观判断可能导致的失误，我们使用的教育指标有：户主受教育水平、户主配偶受教育水平、家庭最高受教育水平、家庭最低受教育水平和家庭平均受教育水平①，同时教育还使用教育年限和教育层级

① 家庭最低教育、家庭最高教育和家庭平均教育年限使用的是户主、户主配偶和户主的子女（前四个）进行对应计算得出的结果指标。

虚拟变量两种计量方法。

表 3－1　　　明瑟方程估计农村家庭教育回报率

被解释变量	家庭总收入			家庭人均收入		
解释变量	模型1	模型2	模型3	模型4	模型5	模型6
常数项	8.542 (0.285)***	7.392 (0.442)***	6.911 (0.566)***	7.196 (0.241)***	6.686 (0.469)***	6.532 (0.589)***
户主教育年限	0.070 (0.033)**		0.045 (0.032)	0.050 (0.241)*		0.014 (0.031)
户主经验		0.123 (0.024)***	0.126 (0.025)***		0.075 (0.027)***	0.076 (0.027)***
户主经验平方		−0.002 (0.000)***	−0.002 (−0.000)***		−0.001 (0.000)***	−0.001 (0.000)***
调整后 R^2	0.058	0.189	0.205	0.037	0.138	0.140
F统计量 (P值)	4.44 (0.037)	24.74 (0.000)	15.71 (0.000)	2.96 (0.088)	11.80 (0.000)	7.58 (0.000)
样本数	123	123	123	123	123	123

注：*、**、*** 分别表示参数估计值在10%、5%、1%水平上显著，括号中数值表示经过异方差调整的标准误差值。

表 3－2　　　明瑟方程法估计农村家庭教育回报率

被解释变量	家庭总收入				家庭人均收入			
教育指标	户主配偶教育水平	家庭最高教育水平	家庭最低教育水平	家庭平均教育水平	户主配偶教育水平	家庭最高教育水平	家庭最低教育水平	家庭平均教育水平
常数项	9.271 (0.156)***	8.021 (0.324)***	8.984 (0.174)***	9.170 (0.270)***	7.610 (0.142)***	7.033 (0.305)***	7.445 (0.150)***	7.804 (0.256)***
教育指标系数	−0.028 (0.025)	0.105 (0.031)***	0.015 (0.030)	0.003 (0.029)	0.001 (0.022)	0.054 (0.029)*	0.028 (0.028)	−0.018 (0.028)
调整后的 R^2	0.010	0.138	0.002	0.000	0.000	0.045	0.007	0.005

续表

被解释变量	家庭总收入				家庭人均收入			
教育指标	户主配偶教育水平	家庭最高教育水平	家庭最低教育水平	家庭平均教育水平	户主配偶教育水平	家庭最高教育水平	家庭最低教育水平	家庭平均教育水平
F值 (P值)	1.24 (0.267)	11.62 (0.000)	0.26 (0.614)	0.01 (0.908)	0.00 (0.981)	3.43 (0.067)	1.02 (0.315)	0.43 (0.512)
样本数	116	124	124	108	116	124	124	108

注：*、**、***分别表示参数估计值在10%、5%、1%水平上显著，括号中数值表示经过异方差调整的标准误差值。

我们来看表3－1、表3－2的计量经济结果，这里使用的方法是十分常用的明瑟方程法，甚至在表3－1中我们构造了户主的工作经验数据，具体方法如文献综述所言。但是我们竟然发现几乎所有的教育指标对家庭总收入和家庭人均收入的影响都不显著，或者显著但数值很小，唯一令我们稍感欣慰的是，家庭最高受教育年限对家庭总收入和家庭人均收入的增长效果相当明显（10.5%和5.4%）。但是即使这样一个数据，比照Psacharopoulos（1994）总结的，撒哈拉以南的非洲国家教育回报率平均为13%，拉美和加勒比海地区12%，亚洲（不包含OECD国家）10%，样本地区的教育回报率依然不令人乐观。由于样本地区属于江苏省最为贫穷的地区，人均收入水平即使相对于全国也属于欠发达地区，这样一个地区人均人力资本存量较少，应当属于教育回报率较高地区，但现实却是人力资本回报率很低。家庭最高受教育年限者对家庭总收入和家庭人均收入的显著影响可能意味着，家庭子女外出务工部分进入收入较高的城市正式劳动力市场，而这些人接受的教育更新、质量更高、年限也更长。如果考虑到这种选择效应，及新的教育的质量，教育回报率就可能存在着高估。

表3－3　　因素分析法估计农村家庭教育回报率

被解释变量	家庭总收入				家庭人均收入			
教育指标	户主受教育水平	家庭最高教育水平	户主配偶教育水平	家庭最低教育水平	户主受教育水平	家庭最高教育水平	户主配偶教育水平	家庭最低教育水平
常数项	3.172 (0.871)***	3.435 (0.837)***	4.528 (1.100)***	3.615 (0.981)***	3.381 (0.897)***	3.648 (0.924)***	3.658 (1.055)***	3.606 (0.876)***
生产性支出	0.679 (0.126)***	0.567 (0.130)***	0.533 (0.148)***	0.634 (0.136)***	0.494 (0.131)***	0.435 (0.143)***	0.465 (0.144)***	0.473 (0.124)***
劳动力	0.242 (0.071)***	0.170 (0.077)**	0.262 (0.093)***	0.292 (0.085)***	0.128 (0.071)*	0.082 (0.081)	0.166 (0.094)*	0.164 (0.087)*
小学教育虚拟变量	0.320 (0.221)	0.536 (0.319)*	0.084 (0.190)	0.081 (0.166)	0.226 (0.225)	0.081 (0.397)	0.169 (0.195)	0.115 (0.160)
初中教育虚拟变量	0.227 (0.216)	1.094 (0.036)**	−0.265 (0.168)	−0.053 (0.209)	0.244 (0.227)	0.620 (0.428)	−0.004 (0.177)	0.061 (0.247)
高中教育虚拟变量	0.140 (0.297)	0.896 (0.359)**	0.251 (0.269)		0.068 (0.293)	0.317 (0.441)	0.108 (0.200)	
大专教育虚拟变量	1.226 (1.103)	0.867 (0.724)			0.667 (0.970)	0.227 (0.787)		
本科教育虚拟变量		1.392 (0.391)***				0.586 (0.442)		
调整后的 R^2	0.447	0.524	0.359	0.430	0.291	0.323	0.239	0.270
F值 (P值)	13.45 (0.000)	18.46 (0.000)	7.69 (0.000)	12.78 (0.000)	7.08 (0.000)	7.30 (0.000)	4.53 (0.000)	7.98 (0.000)
样本数	120	121	114	121	120	121	114	121

注：*、**、***分别表示参数估计值在10%、5%、1%水平上显著，括号中数值表示经过异方差调整的标准误差值。

那么总体教育回报率比较低会不会与教育指标的测度方式有关系呢？我们在表3－3中使用了虚拟变量的测度方式，这里使用的是因素分析法，控制变量为生产性支出和家庭劳动力数量。但我们发现结果没有实质性的改进，甚至家庭最高受教育年限对于家庭人均收入也不再显著，而仅仅对于家庭总收入显著。这甚至有可能是一种存在内生性的表现，家庭总收入高是因为家庭人口多，并不是因为人均收入高，而因为家庭人口多带来的总收入多可以支持某些家庭成员获得更高的学历，就读更多的教育年限，但由于没有更多的数据进行处理，不能进一步证实我们的想法。而教育的虚拟变量测度方式也告诉我们一些有意思的结论，家庭最高受教育年限收益最高的是本科教育，然后是初中教育，接着是高中教育，然后是小学教育，大专教育最差。本科教育的高收益可能意味着正规高等院校毕业后，可以进入城市正规劳动力市场，获得较高的收入。初中教育的高回报率符合人们一般讲的“读个初中就够了”的选择。但读了高中或者大专如果考不上大学本科，教育回报率甚至比初中有所下降，这可以很好地理解为什么农村初中阶段的高辍学率，如果考不上本科院校，继续读书是没有用的。

表3-4　　Heckman两阶段法估计显著的指标教育回报率

被解释变量	种植业收入	副业收入	养殖业收入	外出务工收入
常数	2.368 (0.406)***	8.422 (0.312)***	5.164 (3.308)	7.930 (0.328)
教育指标	家庭最高教育水平	户主受教育水平	户主受教育水平	户主配偶受教育水平
教育指标系数	0.030 (0.012)**	0.060 (0.025)**	0.107 (0.062)*	0.029 (0.016)*
生产性支出	0.721 (0.049)***			
社会资本	0.048 (0.035)		0.248 (0.373)	

续表

被解释变量	种植业收入	副业收入	养殖业收入	外出务工收入
劳动力	0.034 (0.036)	0.131 (0.092)		0.131 (0.048)***
Wald 值 (P 值)	279.91 (0.000)	9.18 (0.010)	8.26 (0.016)	11.16 (0.004)
样本数	359	374	335	399

注：*、**、*** 分别表示参数估计值在10%、5%、1%水平上显著，括号中数值表示经过异方差调整的标准误差值。

农村教育回报率为什么会比较低呢？这显然不符合我们的要求，教育回报率低下意味着农民的教育投资激励不高，农民的教育投资激励不高会使得农村教育的政府推动流于形式，甚至在政府的推动不足的情况下会使得农村教育不断边缘化，危及中国长期的经济增长基础。为此，我们将农民家庭收入划分为：种植业收入、养殖业收入、副业收入和外出务工收入。通过分别估计不同收入来源的教育回报率来考察是整体性教育回报率不高，还是不同收入之间存在差异，然后分析不同收入来源为什么存在着较大的教育回报率差异。表3－4报告了不同收入来源的教育收益率，由于存在家庭内分工，不同的人从事不同的生产活动，我们根据相关经验以及显著性选取较为对应的教育指标，然后使用Heckman两阶段估计的方法来消除样本选择偏误，同时也控制了较为重要的变量，从而得出较为精确的教育回报率数值。

这里的结果是有意思的，我们将不同收入的教育回报率关系总结为：养殖业收入教育回报率>副业收入教育回报率>种植业收入教育回报率>外出务工教育回报率①。与我们理论分析部分的预测不同，教育回报率最高的是农村非农部门，然后是农村农业部门，最后是城市工商

① 利用其他方法和指标得到的回归结果并没有改变这一关系。

部门。我们首先来阐述城市工商部门的低教育回报率，我们称之为“外出务工收入的教育回报率”较低，这很可能跟中国的劳动力市场制度有很大的关系。李实、丁赛（2003）认为，中国的劳动者只有进入城市正式劳动力市场，才能获得较高的教育回报率。农民工进城务工只能进入城市非正式劳动力市场，所以教育效应自然很难体现。而且外出务工存在着大量竞争，工作性质单一，进一步教育的收入效应很难体现。当然中国农村教育体制也负有不可推卸的责任，教育课程的设置大大脱离实际的生产生活，教育质量很低，对于劳动力无论是进入城市非正式部门还是在农村农业或者非农部门可能都没有太大的帮助。表3-3显示，如果不考取大学本科进入城市正式劳动力市场，初中以后读书基本没有太多的用处，正印证这一观点。

为什么养殖业和副业的教育回报率较高呢？相对于城市工商部门，农村非农部门需要更多的处理非均衡的能力、处理风险的能力，农村非农部门更多涉及农民的生产生活决策，这为教育的发挥留下了很大的空间。在我们的样本中，农民家庭种植业和外出务工收入没有为负的家庭，但副业和养殖业都有收入为负的家庭，由此农村非农部门具有较大的风险，而教育正是降低风险的能力培养机制之一。我们以收入的变异系数（收入方差与收入的均值的比值）来表示风险，种植业、养殖业、副业的系数分别为1.756、5.785、2.252，恰好与教育回报率的大小顺序一致，这印证了我们的观点。舒尔茨（1989）、艾利思（2006）认为，传统农业社会教育几乎没有什么用，教育回报率大概应为零，我们估计中的种植业收入正值教育回报率可能说明样本地区种植业的传统农业技术基础已经有所改变，但数值也表明这种变化是十分有限的。

为什么农民家庭教育回报率较低？我们前面只是估计了不同收入来源的不同教育回报率，如果教育回报率较高的收入来源在总收入中占的份额较大，必然会导致整体教育回报率的上升。不幸的是，事实却是另一个样子。我们对样本地区数据整理发现，农民家庭平均收入中，种植业收入份额为 48.59%，外出务工 30.55%，副业 19.52%，养殖业 1.34%。前文农民家庭不同收入的教育回报率估计显示，养殖业和副业教育回报率较高，但这里对应的是其收入份额较小，教育回报率最高的养殖业的收入份额在农民家庭人均收入中可以忽略不计，这可能是农民难于获得教育收益的原因之一。如前所述，教育是处理风险能力的培养机制，农民在风险较高且教育回报率较高的养殖业和副业难于获得更大的收入份额，这可能与教育体制、教育内容脱离生产生活有关，也可能与市场制度发展不足相关。艾利思（2006）认为，“主要利用家庭劳动的农户，被迫部分地参与常常是不完全或不全面的投入和产出市场，这是他们贫穷的根源所在”。“假如市场运行的大部分条件——信息、交通、迁移、投入、产出和消费品的多样化和充分性——得到满足，我们所说的把农民和其他社会集团区分开来的那些特征就会慢慢消失”。由此可见，提高教育质量和推进市场化建设是最终提高农民教育收益和对教育投资积极性的根本举措。根据日本的发展经验，推进市场化建设的具体的措施应当是，政府通过组织农民、推广技术等方式有效降低农民面临的技术和市场风险（时磊、杨德才，2009）。

3.2.2 教育就业效应估计

“教育就业选择”使用的计量方法一般是离散因变量模型，具体估计方法主要包括线性概率模型（LPM）、Probit 模型、Logit 模型。事实上这些方法的差异并不大，线性概率模型与 Probit、Logit 虽然在数值上相差较大，且解释的意义也不一样，但其符号和显著性必然是一致的（伍德里奇，2003）。赵耀辉对“教育就业选择”问题的系列研究非常深入。Zhao（1995）对北京郊县昌平三个村农村劳动力向城市的永久性迁移进行研究，发现教育对劳动力从农村到城市的永久迁移作用很显著，同时发现教育对劳动力从农村的农业流动到非农产业的作用也很显著。这一数据来自北京大学人口所 1979—1988 年的“昌平千户调查”，缺失 1980 年和 1987 年的数据。赵耀辉（1997）的研究则得出不同结论，她发现，农民的文化教育程度对农民外出就业概率的影响要么统计上不显著，要么显著但数值很小。这一数据来自四川省统计局农调队农村住户网点数据，从中随机抽取 1820 户，包含劳动力 4951 个。

但赵耀辉（1997）发现，农民的文化教育程度促进农民由农村农业部门向农村非农部门转移中的作用比促进农民外出就业的作用要大得多。即在四川样本中，教育程度较高的农村劳动力倾向于第一选择在农村本地非农产业就业，其次才是外出就业，最不好的选择是本地务农。但是作者并没有发现农村非农部门的收入高于外出就业，反而是劳动力外出就业要比在本地非农产业就业能够多增加家庭收入。那为什么外出对教育程度较高的劳动力来说比在本地就业的吸引力小呢？作者认为，劳动力在本地非农产业就业得到的尊敬远比外出就业多；城乡分割的户籍制度增加了外出收入的不确定性，还大大增加了家属（特别是子女）同行的成本，所以受过较好教育的人们更倾向于留在本地就业，而不是外出。

韩莉（2000）利用国家统计局农调队 1996 年在北京、辽宁、浙江、甘肃、四川、广东、湖北 7 省市所作的关于农村教育收益率的抽样家计调查资料 13669 个观测样本进行研究发现，教育可以显著地提高从农村农业部门到城市工商业部门的就业概率，但是对于增加其在城市工商业部门的生产率和工资水平没有太大帮助；而对于农村非农部门恰好相反，教育可以显著地增加其在农村非农部门的收入水平，但是对其从农村农业部门向农村非农部门的转移没有太大帮助，这些结论与我们前文分析有一致性。作者同时使用离散因变量模型的简化形式（reduced form）和更复杂的工具，同时区分教育对提高工作收入的影响和降低流动成本的作用。文章得出结论，从教育在流动中总的效用来看，教育对进入本地非农部门的影响要大于对外出打工的影响。

Zhao（1997）意识到在中国广泛存在的低教育回报率估计结果与在发展中国家几乎处于最高水平的入学率之间的矛盾。她大胆断言，估计教育收益的方法中，忽略了重要的教育收益来源。通过理论分析，她认为，教育可以通过影响找到工作的概率和提高在工作中的收入两方面起作用，而教育回报率的估计只是估算了后者的影响，但不能估计出前者，所以就会低估教育的经济收益。通过一个 Logit 模型，作者发现教育在提高进入城市部门的概率方面具有非常重要的影响。与没有受过教育的劳动者相比，小学、初中和高中教育水平分别提高迁移的概率27.5%、50.8%和60.1%。通过这种方法作者调整出新的教育回报率，新的教育回报率对于解释学校的高入学率是十分有帮助的。

韩莉（2000）敏锐地提出，既然教育可以通过增加向城市工商业部门和农村非农部门迁移概率和增加在两个部门中的生产率和收入两个角度来使农民获得收益，那么改变政策以增加迁移机会、增加教育回报率是否会增加对教育的需求？韩莉（2000）检验选取的样本是15—20岁已完成教育的人，因为他们刚刚完成教育，所以用他们的受教育年限作为衡量教育需求的一个指标。估计结果表明，促进外出打工的概率的固定部分（其他因素影响），其系数为 -2.3，且在10%的显著性水平上显著。这个结果说明，对外出打工的限制放松而且打工的教育收益率没有提高的时候，这种制度变化对教育产生替代作用，教育需求下降。进入农村非农就业的其他因素影响带来的教育需求效应系数为正，但不显著，这表明进入当地非农部门的概率的固定部分增加倾向于提高教育需求。得出的结果说明，当农村当地的乡镇企业或社队企业发展比较好时，往往会提高对教育程度高的劳动力的需求，而当地居民为了在其中得到较好的工作，也相应提高自己的教育水平。教育对劳动力进入本地非农部门和外出打工时的作用的系数，两项影响都是正的，但教育对进入非农就业的影响的系数小于教育对外出务工的影响的系数。

要进行教育就业选择效应的估计，首先的任务是构造离散因变量，由于样本地区家庭收入专业性程度不高，每个家庭都在各种收入中有一定份额，这对构造离散因变量造成一定困难。我们使用一种新的方法来避免这一困境：我们假定，如果家庭某项收入占家庭收入的比重超过样本地区平均水平，则该家庭被视为较为专业化从事该项活动，该家庭的该项活动参与虚拟变量就为 1，否则为 0。这种虚拟变量构造方式有效避免了家庭之间过于雷同而导致回归结果意义不够明确①。相应的教育指标的选取原因和方法与前文类似，这里不再仔细描述，本小节我们报告的都是线性概率模型的估计结果，其他方法的估计结果类似，如前文所说，这已经得到了证明。

表 3-5　　养殖业参与的线性概率模型（LPM）估计

因变量	养殖业（参与 1，不参与 0）				
常数	0.248 (0.074)***	0.363 (0.057)***	0.376 (0.125)***	0.319 (0.087)***	0.300 (0.055)*
户主受教育年限	0.003 (0.010)				
户主配偶教育年限		-0.018 (0.009)**			
家庭平均受教育年限			-0.010 (0.014)		
家庭最高受教育年限				-0.005 (0.008)	

① 另一种方法构造与这种方法统计描述的对比参见附录。

续表

因变量	养殖业（参与1，不参与0）				
家庭最低受教育年限					-0.007 (0.010)
调整后的 R^2	0.0005	0.0142	0.0033	0.0015	0.0018
F值	0.10	4.04	0.53	0.38	0.49
样本数	219	208	197	223	223

注：*、**、*** 分别表示参数估计值在10%、5%、1%水平上显著，括号中数值表示经过异方差调整的标准误差值。

表3-6　副业参与的线性概率模型（LPM）估计

因变量	副业（参与1，不参与0）				
常数	-0.474 (0.294)*	-0.546 (0.288)*	-0.484 (0.284)*	-0.136 (0.340)	-0.531 (0.288)*
生产性支出	0.066 (0.037)*	0.068 (0.037)*	0.068 (0.038)*	0.019 (0.043)	0.061 (0.037)
社会资本	0.056 (0.024)**	0.056 (0.024)**	0.062 (0.023)***	0.087 (0.024)***	0.069 (0.023)***
户主受教育年限		0.017 (0.008)**			
户主配偶教育年限					0.012 (0.009)
家庭平均受教育年限				-0.012 (0.011)	
家庭最高受教育年限			0.002 (0.009)		
家庭最低受教育年限	0.014 (0.011)				
调整后的 R^2	0.0357	0.0415	0.0307	0.0273	0.0381
F值	5.36	5.56	4.92	4.69	5.67
样本数	320	317	320	280	308

注：*、**、*** 分别表示参数估计值在10%、5%、1%水平上显著，括号中数值表示经过异方差调整的标准误差值。

表 3－7　　外出务工参与的线性概率模型（LPM）估计

因变量	外出务工（参与 1，不参与 0）				
常数	0.227 (0.259)	0.217 (0.256)	0.231 (0.268)	0.104 (0.223)	0.198 (0.254)
劳动力	0.095 (0.029)***	0.088 (0.029)***	0.074 (0.031)**	0.087 (0.029)***	0.094 (0.029)***
社会资本	0.017 (0.036)	0.018 (0.036)	0.011 (0.037)	0.006 (0.032)	
户主受教育年限	－0.004 (0.008)				
户主配偶教育年限		－0.002 (0.009)			
家庭平均受教育年限			0.008 (0.012)		
家庭最高受教育年限				0.019 (0.008)**	
家庭最低受教育年限					－0.007 (0.010)
调整后的 R^2	0.0341	0.0304	0.0235	0.0463	0.0353
F 值	4.64	4.02	2.59	6.53	4.77
样本数	323	317	286	325	325

注：*、**、*** 分别表示参数估计值在 10%、5%、1% 水平上显著，括号中数值表示经过异方差调整的标准误差值。

表 3－5、表 3－6 和表 3－7 分别是家庭参与不同生产活动的线性概率模型估计。我们先来看养殖业参与，与前文类似，大多教育指标都对养殖业的参与没有显著的影响，除了户主配偶受教育年限，它对参与养殖业活动具有显著的负向影响。结果与韩莉（2000）的研究类似，教育对农民由农村农业部门进入农村非农部门几乎没有什么影响。户主配偶受教育年限对养殖业参与的负向影响可能意味着，样本地区养殖业尚

处于较低层次，主要使用家庭劳动力①，在农村家庭内分工中一般由户主配偶承担较重的养殖业活动份额。较高的户主配偶教育水平意味着较高的妇女工作机会成本，因此养殖业活动的参与率就会下降。然后来看副业参与，结论与前面类似。大多数教育指标没有显著增加非农部门的参与，除了户主受教育年限。户主受教育年限对副业参与的显著影响可能说明，大多数家庭副业由户主决策实施，户主甚至还是家庭副业生产的组织者和管理者。因此，家庭是否从事副业依赖户主的教育水平以及处理信息和风险的能力。最后是外出务工参与，结果类似。除家庭最高受教育水平外，其他教育指标对家庭外出务工的参与没有显著影响。原因可能是，在家庭内分工中，受教育水平较高者由于可以更容易找到城市部门工作，且城市工作收入更高。城市工作一般需要更年轻的劳动者，年轻人所受的教育一般质量更好，年份更多，所以就表现为家庭受教育最高者的教育对家庭的外出务工参与影响更大一些。但类似韩莉（2000）的研究，我们前文研究和这里的结果也说明，教育对外出务工参与的影响是显著的，但对工作以后的收益率影响并不大。

表3-8　显著指标的教育层级虚拟变量线性概率模型（LPM）估计

因变量	养殖业（参与1，不参与0）	副业（参与1，不参与0）	副业（参与1，不参与0）	副业（参与1，不参与0）	外出务工（参与1，不参与0）
常数	0.291 (0.045)***	-0.539 (0.292)**	-0.030 (0.445)	-1.285 (0.406)***	-0.123 (0.182)
教育指标测度	户主配偶教育水平	户主教育水平	户主教育水平（户主年龄<45）	户主教育水平（户主年龄≥45）	家庭最高受教育水平
小学	0.099 (0.078)	0.215 (0.082)***	-0.147 (0.164)	0.281 (0.101)***	0.337 (0.084)***

① 统计描述显示，在该地区，养殖业收入占家庭收入的比重处于非常低的水平（平均大概1.34%）。

续表

因变量	养殖业（参与1，不参与0）	副业（参与1，不参与0）	副业（参与1，不参与0）	副业（参与1，不参与0）	外出务工（参与1，不参与0）
初中	-0.166 (0.070)**	0.183 (0.074)**	-0.211 (0.153)	0.246 (0.088)***	0.477 (0.058)**
高中	-0.291 (0.045)***	0.148 (0.010)	-0.024 (0.188)	0.002 (0.118)	0.0582 (0.072)***
大专		0.351 (0.325)		0.481 (0.371)	0.472 (0.191)**
本科					0.342 (0.122)***
生产性支出		0.069 (0.038)*	0.023 (0.065)	0.125 (0.050)**	
社会资本		0.050 (0.024)*	0.080 (0.030)***	0.082 (0.067)	0.001 (0.029)
劳动力					0.084 (0.028)***
调整后的 R^2	0.0515	0.0551	0.0423	0.1363	0.0747
F值	.	3.54	2.05	5.87	30.74
样本数	208	317	141	169	324

注：*、**、***分别表示参数估计值在10%、5%、1%水平上显著，括号中数值表示经过异方差调整的标准误差值。

教育对不同类型活动的参与是否与教育测度方式有关呢？表3-8中，我们使用教育层级虚拟变量来考察教育对农村非农部门和城市工商部门参与的影响。这里只报告了前文回归中较为显著的指标的结果。例如，在养殖业参与中，我们发现户主配偶受小学教育和作为对比组的没接受正规教育没有实质性差别；当户主配偶接受初中教育，甚至高中教育时，相对对比组，家庭参与养殖业的概率大大降低，且户主配偶接受高中教育对养殖业参与的影响数值比初中教育大很多。对副业参与，户主受教育年限可以增加参与概率，只有户主接受小学和初中教育才是显著的，高中以上教育反而不显著。我们认为可能因为年龄较大的户主在副业参与中占主导，较年轻、受教育更多的户主都选择了收益更高的外出务工，这可能会影响结论。分年龄组的回归证实了这一点：较小的年龄组中，所有教育层级都不会显著地增加参与副业的概率；较大年龄组中，小学和初中教育可以显著增加副业参与。更有趣的是，年轻的年龄组和较大年龄组的副业模式显著不同，年轻的组别更依赖社会资本，较大年龄组别更依赖于生产性投入。外出务工的参与与家庭受最高教育水平者有很大的关联度，几乎每个教育层级对外出务工参与都有显著影响。稍显有趣的是，参与影响最大的是高中教育，小学到高中逐步增加，之后影响下降，这可能因为超过高中教育后从事副业或养殖业收益更大，也可能因为这些人不被定义为“外出务工”。

3.3　农民家庭收入与教育：中国经验

1978 年改革开放以前，中国的农村生产方式是以人民公社、生产大队、生产队三级组织为核心生产单位的，虽然不同时期、不同地区存在着生产决策权、产品处置权和核算单位的不同安排，但总体的结果是一致的：农民家庭被边缘化。在这一体制下，农民家庭收入依据“工分制”从集体收入中获得分配，“工分制”是计划经济时期农村落实“按劳分配”的具体措施。张江华（2004）将这一制度描述为：粮食分配到户的方式有两种，一种是口粮，即按照每家户粮食消费能力所确定的粮食定额；另一种是工分粮，是按照工分多少来分配的粮食。口粮与工分粮的分配比例是所谓的“人七劳三”，即生产队可供社员分配的粮食中，70%用作口粮分配，30%用作工分粮分配。但无论口粮还是工分粮，都会在年终决算中的家庭总工分值中抵扣，也就是说，都是劳动所得。口粮的配给主要根据年龄来确定[①]。从农业合作化初起，各种各样的工分制就已在各地广泛展开。当生产队作为基本核算单位后，这一制度渐趋完善，成为集体经济时期各地统一的分配制度。具体说来，即以生产队为核算单位，以生产队内的家户为基本单位进行分配。全年共进行两次分配，夏收分配一次，年终再作一次总结算。生产队会计用全年生产队可分配的收入除以全年生产队的总工分，得出一个壮劳力工作日的价值。而每个家户全年总收入也就是由每家的总工分乘以工分价值，由此算出每一家户全年总收入，减去家户在这一年里在生产队中的总支出（主要是口粮消费），即得出该家户在该年的净收入（或净负债）[②]。

Li和Zhang（1998）使用1977年河北一个生产队的数据估算发现，生产队在分配工分和劳动收入时从不奖励大多数成员的教育，也就是教育回报率几乎为零。所以他们认为，教育可以获得合理的回报不仅仅依赖社会的技术条件，也取决于社会的政治经济环境。而在1978年以前中国教育发展的速度和规模都是举世瞩目的（具体可参见第2章），低下的教育回报率与教育的迅速发展之间的矛盾似乎违背常识，这正是Zhao（1997）提出的问题。通过理论和实证研究，Zhao（1997）认为，教育可以通过影响找到高收入工作的概率增加农民家庭收入。在计划经济体制下，由于实行人口流动管制形成“城乡分治”的二元经济结构，但城市人口的收入水平又远高于农村农民，所以如果能够突破这种体制就可以获得足够的收益，教育正是突破这种人口流动管制的最重要的方

---

① 张江华：“工分制下农户的经济行为——对恰亚诺夫假说的验证与补充”，《社会学研究》2004年第6期，第95—110页。

② 张江华：“工分制下的劳动激励与集体行动的效率”，《社会学研究》2007年第5期，第1—20页。

式，这也就是为什么在教育回报率几乎为零的情况下，中国农民仍然存在积极的教育投资激励的原因之一。

1978年的改革开放首先从农村起步，主要的措施是将生产决策权利赋予了农民家庭，这被称为家庭联产承包责任制改革。与家庭联产承包责任制几乎同时开始的是对劳动力流动管制的逐步放松。生产决策权力的下放，有效地改变了生产决策的计划被动性，农民积极性的提高促进了农业的“超常规增长”。农业产出的增加将新中国成立以来30年农业劳动生产率的提高予以显性化，凸显了农村劳动人口的大量过剩。剩余劳动人口和新积累资金的出现有效促进了农村非农部门的迅速成长，尤其是乡镇企业为代表的小工业。人口流动管制的放松导致农民进入城市部门获得更高收入的可能性增加，这样一来接受教育跨越分治的二元结构的作用下降，教育的吸引力受到一定的冲击。理论分析也表明，如果这时候能保持较高的城市部门和非农部门教育收益率，可能就不会出现教育的滑坡，反而是教育的持续增长，可惜的是这不是现实。

Meng和Kidd（1997）估算1981年中国城镇的教育回报率为2.5%[①]，而到1987年他们估计结果为2.7%；Zhang等（2005）估计的1988年结果为4.0%；赖德胜（1995）估计的1988年结果为3.8%。这一时期，城镇教育回报率采集的样本大多来自技术先进的国有企业，农村农业和农村非农部门教育回报率可能更低。Yao（1999）利用1994年的中国东部乡镇企业数据估算，发现教育仍然不能显著地增加劳动者的经济收入。教育回报率的低下不能够阻止放松人口流动管制对教育的替代作用，这必然导致农村教育发展出现问题。另一个农村教育滑坡停滞的重要的原因是，生产分配制度的改革使得家庭子女接受教育的机会成本为家庭承担。时磊、杨德才（2008）认为，大锅饭式的人民公社

① 本节所用的教育回报率数据如果不加说明的话，一般采用的是明瑟收益率。

分配制度使得工作的收益为集体分享，而入学读书的机会成本为集体共同承担，这是导致集体化时期农村教育发展的重要原因之一。但随着家庭联产承包责任制的推行，机会成本承担的外部性归于内部化，在教育回报率较低的背景下，农民家庭必然会减少子女教育投资的积极性。在1978—1983年，全国中小学在校生、招生、毕业生人数都有较大幅度的下降，其中主要减少的生源来自于农村。

20世纪80年代农村教育的滑坡与之后的长期萎靡，根本上还是来自于整个社会低下的教育回报率。计划经济时期教育是劳动力流动的主要方式，随着劳动力流动管制的放松这种功能被替代，这就可以理解这一时期的经济增长方式与教育发展。但研究发现，这一时期的低教育回报率并不是由于教育对生产没有作用，或者生产技术层次过低导致的。Fleisher和Wang（2004）利用1984—1990年200个企业的数据进行估算，发现教育的边际生产率高达30%—40%，但劳动者获得的教育回报率只有它的10%。由此可见，重新启动教育需求和激励的方式相对比较简单，就是推进劳动力市场改革，让劳动者获得与自己生产率贡献相适应的教育回报率，这构成了1990年以来中国改革的重心之一。

1990年以后的10年是中国教育回报率迅速上升的10年，上升的原因是迅速推进的劳动力市场制度改革。Zhang等（2005）的研究发现，中国的城镇教育回报率由1988年的4.0%上升到2001年的10.2%，十分接近世界上的平均水平；李实、丁赛（2003）的估计也显示，1990年的城镇教育个人收益率为2.5%，而到1999年这一收益率变为8.4%；赖德胜（1998）估计结果是，1988—1995年城镇教育收益率由3.8%上升到5.74%。这种劳动生产制度的改革也惠及农村，农村教育回报率也获得了较大的提升。李春玲（2003）运用2001年多省市调研的数据进行明瑟方程估计，发现农村教育收益率上升到4.3%，虽然比之于城市差距也更大了。侯凤云（2004）利用2002—2003年15个省、市的调研数据，发现农村教育个人回报率为3.655%。陆慧（2004）利用在江苏盐城的调研数据估算的农村教育回报率大概为4.21%，其中农业收入的个人教育回报率为2.9%，非农收入的教育个人回报率为3.91%，外出务工的教育个人回报率为5.62%。

表3-9　　新中国各类学校入学率的演变趋势（1978—2004年）

年份	初中毕业生 高中入学率（%）	小学毕业生 初中入学率（%）	适龄儿童 入学率（%）
1978	40.9	87.7	95.5
1979	37.6	82.8	93.0
1980	45.9	75.9	93.9
1981	32.5	68.3	93.0
1982	32.3	66.2	93.2
1983	35.5	67.3	94.0
1984	38.4	66.2	95.3
1985	41.7	68.4	96.0
1986	40.6	69.5	96.4
1987	39.1	69.1	97.2
1988	38.0	70.4	97.2
1989	38.3	71.5	97.4
1990	40.6	74.6	97.8
1991	42.6	75.7	97.8
1992	43.4	79.7	97.2
1993	44.1	81.8	97.7
1994	46.4	86.6	98.4
1995	48.3	90.8	98.5
1996	48.8	92.6	98.8
1997	51.5	93.7	98.9
1998	50.7	94.3	98.9
1999	50.0	94.4	99.1
2000	51.2	94.9	99.1

续表

年份	初中毕业生 高中入学率（%）	小学毕业生 初中入学率（%）	适龄儿童 入学率（%）
2001	52.9	95.5	98.3
2002	58.3	97.0	98.6
2003	59.6	97.9	98.7
2004	62.9	98.1	99.0

资料来源：《新中国五十五年统计资料汇编》，本表由作者根据相关数据绘制。

教育回报率的上升是20世纪90年代中国教育，尤其是农村教育发展的第一个重要原因。这里农村教育回报率的上升主要来源于城市非正式劳动力市场的放开，农村农产品、非农产品市场以及农村劳动力市场的不断改革。而且由于乡镇企业的边缘化，经济增长的重心转向城市，城市劳动力市场的高教育回报率和高收入，新的经济条件下成长起来的新型的城乡二元分治使得农民子女又不得不寻求教育的方式，实现从农村和城市非正式劳动力市场到城市正式劳动力市场的迁移，这是这一时期农村教育发展的第二个重要原因。而外资企业与新成长非公经济的发展，迅速打败了20世纪80年代成长的散布于全国的乡镇企业，劳动就业机会从全国集中到东南沿海地区，劳动力的流动和技术层次的提升要求农民工需要具备基本的文化素质，初中阶段教育的高回报率证实了这一点，这是这一时期农村教育发展的第三个重要原因。

20世纪90年代末期开始，农村教育发展伴随着农村经济发展状况的下降而弱化。经济发展的地方竞争的加剧，地方政府竞相投入基础设施建设意图加快经济发展，所以将本应由地方政府承担的社会责任和公共负担转嫁于农民头上，这种税负和乱收费的加大影响了农村家庭收入，从而降低了农民的教育投入激励。农村税费的加大使得农民从事农业生产、非农部门都处于入不敷出的境地，这变相地降低了农村教育回报率，而且这种税负很多时候是与教育费用一起征收的，被称为“搭车收费”，所以降低农村教育回报的同时又增加了接受教育的成本，使得教育的净收益大大缩水，农村教育发展陷入困境。地方政府和农民的投入困境加剧了农村学校和教师的生存处境的困难，农村学校师资队伍的流失进一步降低了教育质量，这使得投资于教育的收益更少，这种恶性循环的结果是农村学校辍学率的上升和农村教育的边缘化。进入新世纪的降低农民税负、减免农村义务教育学杂费的政策固然有利于农民收入的增长，有利于教育回报率的提升，但现在的问题是已经被边缘化的农村学校没有得到更多的支持，教育质量的下降并没有得到遏制，从而教育回报率实质上仍然处于不断下滑的地步，这是当代中国农村教育发展最亟待解决的问题。

第4章　农民家庭支出与教育投资能力

如前文所述，要研究中国农村教育发展问题，农民行为研究必不可少。在对农民家庭收入和教育关系进行研究后，我们意识到，作为一种投资，怎样让农民从教育投资中获得足够的回报对农村教育发展是十分重要的。但是作为一种投资行为，教育支出的融资问题也是农民行为中一个非常重要的部分。与其他投资类似，教育投资收益在未来，成本在现在，如果投资者有足够的资金满足投资需求，那么最优的教育投资结构就会实现；即使投资者没有足够的资金用于投资，如果存在一个完善的资本市场，投资者可以从资本市场上以合理的成本借到资金投资，最优投资结构一样会实现（Loury，1981）。但是，在大多数发展中国家，农民十分贫穷没有足够的资金用于投资，而且与此同时资本市场是不完全的，农民借不到资金或者借到资金的成本十分高昂，那么这就会制约农民的教育投资行为。

显而易见，这个问题存在一个直接的解决方法。既然农民面临着教育投资的约束，那么可以由政府来投资实施收入再分配的方式满足农民的教育投资计划，使得社会教育投资趋向于最优教育投资。但是如我们在前文所担心的，政府的介入是否会降低农民教育投资的激励？特别在大多数发展中国家，政府的财政教育经费投入尚不足以完全覆盖所有的教育费用，要求家庭也要投资一部分用以支付食宿费、辅助材料费，甚至还可能需要支付部分学杂费等。如果政府加大教育投资只是置换出了农民家庭教育投资，而没有实现社会教育向最优投资规模的任何增进，可能也是违背政府的最初参与设想的。怎样才能在政府增加投资的时候，激励农民家庭不削减或者少削减自身的教育支出，维持农村教育的平稳、持续、快速发展？我们本章来考察相关问题。

4.1　农民家庭支出：资金来源与优先顺序

4.1.1　农民家庭支出：资金来源与项目划分

要理解前文提出的问题，我们必须对农民家庭的支出行为进行研究，农民家庭的支出行为中最为重要的莫过于支出结构和优先顺序。宏观经济学告诉我们，家庭得到的收入划分为两个部分：储蓄和消费支出。从弗里德曼的终生收入假说和莫迪利阿尼的生命周期假说出发，家庭的所有收入最后都归于消费，消费是唯一的家庭支出。当然，消费支出可以包括各种各样的支出，例如食品支出、教育支出、医疗支出、房屋支出等。在对农民家庭支出的分析中，基本思路是类似的。与城市家庭或者宏观经济学中假设的家庭不同，农民家庭既是生产单位，又是消费单位，而在城市中存在着家庭和企业的分离，企业是生产单位，家庭是消费单位。由于农民家庭生产与消费合一的这种性质，使得农民家庭支出与城市家庭、经济学一般意义上的家庭支出不同，它还有一个支出项目：生产性支出，如图 4－1 所示。

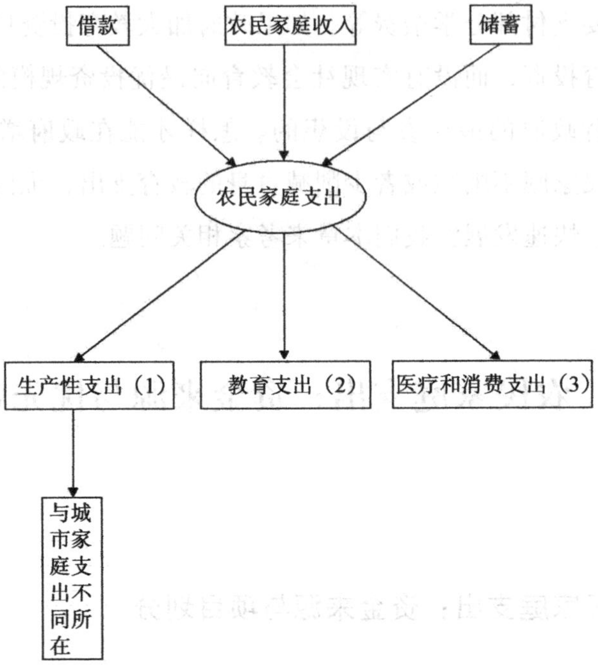

图 4－1　农民家庭支出路线图

资料来源：本图由作者根据本书内容绘制。

我们认为，农民家庭支出有三个资金来源：农民家庭收入、储蓄和借款。农民家庭收入就是我们前文研究的农民家庭种植业收入、养殖业收入、副业收入和外出务工收入，甚至还可能包括政府转移支付获得的收入。储蓄是由于农民家庭以往收入没有被支出完而产生的节余或者是接收来的遗产或赠予，借款是从外部获得的一部分可以用于支出的资金。如前文所述，我们将农民家庭支出划分为：生产性支出、教育支出、医疗和其他消费支出。之所以这样划分是因为生产性支出是农民家庭支出中不同于城市家庭和新古典经济学、凯恩斯主义假设的家庭行为的一种支出，而教育支出是我们要进行研究的家庭支出变量，其余的就非常类似于其他家庭的消费支出，这样进行区分也有利于我们下文的实证研究。

在传统农业社会中，由于技术水平低端，农民家庭收入水平很低，但农民会保留一些储蓄以应对自然风险，这被称为“自我保险”。在风调雨顺的情况下，农民可以获得很好的收入，过着舒适安乐的生活；而当自然条件不好时，农民就被迫节衣缩食，甚至不得不面临生存的威胁。由于传统农民面临较大的自然风险，理性的经济人就要寻求规避风险的机制（瑞，2002）。最简单的机制就是在丰年的时候储存粮食及其他产品，以在自然条件不好时使生活水平不低于维持生存的基本水平，这就构成传统农业社会农民的家庭储蓄。但传统农业社会的生产剩余一般不是很多，而且不能保证在自己需要的时候就有储存的产品，或者就有足够的产品储存。更好的风险规避机制就是许多人共同来参与保险，即使自己储存得不够维持生存，也有共同参与人来接济自己。相互保险是在农业产出很少的条件下对自然风险的一种理性反应，也是理解传统农业社会的一个关键所在（瑞，2002）。

经济理论显示，要使保险得以成功必须有两个条件：一是保险的东西必须是可以证实的，否则每个人都可以宣称自己需要别人接济；二是保险的东西必须不受道德风险的约束，即没有人为了获得别人接济，在生产中不努力。两个条件共同存在要求信息比较完全，每个人都了解保险的东西是否真的发生了，以及减产需要接济是否是努力不够的结果。信息完全需要人与人之间关系稳定，人口流动程度低，所以人们世世代代生活在一起，彼此对他人的品质、能力等个人特征都十分清楚。而且由于长期一起生活，如果一次欺骗大家被发现，在下一次或者生存危机真正来临时，得不到大家的帮助就会面临死亡的危险（青木昌彦，2001）。这就是传统农业社会内在的治理机制。

传统农业社会治理机制的存在使得非正式金融业很容易进行，因为彼此间信息是完全的，所以在传统农业社会农民之间小额借贷较为容易，这构成了农民家庭支出的又一个资金来源，就是农民家庭借款。

Das Gupta（1987）对传统农业社会进行了实证研究，她发现在印度农村确实存在着“非正式安全机制”，包括个人可以从公共所有土地获得一些产出、家族支持机制、血亲及其他社区支持。但是在传统农业社会里，教育回报率几乎为零，农民并没有教育支出的激励，即使存在储蓄和较容易得到的借款，基本都用于生产性支出和其他消费支出。但是，这一框架确实可以很好地梳理出农民家庭支出的资金来源和主要支出项目。

传统农业社会的内在治理机制是以低技术、高自然风险为基础的。随着经济发展，现代工商部门为了吸收劳动力和其他资源，不断向传统农业部门和非农部门输入新的技术，技术和生产率的提高增加了个体农民抵御风险的能力，农民不再诉诸相互保险就可以规避自然风险，这样农民就有了进行流动以获取更高的经济社会收入的激励。这种人口流动激励的加强必然会反作用于传统农业社会，因为借款人可能会流动潜逃卷走自己借出的款项，那么贷款人就会变得谨慎起来。随着人口流动规模越大，贷款损失的概率就可能越大，这样传统农业社会的非正式金融就会不断萎缩，甚至变为零。传统非正式金融的萎缩使得农民难以获得周转资金，现代金融机构由于农民借款数额较小、监管追查成本高昂也不愿意给农民发放小额信贷，因此农民慢慢地被金融系统边缘化了。

Banerjee 和 Newman（1998）将上述过程予以模型化。文章从技术、信息两个角度区分传统农业社会和现代社会。现代部门高技术、高生产率，但是却是一个匿名社会，人们对其他人知之甚少，难于获得消费信贷及正式、非正式的保险。而传统社会低技术、低生产率，却是“熟人社会”，人们会获得安全的贷款。他们的模型预测，由于非正式金融机制存在，最初人口流动规模比传统哈里斯—托达罗模型所预测的要小很多，且最先流动的大多是不需要消费信贷的富人和贷不到款的最穷的人。进一步模型显示，随着人口流动规模加大，原有传统社会的贷款风险加大，传统的金融市场会萎缩，从而劳动力流动的速度会加快，而且会越来越快。随着人口流动速度的加快，规模的加大，会进一步打击农民家庭可以获得的借款规模和能力。

前文我们已经分析过，农民家庭收入随着经济发展会获得一定程度的增长。而且随着农民收入的增长，农民抵御自然风险能力也得到了加强，农民甚至在一定程度上可以逐渐削减家庭储蓄增加消费。但如弗兰克·艾利思（2006）所说，在许多发展中国家，随着经济发展，那些主要从农业中获取生活资料，在农业生产中主要利用家庭劳动的农户，被迫部分地参与常常是不完全或不全面的投入和产出市场。由此，农民虽然摆脱或者部分摆脱了自然风险，但又要陷入更大的市场风险，而与此同时，农民的非正式融资手段也逐渐萎缩甚至消弭，农民可能需要更多地储蓄以抵御风险。具体的储蓄数额取决于技术进步增强抵御自然风险能力意图削减的储蓄规模与市场风险加大需要增加储蓄规模的权衡。

在经济发展过程中，金融资源的稀缺是一个十分重要的问题，但更为严重的可能是金融制度的稀缺（如张宇燕、高程，2006）。随着经济发展，与金融资源累积同时进行的是金融制度的不断创新，传统农民非正式融资渠道的萎缩可能在某些方面为新的金融制度安排所填补和补充。2006年诺贝尔和平奖得主尤努斯在孟加拉国的尝试，可能就代表了一种良好地结合传统社区的信息优势与现代金融系统的资源动员能力的尝试。Tressel（2003）认为，将现代银行和传统农村社区结合起来可以很好地为农民融资。银行在动员储蓄方面有超强的能力，但对于借贷者的信息掌握却比较弱；与之对应，非正式借款者对于借贷者有更强的信息，却很难获得足够的资金来源。因此文章认为，如果两者可以结合起来，虽然银行不能够完美地观察借贷者的行为，但是非正式借款者可以提供足够的信息，而非正式借款者所需要的就是从银行获得资金。与发展中国家农民相关的金融问题近年来得到了足够多的重视，世界银行、各国政府的努力也许可以逐渐找到一种较为普遍适用的、为农民从正式金融机构进行融资的方式。汇丰等外资银行在中国的村镇银行尝试也许具有启发意义。

4.1.2 农民家庭支出：统计描述与数据整理

通过前文的理论分析和针对一般经济发展过程的描述，我们只是知道了农民家庭的资金来源和支出项目的划分，但农民家庭支出时有没有一个优先顺序，以及我们关心的教育支出在这个优先顺序中处于什么位置我们并不清楚。农民家庭支出受影响因素太多，取决于农村生产的技术水平、市场风险、自然风险、农民抵御风险的能力，甚至还有农民的风险偏好，相关的土地政策等。与其粗糙地漫无边际地进行分析，不如以实际家庭调研资料为基础进行统计描述和分析，以获得直观和切实的印象，而且这可以提供一种对农民家庭进行分析的一般思路和方法。因此，本小节我们利用在江苏宿迁的农户调查资料进行统计描述和数据整理研究①。

调查资料非常详细，相关农户报告了方方面面的家庭支出，根据报告结果可以整理出的农民家庭支出项目有教育支出、生产性支出、社会人情支出、医疗支出、生活基本支出、食品支出、房屋支出和家具支出。对统计资料进行分析，我们发现一个严重的问题，家庭支出存在着很多0值选择，也就是家庭并非所有的支出项目都不为0，而是某个或者某些家庭支出项目为0。418个样本家庭中，只有2个家庭8种支出都不为0，且没有缺失项。支出不为0且没有缺失项的最多的支出项目

① 本章与前文使用的是同一资料，数据的具体信息在附录中。

是生产性支出、社会人情支出、医疗支出：分别有387个、388个和387个样本家庭。其次，有307个样本家庭有非0教育支出且不缺失，家庭生活基本支出有175个样本家庭没有缺失且不为0，食品支出为106个样本家庭，房屋支出和家具支出各有58个样本家庭。这种现象似乎与新古典经济学所预测的家庭会倾向于多样化消费以最大化效用不同。但我们仔细分析发现，这种现象可能并非完全不符合新古典经济理论预测。首先，家庭消费有一些耐用消费品，例如房屋、家具，耐用消费品支出存在一定的周期，没有更新时自然没有消费，我们的数据是时间点上的数据，所以某些家庭的该项支出反映不出来。其次，样本地区尚属于经济欠发达地区，经济的专业化分工程度较低，农民家庭的有些消费项目由家庭自我提供，例如食品和部分家庭生活基本支出，所以某些支出项目就可能为0。

这里我们要界定一个概念，本书中我们认为，家庭支出优先意味着大多数农民家庭会有此项支出，此项支出有越多的样本家庭有数据说明该项支出越优先，因为平均化会消除随机因素的影响，也符合经济学的一个一般规律，大多数理性人选择的必然是相对合理的。我们同时整理了各项家庭支出占家庭总支出的份额，按照每一个10分位为一组，统计在该项支出占家庭总支出处于某一分位时的家庭数目，然后进行总结绘出图形，如图4－2所示。家庭支出结构中，大多数家庭人情支出、生产性支出占有较为重要的地位。支出占总支出份额较小（小于10%）时，医疗支出是最优先的。但在占家庭总支出份额达到10%—50%时人情支出、生产性支出就重要起来，其次是教育支出。在超过家庭支出份额50%后教育支出、医疗支出又变得重要了。超出家庭支出份额70%后，每一种支出都变得不重要了。因为这时这种支出对家庭的影响实在太大，除非万不得已，大多数家庭不会选择这种支出模式。总体的支出优先顺序似乎是：社会人情支出、生产性支出、教育支出、医疗支出、基本生活支出、食品支出、家具支出和房屋支出。

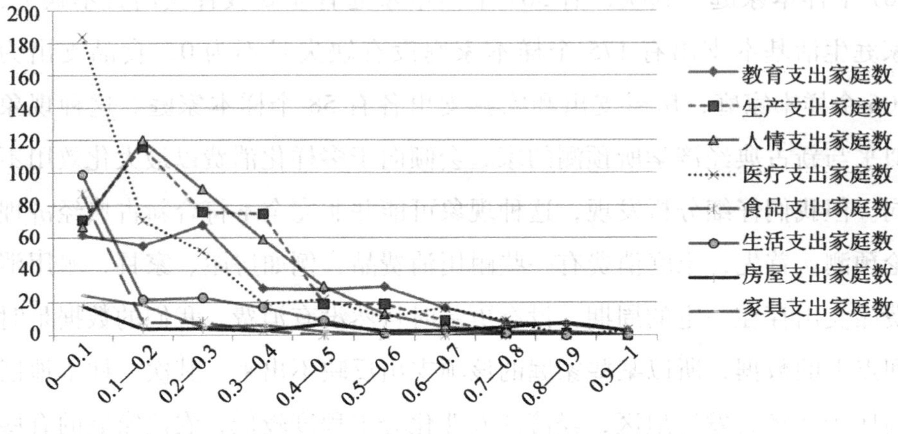

图 4－2　各种支出占家庭支出份额与家庭数目（户）

资料来源：由作者根据调研资料整理并计算，横轴为支出占家庭支出份额，纵轴为家庭数目（户）。

遗憾的是，很难找到类似的其他中国数据研究进行比较对照，因此我们很难对样本地区的农民家庭支出结构和顺序做出更多的比较和分析。这里，我们利用上述分析和 Carriker 等（1993）的 20 世纪 80 年代的美国堪萨斯农民家庭支出分析进行比较、对照，以期能得出一些有意义的结论。一个强烈的反差是，美国农民家庭支出结构中，食品支出是最优先的。这相对容易理解，美国农民家庭相对比较专业化，农民家庭一般只生产一种或者两种农作物产品，其他商品和服务都需要从市场上购买。而食品是必需品，因此食品支出必然是最优先的。而在宿迁调查中，样本地区经济发展水平较低，农民完全或者部分自给自足，不需要或者很少需要从市场上购买食品，因此食品支出的优先顺序必然靠后。但与美国家庭类似的是，家具支出和基本生活支出是面对收入困境时农民家庭较早考虑的削减项目。

对农民家庭支出项目进行分类和整理一方面是出于如前文的考虑，

农民家庭不同于城市家庭、经济学中假设的家庭的地方是，存在着生产性支出；而教育支出是我们试图考察的变量和项目，将这两项支出分离开来后，其他的支出我们简单地归结为消费支出。另一方面进行整理和分类是出于统计和计量方法要求的考虑，如前文所言，很多支出项目存在着缺失项或者为0，对数据进行检验后发现，缺失项较多的支出数据大都不符合正态性要求。虽然不符合正态性要求可能不会导致有偏估计，但变量关系的假设检验将变得无效。取对数虽然可以使数据趋向正态分布，但会损失大量为0的观测数据。因此，出于理论分析和统计要求考虑，本书将农民家庭支出分为三类：教育支出、生产支出和消费支出。生产支出为生产性支出和社会人情支出之和，在另一个研究中我们发现，人情支出可以作为社会资本的代理变量，具有非常显著的生产效应①，且生产性支出、社会人情支出与收入之间存在着高度显著的相关关系，或者说存在内生性。消费支出是其余的五种支出之和。

4.2　家庭支出资金来源与教育投资

如前文所述，如果农民有足够的资金满足教育投资需求，那么最优的教育投资结构就会实现；即使农民没有足够的资金用于投资，如果存在一个完善的资本市场，投资者可以从资本市场上以合理的成本借到资金投资，最优教育投资结构一样会实现。那样本地区农民是否具有足够的自有资金用于教育投资，如果没有足够的自有资金，农民是否可以通

---

① 参见时磊、高彦彦和唐品的工作论文“农村教育个人回报率与农民收入：来自苏北的证据”。

过提前储蓄或者借款的方式满足家庭的教育投资需求呢？对家庭支出资金来源与教育投资关系的分析，本节主要采用实证的方法。在现有文献中，与本节内容相关度最高的应当属于有关农民家庭教育微观决策的文献，教育微观决策的理论回顾参见文献综述部分。在家庭微观决策中，家庭在相关约束条件下，依据效用最大化，指父母效用最大化或者个人效用最大化，做出自身或者子女教育投资决策，约束条件的重要方面就是家庭支出的资金来源和规模。

家庭教育微观决策的实证方面也存在大量的文献，可参阅孙志军（2003、2004）的研究。孙志军（2003）把现有实证文献中影响家庭教育微观决策的因素分为三类：第一类是个体特征，包括性别、年龄、出生顺序等；第二类是家庭背景，包括家庭经济条件变量、父母教育、家庭人口数与子女数目等；第三类是学校与社区变量，包括学校教育质量、教育价格、社区劳动力市场机会等。这种理论梳理和总结为本节实证检验的控制变量设定提供了较好的理论基础，但由于数据限制，一些方面，例如第三类和第一类部分影响因素，在我们的微观调研数据中没有，所以不能得到控制，我们假设这些都可以涵盖在误差项中且不影响计量回归的统计性质。

4.2.1 家庭支出资金来源与教育投资：相关回归Ⅰ

家庭微观教育决策相关的实证检验采取的方法一般就是常用的最小二乘估计，当然因为实证数据可能不符合最小二乘估计的经典假设，需要对多重共线、异方差和非正态性等问题进行处理。在此回归估计中因变量一般采用家庭子女受教育年限，也可以采用离散因变量测度的教育层级虚拟变量来进行回归。如前文所述，离散因变量回归可以采用线性概率模型、Probit、Logit 等方法，由于线性概率模型与 Probit、Logit 符号和显著性是一致的，可以只采用其中一种方法来进行估计，又由于线性概率模型解释更直观，本章我们采用线性概率模型。控制变量根据调研资料和需要，主要有农民家庭拥有的土地数量、家庭子女数目、父母的受教育水平等。而我们关心的变量即家庭资金来源的测度主要有农民家庭总收入、农民家庭总支出、家庭是否负债消费和家庭是否对外借款。

值得指出，家庭是否对外借款是调查资料中直接询问农民家庭的一个问题，如果农民家庭回答是，则该虚拟变量取值为1，否则为0。而农民家庭总收入、家庭总支出和家庭是否负债消费都是本书构造的变量，其中家庭总收入与前文相同，是家庭养殖业收入、种植业收入、副业收入、外出务工收入和转移支付收入的加总之和；而家庭总支出是家庭教育支出、生产性支出、社会人情支出、医疗支出、生活基本支出、食品支出、房屋支出和家具支出的加总之和；家庭是否负债消费的构造是，比较家庭总收入和家庭总支出，如果家庭总支出高于家庭总收入，则该项虚拟变量取值为1，否则为0。更有意思的是，相关系数研究显示，虽然家庭是否负债消费和家庭是否对外借款是正相关的，但相关系数值很小，我们认为，这可能意味着负债消费的家庭可以借助以往的储蓄度日，家庭是否负债消费在一定程度上可以测度家庭的储蓄状况。

在本书调研资料中，家庭子女受教育情况是依据家庭子女出生顺序统计的，在本小节中我们并没有考虑家庭子女的出生顺序，而是简单地将所有子女情况混合为一个横截面数据来进行估计。在下一小节中，我们分别对不同出生顺序的家庭子女进行估计，这样一方面是出于处理的方便，另一方面可以比较考虑出生顺序是否重要。从理论的角度，家庭子女是否受教育以及受多少年教育的决定因素分析，应当使用教育需求数据，但很难界定什么是教育需求，所以文献中主要使用“刚刚完成教育”的群体，之所以使用“刚刚完成教育”的群体是为了控制教育的供给因素随时间的变迁而可能发生的变化，而这会影响教育最终的实现。由于数据局限，我们只能利用可以获得的户主年龄来控制获得所谓的“刚刚完成教育”人群，根据多方考虑，我们设定户主年龄小于45岁。另外的困难是，数据不能区分完成教育和正在进行教育的情况，我们只好再利用户主年龄进行限制，以减小正在进行教育比重较大可能产生的问题，我们设定户主年龄大于30岁。

相关回归结果放在表4－1、表4－2中。表4－1给出的是以家庭子女受教育年限为因变量的回归结果。结果分析可以发现，对农民家庭子女受教育年限影响较为显著的因素有家庭总支出、家庭拥有的土地数量、户主受教育年限、户主配偶受教育年限和家庭是否对外借款。相反，对农民家庭子女受教育年限影响不显著的因素有家庭总收入、家庭子女数目和家庭是否负债消费。较为有趣的是，家庭总收入和家庭总支出的显著性竟然完全不同。我们的分析是这样的，农民家庭支出的行为规则可能更接近于弗里德曼的终生收入假说和莫迪利阿尼的生命周期假说，农民家庭教育支出计划与现期收入关系较小，主要取决于家庭的长期收入。由于农民家庭面临较大的自然风险和市场风险，农民家庭现期收入更容易受到暂时性因素的冲击，但农民家庭对子女的教育决策更多地取决于农民家庭的长期收入，农民家庭的总支出则与家庭长期总收入关系更密切，所以回归结果显示，家庭总支出对农民家庭子女的受教育年限影响更大。

表4－1　　家庭内子女受教育年限的影响因素回归

因变量	受教育年限				
常数	6.363 (0.483)***	5.340 (3.403)	−0.787 (2.219)	−2.277 (2.202)	6.506 (0.586)***
家庭总收入		0.329 (0.344)			

续表

因变量	受教育年限				
家庭总支出			0.918 (0.246)***	0.941 (0.242)***	
家庭土地数量	0.063 (0.013)***			0.065 (0.014)***	0.063 (0.013)***
家庭子女数量		-0.320 (0.239)	0.001 (0.171)		-0.041 (0.150)
户主受教育年限	0.143 (0.064)**	0.046 (0.099)			0.140 (0.064)**
户主配偶受教育年限			0.144 (0.057)**	0.155 (0.057)***	
家庭是否借款		-0.307 (0.503)	-1.049 (0.388)***		
家庭是否负债消费	0.132 (0.274)				
调整后的 R^2	0.048	0.033	0.121	0.117	0.048
F 值 (P 值)	10.12 (0.000)	1.22 (0.308)	10.28 (0.000)	14.23 (0.000)	9.99 (0.000)
样本数	316	93	261	272	316

注：*、**、*** 分别表示参数估计值在 10%、5%、1% 水平上显著，括号中数值表示经过异方差调整的标准误差值。

表 4-2　　家庭内子女教育层级虚拟变量的影响因素回归

因变量	教育完成虚拟变量（本科 1，否则 0）	教育完成虚拟变量（专科 1，否则 0）	教育完成虚拟变量（高中 1，否则 0）	教育完成虚拟变量（初中 1，否则 0）	教育完成虚拟变量（小学 1，否则 0）
常数	-0.076 (0.055)	-0.009 (0.020)	-1.247 (0.318)***	-0.714 (0.486)	0.856 (0.140)***
家庭总支出	0.007 (0.006)	0.002 (0.003)	0.142 (0.035)***	0.125 (0.053)**	0.021 (0.017)

续表

因变量	教育完成虚拟变量（本科1，否则0）	教育完成虚拟变量（专科1，否则0）	教育完成虚拟变量（高中1，否则0）	教育完成虚拟变量（初中1，否则0）	教育完成虚拟变量（小学1，否则0）
家庭子女数量	0.007 (0.007)	-0.015 (0.011)	-0.018 (0.018)	0.056 (0.030)*	-0.024 (0.017)
户主配偶受教育年限	0.002 (0.003)	0.002 (0.002)	0.026 (0.007)***	0.017 (0.011)	-0.000 (0.005)
家庭是否透支借款	-0.015 (0.023)	0.014 (0.010)	-0.080 (0.062)	-0.184 (0.075)**	-0.061 (0.016)***
调整后的 R^2	0.022	0.044	0.159	0.074	0.027
F值 (P值)	0.51 (0.732)	0.53 (0.712)	8.67 (0.000)	6.40 (0.000)	3.66 (0.006)
样本数	261	261	261	261	261

注：*、**、***分别表示参数估计值在10%、5%、1%水平上显著，括号中数值表示经过异方差调整的标准误差值。

另一个有趣的结果是，家庭是否负债消费对家庭子女受教育年限影响并不显著，而家庭是否对外借款对家庭子女受教育年限有显著的负面影响。分析可能类似，家庭是否负债消费中测度的相当一部分由于家庭收入受到暂时性冲击而减少，但从长期来看并没有显著地影响家庭收入，家庭更多动用以往储蓄来阻止消费支出的下降和子女受教育年限可能受到的影响。但对于存在对外借款家庭而言，可能意味着家庭已经没有储蓄可以动用，家庭现期收入的减少已经影响到了家庭支出以及子女的受教育年限。因此我们可以这样总结，家庭子女的受教育年限更多地依赖于家庭长期财政状况，短期影响则不明显。由此可见，要改善农民家庭对子女的教育年限投资，必须要采取可以有效地在长期提高农民收入的办法，短期的一站式扶贫并不能解决农民的教育投资激励问题，而且农民家庭存在信贷约束，不能用金融市场解决资金问题。

下面简单总结一下控制变量的解释。家庭拥有的土地数量、户主受教育年限、户主配偶受教育年限对子女受教育年限的影响都符合理论预期。家庭拥有土地数量增加会增加家庭稳定的收入来源，增加家庭抵御自然和市场风险能力，从而有利于农民家庭子女受教育年限扩展（李菁，2002）。户主受教育年限和户主配偶受教育年限可通过家庭教育、良好的学习习惯等非经济角度对子女受教育年限产生影响，也可通过增加家庭长期收入的经济角度影响。一些实证研究发现，来自较大规模家庭的儿童教育获得水平往往会较低。Parish 和 Willis（1993）认为，在较大规模家庭内部存在“资源稀释效应”。但他们也发现在一些发展中国家并不存在“资源稀释效应”，原因是早出生的儿童参加工作，能够给家庭带回资源，这会降低家庭面临的信贷约束，从而增加后出生子女的受教育水平。对样本地区的回归证明，在样本地区并不存在家庭内部的“资源稀释效应”，不同出生顺序子女受教育情况的估计是下一小节的主要内容。

表4－2给出的是以家庭子女受教育层级虚拟变量为因变量的回归结果。稍显不同的是这里虚拟变量的处理方法：如果农民家庭子女完成小学教育则该虚拟变量取值为1，否则则为0；如果家庭子女完成高中教育，那么他必然也完成了初中和小学教育，因此初中教育和小学教育层级虚拟变量取值也为1，而不是0。为简化起见，同时避免多重共线，本书主要使用以受教育年限为因变量回归中显著的自变量为这里的解释变量。结果可以简单总结：家庭子女是否完成本科教育和专科教育似乎不受我们设置的自变量影响，这可能由于在农村读大学还是一件非常困难的事情，偶然因素对之的决定作用非常强烈。在对高中及其以下教育回归中，家庭总支出对初中和高中教育影响很显著，户主配偶教育对是否完成高中教育影响很显著，家庭是否借款对初中和小学影响很显著。总体而言，农民家庭子女受教育对家庭长期财政状况的依赖非常之高，

这与我们前面的回归结果也是一致的。当然与大多实证研究类似，孩子母亲的受教育状况对孩子有重要影响。

4.2.2 家庭支出资金来源与教育投资：相关回归Ⅱ

如前文所述，在本书调研资料中，家庭子女受教育情况是依据家庭子女出生顺序统计的。在前文回归中我们没有考虑子女的出生顺序，而是将所有农民家庭子女进行混合得到一个横截面数据。利用这个数据我们检验了农民家庭支出的不同来源对教育投资的影响，那么如果我们考虑家庭子女的出生顺序，是否能够改变这些结论？本小节我们利用更加仔细的数据来进行检验。另外一个有趣的现象是，在前文回归中，家庭子女数目对于家庭子女受教育年限和家庭子女受教育层级虚拟变量都没有显著的影响。我们认为，这可能是由于存在两种相互抵消的效应：一种效应是农民家庭子女数目增加，会导致家庭子女对于教育资源的竞争加剧，这也被称为“资源稀释效应”；另一种效应是，先出生的家庭子女可以较早参加生产劳动获得家庭收入增进，从而为后出生子女参与教育提供更多的家庭资源。究竟我们这种分析是否有道理，这需要实证证据的支持。

表4-3、表4-4、表4-5、表4-6分别给出的是样本地区农民家庭前四个子女受教育年限为因变量的回归结果。结果可以总结为：农民家庭第一个子女受教育年限显著的影响因素有家庭总支出、家庭拥有的土地数量、家庭子女数目、户主受教育年限和家庭是否借款；农民家庭第二个子女受教育年限显著的影响因素有家庭总支出、户主受教育年限；农民家庭第三个子女受教育年限显著的影响因素有家庭总支出、家庭子女数目、户主受教育年限；农民家庭第四个子女受教育年限显著的影响因素有家庭总支出、户主受教育年限和家庭是否借款。与前文回归

结果较为类似，以农民家庭收入和家庭储蓄为基础的农民家庭支出，也可以测度农民家庭的长期平均收入状况，对农民家庭子女的受教育年限具有较重要的影响。家庭如果存在借款的话，即意味着家庭财政收支出现长期问题时，与我们预料的一样，对子女的受教育年限具有显著的负向影响。但有趣的是，家庭是否有对外借款只对家庭最大的孩子和最小的孩子存在影响，这个也较容易理解，家庭长期财政状况恶化后必然首先殃及最大的孩子，而最大孩子减少受教育年限后参加工作可以获得收入，就可能会在一定程度上缓解家庭资源的短缺状况，从而缓解其他孩子的受教育资源压力；但如果家庭经济状况持续恶化，必然会殃及其他孩子。由于在样本地区四个孩子的家庭并不多，孩子越多的家庭状况越可能恶化，所以得出的第四个孩子的结果并不令人意外。

表4-3　　家庭内第一个子女受教育年限的影响因素回归

因变量	受教育年限				
常数	6.964 (0.416)***	10.390 (4.985)**	-5.043 (2.474)**	-6.614 (2.531)***	6.515 (0.502)***
家庭总收入		-0.213 (0.488)			
家庭总支出			1.534 (0.273)***	1.636 (0.283)***	
家庭土地数量	0.049 (0.022)**			0.024 (0.029)	0.031 (0.024)
家庭子女数量		0.482 (0.309)	0.378 (0.163)**		0.418 (0.149)***
户主受教育年限	0.204 (0.053)***	0.132 (0.118)			0.194 (0.054)***
户主配偶受教育年限			-0.067 (0.061)	-0.011 (0.063)	

续表

因变量	受教育年限				
家庭是否借款		-1.393 (0.778)*	-1.330 (0.350)***		
家庭是否负债消费	0.718 (0.382)*				
调整后的 R^2	0.068	0.080	0.176	0.127	0.078
F值 （P值）	8.42 (0.000)	1.86 (0.124)	14.78 (0.000)	12.88 (0.000)	8.66 (0.000)
样本数	337	97	275	284	333

注：*、**、*** 分别表示参数估计值在10%、5%、1%水平上显著，括号中数值表示经过异方差调整的标准误差值。

表4-4　　　家庭内第二个子女受教育年限的影响因素回归

因变量	受教育年限				
常数	6.561 (0.445)***	13.420 (5.490)*	0.311 (3.227)	0.027 (3.169)	6.338 (0.541)***
家庭总收入		-0.563 (0.542)			
家庭总支出			0.822 (0.337)***	0.842 (0.349)**	
家庭土地数量	0.028 (0.027)			0.016 (0.038)	0.025 (0.028)
家庭子女数量		-0.240 (0.327)	0.340 (0.182)*		0.184 (0.161)
户主受教育年限	0.257 (0.056)***	0.302 (0.100)***			0.251 (0.057)***
户主配偶受教育年限			0.077 (0.076)	0.125 (0.074)*	
家庭是否借款		-1.244 (0.768)	-0.757 (0.438)*		

续表

因变量	受教育年限				
家庭是否负债消费	0.476 (0.384)				
调整后的 R^2	0.086	0.170	0.075	0.061	0.085
F 值 (P 值)	9.02 (0.000)	4.16 (0.005)	5.27 (0.000)	4.58 (0.004)	8.97 (0.000)
样本数	238	68	185	196	234

注：*、**、*** 分别表示参数估计值在 10%、5%、1% 水平上显著，括号中数值表示经过异方差调整的标准误差值。

表 4-5　　家庭内第三个子女受教育年限的影响因素回归

因变量	受教育年限				
常数	6.624 (0.926)***	18.097 (8.735)**	-2.128 (3.435)	0.266 (3.888)	5.866 (0.944)***
家庭总收入		-1.290 (0.791)			
家庭总支出			0.935 (0.337)***	0.886 (0.407)**	
家庭土地数量	-0.056 (0.062)			-0.097 (0.055)*	-0.071 (0.060)
家庭子女数量		0.471 (0.422)	0.808 (0.225)***		0.428 (0.184)**
户主受教育年限	0.278 (0.077)***	0.313 (0.160)*			0.250 (0.071)***
户主配偶受教育年限			-0.039 (0.092)	0.042 (0.088)	
家庭是否借款		-1.590 (1.063)	-1.047 (0.566)*		
家庭是否负债消费	0.345 (0.528)				

续表

因变量	受教育年限				
调整后的 R^2	0.149	0.318	0.210	0.066	0.185
F 值 （P 值）	5.34 （0.002）	3.27 （0.024）	4.39 （0.003）	2.36 （0.077）	7.27 （0.000）
样本数	116	35	85	93	113

注：*、**、*** 分别表示参数估计值在 10%、5%、1% 水平上显著，括号中数值表示经过异方差调整的标准误差值。

我们另一个兴趣是考察家庭子女数目对农民家庭子女受教育年限的影响。回归结果显然比较有意思，家庭子女数目只对农民家庭第一个子女和第三个子女的受教育年限有显著影响，且影响是正向的，而对家庭第二个子女和第四个子女影响则不显著。这个结果似乎与我们预想的不太一致，按照预想家庭子女数量多对第一个子女的影响应该是负向的，因为家庭财务状况的恶化更可能要求年长的子女承担较多的收入以获取任务。对农民家庭决策行为进行研究后，我们认为，可能的解释如下，对于农民家庭第一个子女而言，兄弟姐妹的增多一方面会增加其获取收入的负担，但同时也有利于分担第一个子女所需要承担的家务活动，由于家庭在子女较少时负担较轻，后一种效应可能更强，故有可能使得家庭第一个子女受教育年限增加。然而对第二个子女而言，可能由于第一个子女的受教育年限增加而对之投资的教育资源产生了竞争和替代，所以可能就会减少第二个子女的受教育年限。第三个子女则可能由于第二个子女受教育年限的减少、工作的增加而获得更多的资源增加受教育年限，最小的子女受影响最小。当然也不排除其他原因的存在，特别是由于家庭数目较多的子女在样本中数目较少而可能产生的估计偏误。

表4-6　　家庭内第四个子女受教育年限的影响因素回归

因变量	受教育年限			
常数	7.189 (1.748)***	18.881 (16.870)	-12.188 (8.454)	7.603 (2.339)***
家庭总收入				
家庭总支出		-0.428 (1.517)	2.421 (0.940)**	
家庭土地数量	-0.081 (0.129)		-0.172 (0.156)	-0.080 (0.134)
家庭子女数量		-0.148 (0.444)		-0.058 (0.278)
户主受教育年限	0.399 (0.128)***			0.377 (0.124)***
户主配偶受教育年限		-0.226 (0.139)	-0.087 (0.140)	
家庭是否借款		-5.643 (1.860)***		
家庭是否负债消费	0.696 (1.216)			
调整后的R^2	0.199	0.419	0.154	0.195
F值 (P值)	3.74 (0.018)	5.55 (0.002)	2.61 (0.067)	3.98 (0.014)
样本数	47	36	39	47

注：*、**、***分别表示参数估计值在10%、5%、1%水平上显著，括号中数值表示经过异方差调整的标准误差值。

最后是控制变量的分析和解释。由回归结果可知，户主受教育年限对家庭子女受教育年限具有重要的影响，这可能从两个方面来影响子女的受教育年限：一是非经济角度，父母的受教育年限增长可以通过家庭教育、培育子女良好的学习习惯、言传身教的方式对子女的学习成绩有所影响；二是经济的角度，如前一章所证明的，在某些方面户主的受教育年限具有重要的经济价值，有利于提高家庭收入，从而可能缓解家庭教育投资所面临财务约束和收入的不足。但遗憾的是，户主配偶教育似乎对家庭子女受教育年限没有显著的影响，这可能是由于农村妇女受教育程度普遍较低，变异性较小的原因；也可能因为父母受教育年限从非经济角度给予子女的帮助较少，因为农村妇女的低教育对家庭收入影响较小，从而其对子女受教育的影响也就很小，甚至不显著。家庭土地数量是李菁（2002）非常感兴趣的变量，她认为，家庭拥有的土地数量会提高家庭风险承担能力，从而可能承担教育投资的高风险，增加家庭子女的教育投资。我们这里的结果显示，农民家庭拥有的土地数量只对出生顺序靠前的家庭子女受教育年限有显著影响，这可能意味着，随着农民家庭子女数量的增长，家庭可以获得更多的劳动收入，一定程度上可以缓解对土地的依赖。

4.3 政府介入与农民家庭教育投资激励

前文回归表明，在落后的贫困地区，农民家庭可能既没有充足的资金用于家庭子女教育投资，也没有完善的资本市场可以以合理的价格获得足够的资金用于教育投资。一旦农民家庭陷入财政支出困境，子女受教育年限受影响会很严重。那么一个合理的推理就是由政府介入，政府投入部分资金帮助农民家庭实现最优教育投资。但是一旦政府投入资金，或者农民家庭预期到政府要投入资金帮助其完成家庭教育投资，那么农民家庭会不会将原有的用于教育投资的资金转移置换出来，投入其他支出项目？也就是农民家庭的教育投资激励是有限的，一旦达到一定的最低心理底线，他们会撤出资金用于其他支出领域。可能在现有条件下，农民家庭教育投资达到了“贫困的最优”，政府介入并不会使得农民家庭子女获得的教育费用有相应的增加。因此，我们试图检验的是，如果政府投入资金减免农村义务教育发展费用，每个农民家庭子女所获得的教育费用会否增长？

但是很难得到家庭教育投资的完全数据和政府教育政策对农民家庭的个别影响数据，我们对宿迁调研数据进行研究，试图从另一个角度来进行检验。对资料分析发现，资料调查时间是2006年暑假，而政府减免义务教育费用政策开始实施是自2006年秋季始，调查中大约有七成（69.5%）的家庭表示知道即将实行的农村义务教育费用减免政策，而另外近三成（30.5%）的家庭并不知道①。我们认为，如果农民家庭预期到即将实行的义务教育费用减免政策，那就意味着他们知道未来会增加可支配收入。未来可支配收入的增加，意味着家庭长期收入的增长，会使得他们加大各个支出项目以使各个支出项目实现或接近最优，如果某个支出项目已经实现最优，那么就会向支出优先顺序靠后的支出项目顺延。而没有预期到义务教育费用减免政策的农民家庭假设行为没有发生变化，可以作为对比组，这样我们就可以分析农民家庭教育支出是否会在可支配收入增加时有所增加，这可以间接地检验我们前文的设想。

表4-7、表4-8、表4-9分别给出的是以农民家庭教育支出、生产支出和消费支出为因变量的回归结果。农民家庭教育支出、生产支出和消费支出的概念和处理方式已经在本章第1节中给予总结和介绍了，不再重复。这里主要考察的是，预期到义务教育费用减免政策的家庭会不会增加教育支出、生产支出或消费支出？所以要设置一个教育政策虚拟变量，调查问卷中“您是否知道减免农村义务教育学杂费的政策”

---

① 我们这里已经忽略了没有填写该项的样本家庭，总调查样本418户，有325户填写了该项，其中226户表示知道此项政策，99户表示并不知晓。

是一个直接询问农民家庭的问题，如果农民回答“是”则该项虚拟变量取值为 1，否则为 0，可能存在的问题是有可能家庭不知道教育政策变迁是由于家庭没有教育支出，统计发现样本中只有 13 个家庭属于此类，在不知晓教育政策家庭中占较小的比例（13.1%），变量取对数后就会消除教育支出为 0 样本。

表 4－7　　　　教育支出的多元回归结果

因变量	家庭教育支出				
常数项	8.014 (0.311)***	7.575 (0.317)***	6.300 (0.685)***	3.216 (0.773)***	3.175 (0.797)***
教育政策虚拟变量	－0.247 (0.353)	－0.183 (0.345)	－0.555 (0.278)**	－0.565 (0.257)**	－0.415 (0.267)
对学校质量的满意度虚拟变量	－0.589 (0.329)*	－0.554 (0.321)*	－0.646 (0.260)**	－0.587 (0.239)**	－0.428 (0.248)*
教育政策、满意度交互项	0.589 (0.380)	0.420 (0.375)	0.684 (0.299)**	0.510 (0.279)*	－0.347 (0.293)
辍学虚拟变量	0.918 (0.308)***	0.655 (0.308)**	0.422 (0.248)*	0.150 (0.233)	0.216 (0.248)
教育政策辍学交互项	－0.912 (0.373)**	－0.772 (0.369)**	－0.399 (0.297)	－0.291 (0.281)	－0.324 (0.296)
家庭总收入			0.124 (0.070)*	0.406 (0.078)***	0.394 (0.081)***
户主受教育年限			0.110 (0.017)***	0.097 (0.017)***	0.087 (0.016)***
户主配偶受教育年限			－0.036 (0.017)**	－0.013 (0.017)	
小学就读虚拟变量			－0.523 (0.128)***	－0.338 (0.124)***	－0.366 (0.130)***
中学就读虚拟变量			0.494 (0.116)***	0.497 (0.111)***	0.448 (0.116)***

续表

因变量	家庭教育支出				
家庭子女数量			0.197 (0.053)***	0.103 (0.054)**	0.136 (0.056)***
户主年龄		0.214 (0.148)		0.439 (0.124)***	0.302 (0.123)**
家庭负债消费虚拟变量		0.640 (0.144)***		0.809 (0.128)***	0.805 (0.134)***
调整后 R^2	0.049	0.101	0.424	0.522	0.465
F统计量 （P值）	2.70 (0.021)	5.05 (0.000)	17.78 (0.000)	20.72 (0.000)	18.80 (0.000)
样本数	270	253	252	236	247

注：*、**、*** 分别表示参数估计值在10%、5%、1%水平上显著，括号中数值表示经调整后的标准误差值。

表4-8　　　　生产支出的多元回归结果①

自变量	OLS方法的估计			2SLS估计	
	方程1	方程2	方程3	方程4	方程5
常数项	8.059 (0.068)***	5.767 (0.347)***	5.148 (0.435)***	-3.408 (3.885)	-0.924 (1.94)
教育政策虚拟变量	0.247 (0.081)***	0.147 (0.078)*	0.143 (0.081)**	-0.190 (0.189)	-0.102 (0.128)
辍学虚拟变量	0.299 (0.143)**	0.273 (0.133)**	0.216 (0.138)	-0.153 (0.273)	-0.047 (0.200)
教育政策辍学交互项	-0.082 (0.173)	-0.001 (0.162)	-0.027 (0.164)	0.405 (0.313)	0.294 (0.235)
家庭总收入		0.251 (0.039)***	0.298 (0.047)***	1.256 (0.433)***	0.979 (0.216)***

① 需要说明的是方程4中，我们使用了家庭土地数量作为工具变量，而方程5中我们使用了家庭土地数量和家庭劳动力数量两个工具变量，方法都是联立方程。

续表

自变量	OLS 方法的估计			2SLS 估计	
	方程 1	方程 2	方程 3	方程 4	方程 5
户主受教育年限		0.009 (0.008)	0.017 (0.009)*	-0.027 (0.118)	-0.014 (0.016)
户主配偶受教育年限			0.118 (0.069)*	0.013 (0.124)	0.036 (0.096)
家庭负债消费虚拟变量			0.153 (0.077)**	0.923 (0.376)**	0.692 (0.201)***
调整后 R^2	0.051	0.1802	0.209	0.322	0.359
F 统计量 （P 值）	6.49 (0.000)	14.10 (0.000)	11.43 (0.000)	3.53 (0.001)	6.25 (0.000)
样本数	305	299	278	270	270

注：*、**、*** 分别表示参数估计值在 10%、5%、1% 水平上显著，括号中数值表示经调整后的标准误差值。

表 4-9　　消费支出的多元回归结果

自变量	RLS		FGLS	WLS
	方程 1	方程 2	方程 3	方程 4
常数项	6.246 [0.816]***	0.982 [0.984)	1.199 (1.084)	1.173 (0.962)
教育政策虚拟变量	0.346 [0.175]**	0.378 [0.162]**	0.297 (0.157)*	0.363 (0.169)**
辍学虚拟变量	0.565 [0.220]**	0.453 [0.192]**	0.475 (0.215)**	0.427 (0.193)**
家庭总收入	0.113 [0.090]	0.606 [0.106]***	0.604 (0.115)***	0.583 (0.102)***
家庭子女数量	-0.015 [0.051]	-0.030 [0.053]	-0.062 (0.058)	-0.021 (0.055)
户主受教育年限		-0.076 [0.172]	0.070 (0.168)	-0.067 (0.171)

续表

自变量	RLS		FGLS	WLS
	方程1	方程2	方程3	方程4
家庭负债消费虚拟变量		1.528 [0.187]***	1.520 (0.183)***	1.507 (0.181)***
调整后 R^2	0.041	0.249	0.223	0.229
F统计量 (P值)	3.41 (0.016)	14.40 (0.000)	14.21 (0.000)	14.66 (0.000)
样本数	298	277	277	277

注：*、**、***分别表示参数估计值在10%、5%、1%水平上显著，方括号中数值表示异方差稳健的标准误差值，圆括号中数值表示标准误差值。

然后就是控制变量的设置。教育支出估计主要的控制变量有学校质量虚拟变量、辍学虚拟变量、影响家庭支出偏好的变量和其他控制变量。根据数据可得，学校质量虚拟变量是用农民家庭对子女就读学校的满意度来测量，如果农民家庭对子女就读学校质量表示满意该项虚拟变量取值为1，否则为0。家庭是否有辍学人口也是调查问卷中一个直接询问农民家庭的问题，如果农民家庭回答“是”则该项虚拟变量取值为1，否则为0。理论研究一般假设家庭偏好类似，但偏好的非同质性会导致家庭支出结构的预测偏误。根据资料可得性，同时结合文献，我们主要考虑两个控制家庭偏好结构的因素：户主年龄虚拟变量和家庭负债消费虚拟变量。我们认为，样本家庭户主年龄较大与户主年龄较小，可能存在不同的支出模式，我们取45岁为虚拟变量设置分界点，若样本家庭户主年龄大于45岁，则该项虚拟变量取值为1，否则为0。家庭负债消费偏好虚拟变量设置与前文相同。其他控制变量主要包括家庭总收入、户主受教育年限、户主配偶受教育年限、家中是否有小孩读小学的虚拟变量、家中是否有小孩读初中的虚拟变量、家庭子女数目。

生产支出估计的控制变量主要有：辍学虚拟变量、家庭总收入、户主受教育年限、户主年龄虚拟变量和家庭负债消费虚拟变量。消费支出估计的控制变量主要有：辍学虚拟变量、家庭总收入、家庭人口数目、户主年龄虚拟变量和家庭负债消费虚拟变量。这里使用的计量经济方法主要是最小二乘估计，但是有两个需要注意的问题：一个是估计的内生性问题，由于农民家庭生产与消费合一，家庭某些支出可能会影响家庭总收入，所以用家庭总收入作为控制变量需要审慎。另一个是异方差问题。在检验没有内生性的前提下，处理了异方差、多重共线、模型设定等可能违反最小二乘估计经典假设的问题后，就可以使用最小二乘方法进行估计。检验发现，只有生产支出与家庭总收入之间存在内生性关系，我们将使用工具变量法来进行处理，选取的工具变量是：家庭拥有的土地数量和家庭劳动力数量。检验也表明，消费支出估计存在严重的异方差问题，我们可应用异方差稳健最小二乘估计（RLS）、加权最小二乘估计（WLS）和可行的广义最小二乘估计（FGLS）等方法进行处理。

回归结果表明：预期到的义务教育费用减免政策对农民家庭教育支出没有统计上显著的影响，在不考虑显著性的情况下，符号是负的；生产支出的OLS估计结果显示，预期到的减免义务教育费用政策会增加生产支出，且结果是稳健显著的，但处理了内生性问题后结果就不显著了，符号是负的；消费支出估计结果显示，预期到的减免义务教育费用政策会导致家庭较为显著地增加消费支出，且这一结果是稳健的。毫无疑问，这一结果是令人失望的，在预期到家庭可支配收入将增加以后，农民家庭将长期收入的增加主要用在家庭消费支出，而并没有显著地增加家庭的教育支出和生产支出。由前文农民家庭支出优先顺序的研究可知，如果家庭可支配收入增加应当先使得生产支出和教育支出实现最优规模，然后才会顺延至消费支出，现有的回归结果表明，农民家庭生产支出和教育支出可能已经达到了“贫困的最优”，可支配收入增加并不会显著影响这两种支出的增加。

为什么农民家庭生产支出和教育支出已经实现最优了，而教育发展却困难重重？我们认为，样本地区的农村社会经济系统可能如舒尔茨（1989）所描述的传统农业社会那样，达到了一定的经济均衡，这个均衡增加收入流的价格较高，以至于对农业要素包括教育进行投资是毫无激励的。生产投入和教育投资激励缺乏最主要的表现就是生产性投入和教育投入的低回报率。农民家庭教育投资的低回报率是我们上一章的研究内容，我们的研究表明，由于教育回报率较低的种植业收入和外出务工收入在农民家庭总收入中占据较大的比重，而教育回报率较高的养殖业收入和副业收入在农民家庭总收入中占据比重较小，降低了农民从教育投资中获得的收益，因而降低了农民家庭的教育投资激励。而据相关学者研究，外出务工收入的低教育回报很大程度上与我国劳动力市场发育不足和政府干预有关；养殖业和副业在农民收入中的份额较低，据我们前文研究，是由发展中国家产品市场和要素市场发育不足所导致的较大的市场风险引起的。

我们将控制变量的解释简单总结如下。

教育支出估计控制变量的解释是：农民家庭对子女就读学校质量满意度增加会减少家庭教育支出，且结果是显著的。这可能意味着，由于对学校满意，家庭减少购买辅导材料及其他支出。存在辍学人口家庭教育支出竟然是增加的，虽然显著性不稳健，这可能意味着农民家庭子女接受正规教育辍学后，进入了职业教育领域，从而教育支出增加。家庭总收入、户主受教育程度、家庭子女数目显著地增加教育支出，符合理论预期。家庭有子女就读于小学，教育支出显著低于对比组，家庭有子女就读于初中则显著高于对比组。这可能说明从小学到中学，教育支出有一个大的提升。超过45岁的户主显然更会增加教育支出，且是显著的。负债消费的家庭教育支出比不负债消费家庭要少得多，且结果是十分显著的。

生产支出估计控制变量的解释是：家庭有辍学人口在处理过内生性问题后，对生产支出没有显著的影响，辍学后的家庭子女一般都外出务工，而不参与家庭生产。家庭总收入无论 OLS 还是 2SLS 都显著地增加家庭生产支出。户主教育水平对于生产支出的影响是不显著的，可能说明教育回报率不高，户主教育没有用武之地，也可能教育水平高的户主选择了外出务工。年老的户主与年轻的户主生产支出之间的差别是不显著的。负债消费的家庭生产支出比之于不负债消费的家庭是更少的，且结果是十分显著的。消费支出的控制变量解释是：家庭有辍学人口会显著地增加消费支出，因为摆脱了教育支出。家庭总收入对消费支出的影响是稳健显著的，但家庭人口数量对消费支出影响并不显著，这可能因为样本地区较贫穷，经济尚处于自给自足，通过消费支出反映出的消费尚比较少。家庭很多消费采取自给形式，导致家庭人口数量与家庭消费支出关系不大。户主年龄虚拟变量对消费支出影响不显著。负债家庭的消费支出比不负债家庭要少得多，结果也十分显著。

4.4　农民家庭支出与教育投资：中国经验

始于 1978 年的改革开放首先是将农村经济经营决策和分配单位由农村集体转变为农民家庭。农民家庭经营自主权和剩余索取权的获得大大激发了农民的生产积极性，农业的超常规增长使得在 1978—1984 年这一时期内，中国农民收入迅速增长。农民收入获得增长，让改变“社会主义改造”以来农民家庭支出资金来源只能依靠劳动收入的局面变得可能，农民家庭资金流向可以分为三个渠道：农民家庭消费、储蓄和投资。农民家庭储蓄有两个方面的作用：一是规避和防范自然风险及其他风险；二是为家庭大宗支出及投资积蓄资金。农民收入增长带来生产剩余的出现和增长，为农民家庭之间通过非正式金融方式调节资金使用提供了可能，这构成农民家庭对外借款的来源之一。而与农村改革同步进行的是农村正式金融机构的恢复和发展。1979 年 2 月，国务院发布了《关于恢复农业银行的通知》，规定中国农业银行直属国务院，由中国人民银行代管，自上而下建立各级机构：中央、省、自治区设分行，地区设中心支行，县设支行；中国人民银行农村营业所、农业信用社一律划归农业银行领导；农村信用合作社是集体所有制的金融组织，是农业银行的基层机构。中国农业银行的恢复，为农民储蓄资金建立了放心的途径，同时也为农民家庭外部借款提供了渠道和来源。

按照前文的分析，我们将农民家庭支出分为生产性支出、教育支出和其他消费支出，生产性支出也被称作为“投资”。赵文斌（1992）认为，联产承包责任制实行初期，农民以解决温饱问题为目标，投资热情主要集中在粮食生产上，家庭积蓄和当年收入以及借贷资金的绝大部分都用于购置农药、化肥、牲畜、农具等生产资料。为什么改革开放初期，农民家庭的主要支出热情在生产性支出上呢？林毅夫（1992）着重强调了农村生产制度的改革，农民剩余索取权和生产经营权的获得激发了农民的投资热情。另一个重要的因素是粮食收购价格的大幅度提升激发了农民种粮积极性，如表 4 - 10 所示。世界银行（1985）认为，“从长期扩张农业生产来看，给予农民适当的鼓励（这是改革的实质），仍将是一个关键的环节。然而鼓励是否有效，则取决于耕地、灌溉用水、肥料和良种等关键性投入物的供应达到了何种程度”。如前文所分析，新中国成立后中国政府长期致力于改变传统农业的技术基础，农田水利建设、优良品种、化肥和农药的廉价大量供应，科学技术的推广，使得传统农业的均衡被提升到一个新的均衡状态，当制度扭曲的阻力被消除后，农业基础设施改善带来的边际生产率大幅提高引发巨大的农业生产投资激励，而这种生产投资激励又导致农民生产投资规模的增加。

表4-10　改革开放后中国统购统销时代政府对粮食价格的改变

时间	水稻提价	玉米提价	小麦提价	其他提价
1979年	每百斤由10.64元到12.86元，实际提高20.86%			
1985年秋	41.5%	39%	35%	定购价30%+议购价的70%
1992年	16.6%	12.6%	20.9%	
1994年	平均提高40%			
1996年	每百斤15元，允许地方上下10%浮动			

资料来源：胡家勇：《转型经济学》，安徽人民出版社2003年版，第46页。

但改革开放的农村经济非集体化过程提高农民生产积极性的同时，降低了农村公共产品和公共服务的供给，制约着均衡的进一步提升。因此随着均衡的实现，农民的农业投资激励衰减，主要表现为全国范围内的"卖粮难"。从1984年开始，由于连续几年的农业丰产，流通领域改革的滞后引发的矛盾显性化，农产品由局部性的、区域性的"卖难"转变为全国性的"卖难"[①]。与此同时，农村资金使用的触角开始逐步伸展到林、牧、副、工、商、运、建、服务业，并且在量上由少到多，滚动追加，出现投向多样化、规模扩大化的趋势。赵文斌（1992）认为，农民生产性投资向非农业倾斜，主要是由于非农业投资收益大大高于农业投资收益。在消费支出方面，改革开放后，农民的消费水平明显提高，用于购买必需品和耐用品的货币支出逐年递增。例如到1988年，山西运城地区农村居民消费支出比实行联产承包责任制初期成倍增加，

① 赵德馨：《中华人民共和国经济史：1985—1991》，河南人民出版社1999年版，第241页。

有的地方甚至翻了一两番；但与同期投入再生产的资金量相比较，尚不高于2:5（赵文斌，1992）。

总体而言，这一时期中国农民家庭教育方面的支出微乎其微。山西调查显示，到1988年，教育支出在家庭总支出的比重也仅有8%，远低于家庭生产性支出和消费支出。那为什么农民家庭教育支出在农民收入有显著增长的情况下并没有获得较显著的增加呢？前文分析已经表明，农民对于生产性支出的投资激励具有较好的反应能力，亦同此理，我们认为，这一时期中国农民家庭教育支出不足的根本原因是农民的教育投资激励不足。而20世纪80年代中国低教育回报率产生的根本原因，在于产品市场和劳动力市场的发育不足，在缺乏充分竞争的情况下，教育即使表现出对劳动生产力的增进也不能通过分配制度加以奖励。而且在传统农业改造刚刚起步时，“以畜力、手工劳动所创造的农户经济效益，比起一个经过教育培训的复杂农业劳动力所创造的农户经济效益，不仅不低，而且还要高”（陈吉元，1993）。由此可见，在20世纪80年代，农村教育发展不足并不是农民家庭由于没有足够的资金来源，或者无法在金融市场上取得合理成本的资金来进行教育投资，而是由于农民家庭教育投资激励不足。

由于农民家庭教育投资激励不足，以及20世纪80年代末治理整顿导致的生产性投入激励不足，引发了三个农民家庭资金流动的新趋势：一是农村居民存款总额的不断增长；二是农民家庭“建房热”的兴起；三是农民家庭在婚丧嫁娶时的大操大办。随着改革开放的推进，农民从经济增长中获得的增长收入和储蓄并没有被引导到正确的使用途径，这一方面降低了农民家庭的长期收入增长能力，另一方面也导致了资源的浪费，这些问题产生的根本原因就在于激励机制的扭曲。但从1992年开始，市场化改革尤其是劳动力市场改革的推进，大大提升了教育投资激励，这是20世纪90年代中前期中国教育快速增长的根本原因。与80

年代完全不同的是，农民家庭支出的资金来源开始发生巨大的变化。

首先来看农民家庭收入。根据张车伟、王德文（2004）的研究，进入20世纪90年代后，虽然农民家庭收入中家庭经营性收入依然占据着较高比重，但增长的来源发生了较大变化：非农收入增加逐渐成为农民收入增长的重要推动力量。非农收入主要来自农民外出务工的工资性收入，农民家庭收入增长动力的改变被称为“农民收入转型”。其次是农民家庭储蓄。20世纪80年代末期和90年代早期严重的通货膨胀使得农民积累的财富大大缩水，而农民兴建的建筑由于变现能力差对增进农民家庭支出几乎没有什么帮助。“农民收入转型”与农民家庭农业投资激励不足有相当大关系，中国农作制度的非集体化变迁逐步导致了集体组织的瓦解，这给中国农业公共产品供给体系带来相当沉重的打击（张军，1998）。农业公共产品的供给不足导致农业抵御风险能力下降，农业投入的净收益下降。据统计，20世纪70年代，中国平均每年受灾面积3.2亿亩，成灾率为31%；80年代平均受灾面积为6.2亿亩，成灾率为49%；90年代前4年平均受灾面积为8.3亿亩，成灾率为50%①。市场化改革不断推进，外资企业进入导致的竞争加剧也恶化了农民非农投入，主要是乡镇企业的投资激励。鉴于外出务工工资性收入比重的不断增长，且在农民迁移中，初中教育程度还是必要的，初中教育的高回报率激励农民加大教育支出在家庭总支出中的份额。

农民家庭加大教育支出规模的努力，很快被不断增长的高教育收费吞没，甚至教育收费的增长速度大大快于农民收入的增长速度（详见第2章分析），农民家庭不得不面临由于资金不足而可能导致的最优教育投资不足。当然也可能表现为农民家庭的节衣缩食。经济理论告诉我们，这时如果存在完善的资本市场能够给农民以合理的资金成本予以融

① 转引自胡家勇：《转型经济学》，安徽人民出版社2003年版，第55页。

资，那么农民家庭的最优教育投资规模也可以实现。中国的农村金融制度究竟如何呢？从1978年开始，随着金融体制改革的不断深入，农业银行商业化的改革取向是非常明确的。而且国家进一步要求理顺信用社与国家银行的关系，逐步取消农业银行对信用社的亏损补贴，信用社实行独立经营，自负盈亏，利润与其所得挂钩。银行的商业化要求会使银行出于防范风险和盈利考虑，逐步从农村撤走，到1999年“四大国有银行”基本取消了县一级分支机构的放贷权，先后撤销了3100多家县以下金融机构。而新组建的农业发展银行作为政策性银行，从事的业务和农户关系不大。农村信用社的改革也强调风险防范及商业化的经营，因此也不愿多向农户放贷（匡家在，2007）。

正式金融供给不足，那么是否可以通过大力发展非正式金融的方式予以补充呢？在农村金融体制改革中，民间金融及其融资处于被压制状态。1996年《国务院关于农村金融体制改革的决定》针对相当多的合作基金会以招股名义大量吸收居民存款入股予以管制：一是农业合作基金会不得再以招股形式吸收居民存款；二是凡是已经开办存贷款业务、实际上已成为金融机构的，对其清产核资后，可并入现有的农村信用社，也可另设农村信用社；三是没有存贷业务，或者已经开办存贷业务，但不具备转为农村信用社条件的，要办成真正的合作基金会。亚洲金融危机爆发后，为防范金融风险，1997年11月决定全面整顿农村合作基金会。1998年7月，中国人民银行发布《非法金融机构和非法金融业务活动取缔办法》，除部分小额信贷、不计息的亲友借款之外，其他非正规金融组织或活动均属非法。1999年1月，国务院发文取缔农村合作基金会。尽管民间金融及其融资基本上处在非法状态，但是由于农村资金供需缺口较大，民间融资在中国农村比较普遍地存在，而且是农村融资的主渠道。据研究，中国2.4亿农户只有15%获得过正规金融机构的贷款，其余85%都是通过民间借贷融资。

农村正式金融服务的缺乏，非正式金融服务由于遭到取缔而转入地下状态导致其资金成本十分高昂，再加上农民收入增长乏力和教育费用的恶性膨胀直接导致了农民家庭的支出危机，教育投资最优规模无法实现。这时似乎较为直接的方式就是政府介入，帮助农民家庭实现最优教育投资规模，但由于前些年教育支出严重不足导致教育质量下降的棘轮效应并没有被消除，政府介入的结果就使得农民家庭减少教育支出，政府义务教育费用减免政策并没有实质性地增加每个学生的教育费用。要改变这种局面，必须重新提高农民家庭教育投资的激励，而提高农民家庭教育投资激励的方式也是我们前文说过的：加快劳动力市场制度改革，加快对农村生产市场化制度建设，加快教育体制和教育内容改革，提升教育质量。教育质量的提升必须要提高政府尤其是地方政府的教育投资激励，增加教育投入，提高学校和教师的增进教育质量的激励，这些将是下面章节的研究内容。

第5章　政府教育投资：责任、能力与激励

要研究中国农村教育发展问题，政府行为的研究也是必不可少的。如我们在文献综述部分所说，教育除了可以给个人带来正的私人回报外，还可以通过外部性带给社会更多的收益。由于外部性存在，如果仅仅通过私人投资激励的方式来发展教育，必然会使社会教育投入不足，阻碍社会经济发展的速度和进程。另外，经济发展是一个非均衡过程，社会个体的决策惯性或者信息不足导致的理性预期不足可能会使得静态最优教育投资规模不能够适合动态经济发展的要求，从而对经济发展的长期过程形成制约和阻碍。因此，在大多数国家都需要政府来进行教育投资或者补助以弥补私人教育投资不足可能导致的社会福利损失。然而，政府作为一个社会组织或者决策个体，她内在的教育投资激励又是什么呢？特别在中国特殊的政治经济背景下，中国政府间的教育支出责任是如何划分的，具有较大支出责任的政府机构是否有内在的教育投资激励？

5.1 经济发展与政府投资责任

5.1.1 经济发展、外部性与市场失灵

传统经济学一直致力于分析市场机制的运行及其影响，毋庸置疑，市场可以被认为是人类创造的最令人注目的制度之一。市场制度成功的根本在于利用合理的激励机制将社会每一个人的努力转化为创造社会公众福利的动力，将每一个人追逐私人利益的人性之恶引导到创造社会财富的公众之善的道路上。然而，这种机制的良好运行存在一系列的前提条件，其中十分重要的一个就是个人活动没有外部性。在现代经济学体系中，所谓“外部性”，是指一个经济主体的活动对其他人福利产生的影响，且这种影响并不在有关各方以价格为基础的交换中发生，其影响是外在于市场价格机制的。如果某人的经济活动给其他人带来的是净福利损失，可称为“负外部性”；反之，如果给其他人带来的是福利增加，则可称为“正外部性”。个体经济活动付出的成本和得到的收益可称为私人成本和私人收益，私人成本和私人收益分别加上带给他人的额外成本和额外收益便是社会成本和社会收益。

外部性的存在导致激励机制的扭曲，市场机制的运行就不能充分地将“人性之恶”引导到“公众之善”的路上来。个人追求自身利益的最大化，根据自身承担的成本和获得的收益进行决策，使得这种活动的供给数量不同于社会利益最大化所需要的活动数量，对社会有害的东西由于个人承担的成本过少而过度供给，对社会有益的东西由于个人获得

的收益过少而供给不足。外部性导致的激励机制扭曲，引致社会资源的错误配置，这被称为“市场失灵”。

如何才能挽救在外部性存在领域的市场失灵呢？经济学家想到的第一种解决方案是政府干预，政府对产生负外部性的经济活动进行惩罚，而对产生正外部性的活动进行补助，这样通过政府干预将外部性产生的成本和收益重新注入价格机制，从而纠正市场价格机制的错误激励和资源配置。但是政府可能并不清楚外部性产生的成本或收益数量，从而可能在价格机制中注入了过度的成本或者收益，不但没有挽救市场失灵，反而进一步扭曲了市场价格机制。甚至由于政府强制力量的存在，本没有外部性存在领域也可能要求政府干预，注入收益或者削减成本以获得更大的经济收益，这些埋下了政府失灵的可能性。

经济学家想到的第二种市场失灵的解决方案是界定产权。如果可以将外在于市场价格机制的外部性所涉及的权力进行界定，然后，经济主体就可以通过市场价格机制将外部性予以内部化，通过市场交易相关权力的方式进行解决。这样就可以实现私人成本和私人收益与社会成本和社会收益相等，市场机制的激励和资源配置功能仍然是有效的。Coase（1960）认为，如果能够以较低成本甚至无成本地界定产权，市场进行资源配置总是有效率的，这被称为“科斯定理”。

经济学家想到的第三种市场失灵的解决方案是关联市场或要素连锁。如果相同的经济主体之间存在复合的市场交易关系，而其中一种交易存在外部性，一个经济主体可以通过非价格的方式对另一个经济主体产生影响，那么受到外部性活动损害的一方可以以中止所有交易为威胁，要求外部性活动产生收益一方承担相应的成本，如果终止所有交易所产生损失相对于支付外部性成本而言后果十分严重，那么外部性问题就可以得到一定程度上甚至全部解决。青木昌彦（2001）利用日本德川时代农村社区灌溉系统的例子指出，可以利用“关联博弈”的方式在其他领域对不参与公共产品供给，或者不付费的社区成员进行惩罚，从而使得社区内部可以有效地提供有严重外部性的公共产品。

但这三种解决市场失灵的方案似乎都是有问题的。首先是政府干预市场运行可能面对的政府失灵问题。其次，产权的界定在很多时候成本极其昂贵，或者说排他装置在现有技术下成本过高（巴泽尔，1997）。最后，互联市场的存在大多以人口的低流动性为前提，伴随经济发展，人口流动性不断增强，人们之间的交易更多的是一次性、单维度的，这样就大大削减了外部性的惩罚空间（时磊，2005）。当没有最优选择时，最好的选择就是制度成本最低的次优选择，不同情形下可能存在不同的次优选择。针对教育产品，我们必须首先研究它的外部性，然后才能通过比较制度分析来决定哪一种制度是在给定约束条件下缓解教育产品供给中市场失灵的最优选择。

我们先来看教育产品的几种重要的外部性。首先是知识的外部性。很多知识具有提高生产率的作用，但极易复制和学习，很难用专利等形式加以保护，教育产品供给增加会加强知识的外部性，基础知识和基础信息更容易产生巨大的生产效应。其次是教育的同群效应（peer effect）。随受教育人口的增加，每个社会经济个体周围有更多的受教育人口，他的教育回报将会增加（Lucas，1988）。再次，人口流动导致的外部性。如果一个小镇对儿童提供良好的公共教育，而他们当中的有些人后来搬到其他社区，其他社区就可能因有受过良好教育的劳动力而受益。然后是社会安全的外部性。教育增加个人收入，减少社会不平等，从而降低社会犯罪率，每一个社会个体都会从中受益。再有是公共政策的外部性。教育扩展，可以同时提升收入平等和经济增长，可以避免收入不平等和经济停滞引致的不良的公共政策。不良的公共政策可能又会导致进一步的社会动荡或减缓经济增长激励。最后是产业升级的外部性。教育普及有利于提供更高素质的劳动力，这可能会外生推动产业结构的升级发展，将提高企业利润率、创造更多的就业机会，有利于社会的稳定和发展。

现在，我们来重点分析经济发展过程中的教育外部性。Fan（2007）重点论述了两种经济发展中的教育外部性：“门槛外部性”和“代际外部性”。所谓“门槛外部性”是指，经济发展过程并非线性的，而是随人力资本积累超越一定的门槛后，经济发展会出现类似罗斯托宣称的“经济起飞”。因此，社会个体接受教育一方面可以获得私人收益，另一方面也促进了社会人力资本积累更接近“起飞门槛”。“代际外部性”是指，如果父母接受教育，就可能会降低子女接受教育的成本和费用。如前文所述，父母接受教育可以从两个角度来影响子女的受教育状况：非经济的角度和经济的角度。非经济的角度是指父母可以在辅导子女学业、学习习惯培养等方面对子女产生影响；而经济角度指父母接受教育可以获得更多收入，从而有利于在资本市场不完全时提供更多资金供子女读书。而代际外部性会作用于门槛外部性，即使上一代人没有达到人力资本积累的“起飞门槛”，父母接受教育通过“代际外部性”使得下一代人力资本积累规模增加，更容易接近人力资本的起飞门槛。

经济发展是一个非均衡的过程，这已为很多经济学家所认识。与罗斯托的经济起飞理论不同，当代大多数发展经济学研究者更多地将经济发展过程视作一种多重均衡（Ray，2000）。比照前文分析，我们可以将传统农业社会视作一个均衡，现代经济社会也可以视作一个均衡，经济发展就是将社会经济由传统农业的均衡推向现代经济的均衡。而在这两种均衡的转换中，存在一个门槛，如果经济发展初始水平低于这个门槛，那么经济会回到传统农业社会均衡，只有经济发展初始水平超越这一门槛，经济发展才会向现代经济均衡收敛。

人力资本积累的多重均衡与门槛效应与上述分析类似。如图 5 - 1

所示，H_{t+1}和H_t分别代表$t+1$和t期的人力资本存量，人力资本的回报率先随人力资本存量的增加而增加，然后由要素边际报酬递减规律下降。由此，若初始阶段人力资本存量太少以至人力资本回报率较低，那么，下期人力资本存量就会少于这一期，这是因为本期人力资本投资量小于折旧量，如此反复，最终社会人力资本存量会收敛于0。相反，若初始阶段人力资本存量超过了一定门槛，图中表示为$\hat{H}$，人力资本回报率较高，那么下期的人力资本存量会多于这一期，人力资本投资量大于折旧量，如此反复最终社会人力资本存量会收敛于H^*。

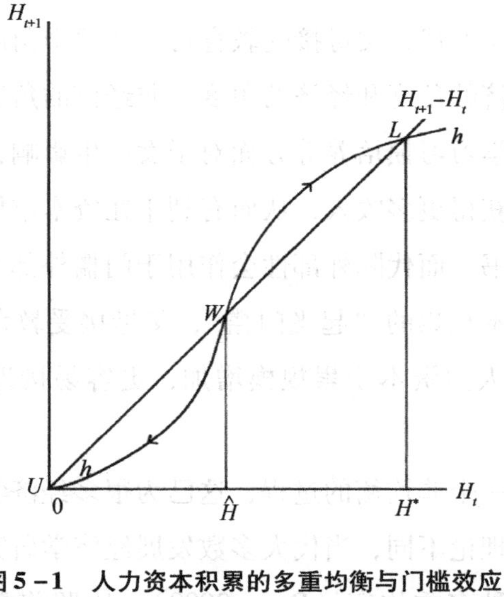

图5-1　人力资本积累的多重均衡与门槛效应

资料来源：Becker、Murphy and Tamura，1990，Human capital，Fertility and Economic Growth，*The Journal of Political Economy*，Vol. 98，No. 5：S12-S37.

Becker、Murphy和Tamura（1990）研究表明，经济既可能达到一个人均收入较低，人力资本和物质资本都较少，人口出生率较高的均衡，也可能达到人力资本回报率高，人均收入较高，人力资本和物质资本都较多，人口出生率较低的均衡。在均衡的决定因素中，初始条件极其重要，如果社会最初供给了较多人力资本，以至于超过了向 H^* 收敛的"门槛"，那么经济会向人力资本积累的"好的均衡"收敛，每一个社会个体收入增加，福利增长；相反，如果社会最初供给了较少的人力资本，以至于达不到向 H^* 收敛的"门槛"，那么经济就会向人力资本积累的"坏的均衡"收敛，每一个社会个体收入增长缓慢，生存艰难。由此可见，由于门槛效应的存在，每一个社会个体是否接受教育，不仅牵涉自身是否能够从教育中获得私人收益，而且还决定着社会对均衡收敛门槛的接近程度，从而可能在边际上决定着整个社会最终的命运。

对教育产品的外部性分析表明，教育具有极其广泛和复杂的外部性。这样，试图通过界定产权的方式来解决教育外部性存在市场失灵问题，似乎面临较高的制度费用。很多时候，受益人是广泛和普遍的，即使可以清楚界定这些权利，通过产权交易解决的交易费用也是高昂的。另外，很多权利是模糊的，排他性装置在现有技术条件下的费用十分高昂，例如教育对公共政策的影响而导致的外部性，很难界定哪些人受到了影响，也很难界定每个人受了多大影响。那么，通过互联市场的方式来解决市场失灵问题会如何呢？互联市场需要依赖于人口的低流动性，人们之间的交易是多维度的。随着经济发展，技术水平和劳动生产率提高导致人们抵御风险能力增强，人与人之间的依赖性不断削弱，人口低流动性的技术基础被破坏了，专业化分工也导致人们之间的交易越来越呈现出单维度的特征。这些都使得依赖互联市场来解决外部性导致的市场失灵问题变得相当困难，制度运行的成本十分高昂。因此，比较而言，政府干预可能是现有条件下解决教育外部性导致的市场失灵制度成本最低的方法。

5.1.2 政府缺位与农村危机

政府干预是现有条件下解决教育产品外部性导致的市场失灵制度成

本最低的方法，如果政府并没有较好地履行这一职责，会出现什么样的问题呢，特别是在经济发展的前期和中期？显然的结果是，资源错配和激励不足。但结合经济发展过程我们发现，政府缺位不仅会导致资源的不合理使用，而且很有可能使得农村社会生存状态比传统农业社会还要差，这被我们称之为“农村危机”。“农村危机”产生的根源我们称之为“外生公共产品内生供给”。很多具有外部性的公共产品并不是传统农业社会内生需要的，例如义务教育，我们前文已述，传统农业社会教育回报率几乎为 0，农民没有教育投资的任何激励。但义务教育却是经济发展过程必须的，这种公共产品因不是农民内生需要的故称之为“外生公共产品”，但由于政府缺位将这些公共产品的支出负担强加给传统农民，必然会压缩农民再生产过程的投入，这很可能会危及农民的生存发展。本小节我们来仔细分析经济发展过程中，外生公共产品供给政府缺位的严重后果。

首先是我们构建的一个传统农业社区模型。模型基础是 Ramsey－Cass－Koopmans 模型（R－C－K 模型），R－C－K 模型的经济增长假设类似 Solow（1956）的研究。模型技术进步外生，若技术进步速度为 0，则可用来研究传统农业社会。本节中，为研究便利，分析中我们忽略公共产品的正面福利效应，只考虑其成本效应。

假设社区内存在很多个相同的无限生存的家庭。

为简化，我们将每个家庭的人口数量标准化为 1，贴现率为 ρ（密集形式下为 β），则家庭的连续时间内现值效用函数如下推导：

设：$$c(t)=\frac{C(t)}{A(t)L(t)} \tag{5.1}$$

则效用函数可以写为：

$$U(t)=\int_{t=0}^{+\infty}e^{-\beta t}U[c(t)]\mathrm{d}t \tag{5.2}$$

A、L、C 分别代表生产函数中的全要素生产率、劳动投入量和家庭消费量；g、n 分别表示技术和人口增长率，其中全要素生产率表现为劳动增广型的哈罗德中性。

进一步假设家庭和全社会生产函数为柯布—道格拉斯生产函数，其密集形式为：

$$Y = F(K, AL) = K^{\alpha}(AL)^{1-\alpha} = k^{\alpha} \tag{5.3}$$

其中 k 为单位有效劳动资本存量，设折旧率为0，则其变化率为：

$$\dot{k} = k^{\alpha} - c - (n+g)k \tag{5.4}$$

这个式子为单位有效劳动资本存量变化率的关键方程。

由以上假设我们可构建家庭最优化行为的动态优化问题。

用汉密尔顿方法得：

$$H(\lambda, c, k) = \int_{t=0}^{+\infty} e^{-\beta t}\frac{c(t)^{1-\theta}}{1-\theta}dt + \lambda[k^{\alpha} - c - (n+g)k] \tag{5.5}$$

一阶条件为：$\lambda = c^{-\theta}$ （5.6）

欧拉条件：$\dot{\lambda} = \beta\lambda - \lambda[\alpha k^{1-\alpha} - (n+g)]$ （5.7）

将（5.7）式代入（5.6）式得：$\dot{c} = c\dfrac{\alpha k^{1-\alpha} - \beta - n - g}{\theta}$ （5.8）

这是单位有效劳动消费变化率的关键方程又称为欧拉方程。

有了两个关键方程，由于没有具体数值无法进一步求解，我们可求助于相位图，如图5-2所示。

相位分析表明，存在着一条鞍点路径会使得系统收敛于不动点 E 。根据系统分析思想，人们会在长期博弈中选择合适的初始水平从而使得系统达到长期稳定均衡。

下面引入公共产品，我们考虑传统农业社会两个层面上的公共产品：传统农业社区内生的公共产品和前文界定的外生公共产品。为研究方便，本节做出几个与R-C-K模型研究政府支出时不同的假定。

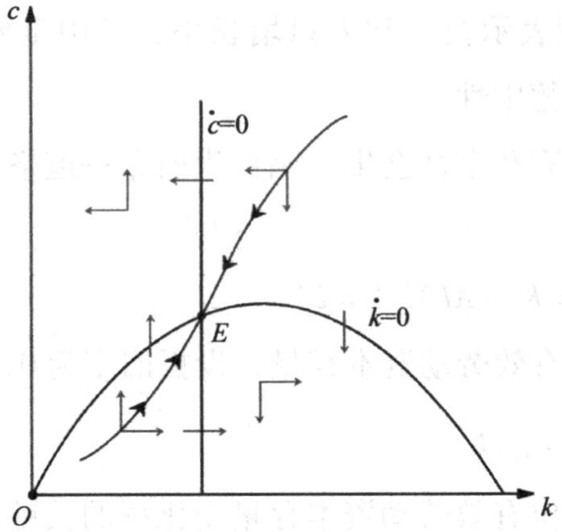

图 5－2 模型相位分析（一）

假设内生公共产品供给为 $p(t)$，内生公共产品要么进入生产函数对生产产出做出贡献，要么进入效用函数直接提高效用，当然提供公共产品需要付出成本。由于信息完全和理性预期，理性的传统农民会选择最为恰当的内生公共产品数量，从而实现自己动态效用的优化。为研究方便，我们并不使内生公共产品进入研究框架，在没有内生公共产品条件下，理性农民也会实现自己行为的动态最优化，只是效用值有一些差别。

如前文所述，假设外生公共产品对传统农业社区既没有生产效应，也没有福利效应，只考虑其成本的破坏性。这个假设相对极端的同时，也有一定的合理性。假设外生公共产品由农民承担的部分为 $G(t)$，则关键方程变为：

$$\dot{k} = k^{\alpha} - c - (n+g)k - G(t) \tag{5.9}$$

最为关键的核心假设是，存在并不完全可调整的消费水平，即有一条最低的维持社区成员最基本生存的生活水平刚性约束线 $\bar{c}$。

当然，核心约束（5.3）式在研究现代经济增长的宏观经济学中没有太大意义，因为经济调整过程中经济水平不可能降到如此低的水平。

但对传统农业社区，这一问题十分现实，传统农业社会的生活水平大多维持在工业革命以前人类的生存水平，这种生存水平略高于或者处于维持生存状况的水平线上。由于 $G(t)$，即使政府支付了很大一部分，仍会导致 $\dot{k}=0$ 线下移。经济要下移到新的均衡点才能继续保持稳定，但由于刚性约束的存在，原有均衡点留下的调整空间太小，这种调整存在着导致系统崩溃的极大危险。如图5－3所示，假设传统农业家庭在维持基本生存水平的同时力图挽救社会再生产，单位有效劳动资本存量仍不可避免地收敛于0，系统崩溃了。这里较极端地显示了外生公共产品由农民内生供给的破坏作用和可能隐患。

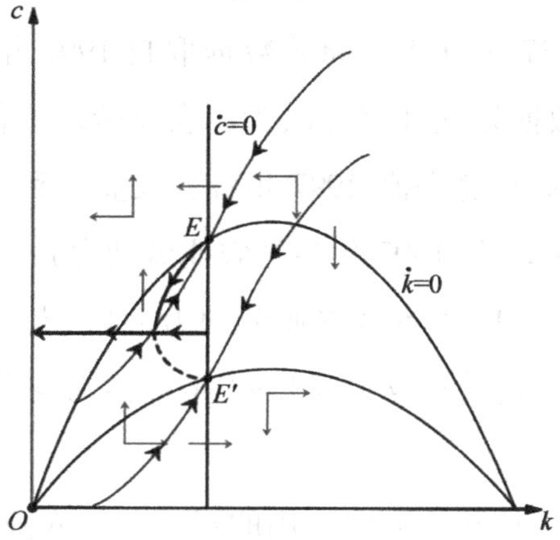

图5－3　模型相位分析（二）

理论分析的结论，是否可以利用实证资料进行检验？如怎么测度农民家庭或社区系统的崩溃及程度，而且现实中工业和第三产业的发展，甚至农业本身的非传统性质都会一定程度上缓解上述危机。何况在同一地区每一个子系统（如县、乡、村）外生公共产品数量不同，中央政府和地方政府的转移支付不同①，其缓解危机的能力也不同；需要用来维持基本生存水平的收入不同，且公共产品供给也存在着正面的生产效应和福利效应。

我们试图转换视角来检验。基本思路是，如果由农民来支付外生公共产品的费用与外部支付外生公共产品的费用对农民福利存在着完全不同的效应，可能就意味着农民自身支付外生公共产品费用对农民生产生活具有负效应。首先我们使用的是以县为单位的经济数据，对中国，县域经济与农业经济息息相关，尤其在农业产值占绝对比例的地方。为排除非农产业可能造成的影响以更好地检验传统农业地区的效应，我们将样本范围选择在第一产业占总产值的比例不低于50%，这样在1998年的贵州省可以得到37个样本。原始数据取自1997年、1998年《贵州统计年鉴》。具体数据处理计算方法为：农业劳均产值增长率 = ［1998年各县农业（种植业）总产值/1997年各县农业（种植业）总产值］ - （1998年各县农业劳动力/1997年各县农业劳动力）；劳动增长率 = 1998年各县农业劳动力/1997年各县农业劳动力 - 1；人均财政收入为1998年各县原始数据；人均转移支付 = 1998年各县人均财政支出 - 1998年各县人均财政收入②。

在本节中，农民福利的测度使用的指标是：农业劳均产出增长率，这一指标的选取更多与农业生产相关，符合我们的初衷。我们将县级政府财政支出分为两块：主要来自当地农民支付的财政收入和外部转移支付。由于社区提供内生公共产品不纳入财政预算，纳入财政预算的由政

① 关于中国转移支付的政治逻辑，有一些比较有趣的研究，如王绍光（2002）、黄佩华（2003）的研究。

② 这一处理可能稍有争议，具体分析参见胡书东（2001）的研究。

府大多进行了外生公共产品投资①。我们认为，即使这种公共产品会给传统农业社区带来一定的生产与福利效应，但如果由农民自己负担，就可能会降低农民的福利。这可以间接地证明本节的结论：同样的公共产品投入，当由外部转移支付时会提高传统农民的生产，而由农民自己负担时的不一致说明存在着与之相互抵消的力量。所以选用财政支出作为外生公共产品的工具变量是较为合适的，将其分为两部分有利于我们结论的得出。主要的控制变量有劳动力增长率，结果如表5-1所示。

表5-1　　计量检验的结果

解释变量	被解释变量：劳均产值增长率（OPL）		
常数	-0.431 (0.236)*	-0.497 (-0.468)	0.004 (0.020)
人均转移支付 [IN (FTPC)]	0.097 (0.056)*	0.098 (0.057)*	
劳动力增长率 (LR)	-1.081 (-0.491)**	-1.074 (-0.367)***	-0.976 (0.561)*
人均财政收入 [IN (FIPC)]		0.014 (0.080)	
R^2	0.239	0.239	0.170
F值 (P值)	8.42 (0.001)	3.46 (0.027)	3.03 (0.091)

注：***、**、*分别表示在1%、5%、10%的显著性水平上显著，括号内为经过异方差调整的稳健标准误差值。

回归结果表明，人均转移支付的引入显著地改善了拟合优度，且人均转移支付会显著地增加农业劳均产值增长率，但农民向政府支付而产

① 当然"吃饭财政"的问题是十分严重的，我们考察的样本经济发展水平、地理位置各方面差别不大，所以我们在这里对这一问题忽略不考虑，即认为各个样本的支出比例中公共品供给份额是一致的。

生的财政收入则对农业劳均产值增长率没有统计上显著的贡献。不考虑显著性，人均转移支付对农业劳均产值增长率的作用是贫困地区政府财政收入对于农业劳均产值增长率作用的7倍。这形成鲜明的对比：同样是财政支出，两个不同部分给农业劳均产值增长率带来的影响不仅数量差别巨大，且显著性差别也巨大。人均转移支付对农业生产的正向作用与理论直觉一致，公共产品的供给不足导致其边际增加会导致福利的改进，这里表现为农业劳均产出增长率的增加。由农民自己支付的财政收入则不能显著改善福利，说明必然存在一种抵消的力量。这进一步说明政府财政收入可能“掠”走了一部分农民原本用以维持再生产的收入，这种收入投入于公共产品供给，虽带来了正面的效应，这里可以用外部转移所供给的公共产品来测度，但同时也对农业生产产生了负面的影响。假设财政收入的整体农业生产效应为0，则如上分析可间接地粗略测度出负面影响的程度。

虽然本节理论分析和实证检验的只是农村外生公共产品内生供给对传统农业社会的影响，但这一分析思路可以推而广之，用以分析整个经济发展过程。在经济发展过程中，传统农业社会及后来的发展形式，包含部分传统农业特征和现代经济特征，总是社会发展的被动接受者，是被外部社会驱动来进行经济发展过程的。如果将外部社会的发展需求及成本强加给这一社会形态，会导致这一社会形态再生产难于维持，引致严重的农村危机。20世纪90年代的中国现实就证明了这一点。弱势社会面对文明的滚滚车轮，很难承担文明的代价。结合本章的分析，政府的缺位很有可能将教育发展的成本转移给发展过程中极其脆弱的农民，以及农业社会，这不但不利于社会的稳定，而且不利于社会经济和教育本身的发展。在中国的政治经济背景下，政府是否能够有效地履行自身的职责？

5.2　教育投资能力：政府间财权、事权关系

在中国特殊的政治经济背景下，政府是否能够有效地履行自身的职责，这是个很复杂的问题。中国政府至少可以划分为两个层次：中央政府和地方政府。除特别行政区外，地方政府又分为三级，即省级、县级和乡级。中国的地方政府自1950年开始至20世纪80年代，除直辖市外，实际以三级为主，三级和四级并存，其中地市级单位作为省级的派出机构存在；80年代以后转为四级为主，三级和四级并存，主要是在直辖市施行三级，而在以外地市级机构实体化。在这种复杂的政府机构组织下，政府间财权与事权是如何分配的，这种分配是否能保证有主要支出责任的政府层级有足够的能力来实施自己的教育支出责任，以免出现第一节所讲的政府缺位与农村危机呢？这是本节关心的问题，我们将问题拆分为两个层次：第一个层次是财权在政府层级间的分配；第二个层次是事权在政府层级间的分配。

5.2.1　中国政府间财权分配

政府间财权分配主要是指政府间财政收入的划分，市场经济国家采用分税制的方法将不同税基的税收进行政府间划分，计划经济国家则是通过企业所有权方式进行划分。中国从1949年以来经历了计划经济、转型和市场经济的发展阶段，政府间财政收入分配原则更加复杂。政府间财权分配除了财政收入的分配外，还可以附以政府间转移支付加以补充，那政府间转移支付的原则又是什么？不同国家可能有不同的答案，

王绍光（2002）对中国财政转移支付的逻辑进行研究后认为，理论上，中央政府的转移支付应当首先用于平衡省份间的财政资源或产出差异。但在实践中，很多其他因素，如政治的，可能会在转移支付的分配过程中起作用。研究发现，维持国家的团结统一是中国政治精英首要考虑：那些非汉族人口占多数的省份得到了最高水平的资助，即使他们的收入水平高于那些贫穷省份。由于问题复杂，要研究财权的现实分配，我们不能完全依赖于理论，特别是西方经济学的理论研究，必须注重中国具体现实的分析，为了更清楚地梳理出中国政府间财政收入关系、转移支付关系，我们必须将中国政府间财权分配的视线追溯到新中国成立之初。

在1949年后新中国的财政体制设置为中央、省、县三级政府财政体制。但出于恢复生产、促进经济建设，及进一步实施军事行动的考虑，新中国财政制度一开始以高度集权的形式出现，主要的财政收入和支出都集中在中央政府手中。根据相关资料，1953—1957年中央政府财政收入和财政支出占财政总量比例都在70%以上，中央和地方的支出与收入比例相近，中央的支出略低于收入，地方的支出略高于收入。中央和地方财政收入之间的比例关系参见图5-4。不可否认，这一时期的财政高度集权一方面继承自战时经济，另一方面也与推崇苏联式的计划经济体制有很大关系。计划经济体制是为了在资源禀赋和制度条件不具备的情况下大力发展重工业，以实施赶超战略的必然选择（林毅夫、蔡昉、李周，1994）。计划经济体制替代了市场的资源配置方式，剥夺了微观经济主体的决策权力，宏观经济环境也受到扭曲，这样社会资源主要的流动和分配方式都依赖于财政体制。而地方财政层级某种程度上服从中央的资源分配，为了集中国家资源实施国家发展战略，财政体制的集权不可避免。

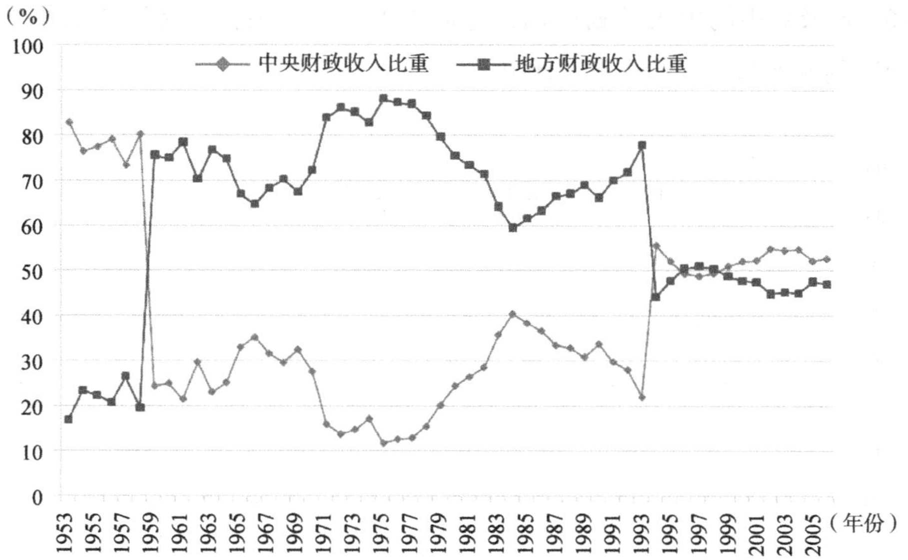

图5-4　新中国中央财政收入和地方财政收入占财政收入总量比重演变

资料来源：本图由作者根据相关数据绘制，原始资料来源自《中国财政统计年鉴（2007）》和《新中国五十年财政统计》。

从1958年开始，中国财政体制实施分权化改革，地方政府财政收入和支出在财政总量中的比重都有大幅度的增长，而且财政收入的增长速度要快于支出增长。根据现有文献，这一次财政体制的分权是中国第一次开始反思苏联式计划经济的弊端。中共八大集中讨论的苏联式计划经济的弊端有两个：一是决策权力集中和层级过多导致的官僚主义问题；二是毛泽东提出的计划体制地方政府激励不足的问题。因此之后进行了新中国历史上的第一次分权化改革（吴敬琏，1999）。分权化改革期间，地方政府的财政收入远高于70%，但支出的比重则很小，参见图5-5，这就使得中央政府必须依赖地方政府的转移支付。这次分权化改革伴随“大跃进”的失败而告终，但地方政府与中央政府的收支失衡问题并没有得到解决。地方政府收入过多而支出较少，客观上促进了地方政府的投资热情，而这种投资又是非专业化分工的，因为缺乏市场机制及集中的中央计划协调，这形成了后来“诸侯经济”“五小工业”的发展基础（胡书东，2001）。

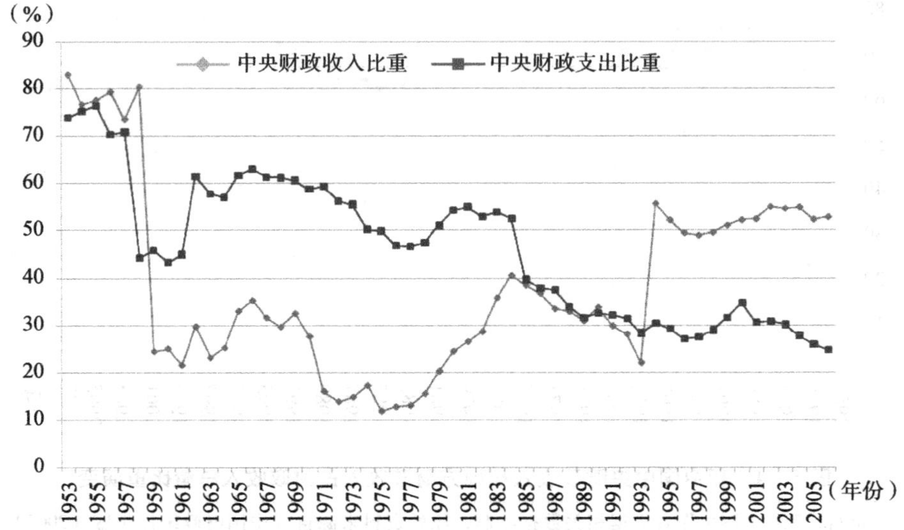

图5-5　新中国中央财政收入和财政支出占财政总量比重演变

资料来源：本图由作者根据相关数据绘制，原始资料来源自《中国财政统计年鉴（2007）》和《新中国五十年财政统计》。

“文化大革命”的爆发进一步冲击了中央计划机关，使得中央政府协调经济发展的集权能力大大削弱，这引致了20世纪60年代末70年代初新中国历史上的第二次分权改革。分权又一次将主要财政收入赋予地方政府，这促进了地方经济的发展，地方工业发展资本密集度比较低，相对于高度集权的计划经济，一定程度上缓解了资源禀赋与经济发展的矛盾。经济由计划经济的“条条模式”向“块块模式”转变一定程度上降低了改革的风险（Qian、Roland和Xu，1998）。不可否认，中央政府与地方政府财政收支的不平衡问题一定程度上也导致了经济的混乱，例如，地方政府的过度投资，中央政府支出责任不到位而导致的问题。由于财政分权时并没有放弃政治的集权，从而使得问题也并不是很严重。“文化大革命”末期由于治理整顿和政治秩序的稳定，中央政府在经济中的作用又一次加强，中央政府的财政收入在总财政收入中的比重不断增长，这一情况持续到改革开放后的 1983 年。

由于农村改革的成功，1984 年开始，中国改革开放的重点转向城市，在城市改革中最为重要的部分就是国有企业和集体企业的改革。这一次的国有企业改革不同以往，以往的分权和改革就是将企业的所有权和管理权由中央政府划归地方政府，或者由高级的地方政府划归低级的地方政府，这次改革的主要方针是给予企业自主权，被称为“放权让利”。在新的非公经济没有成长起来之前，且没有进行税制改革的情况下，中央政府的主要收入来源是国有企业上缴的利润。因此，放权让利导致中央政府财政收入的大幅度削减，这在其他转型国家一样发生了（麦金农，1997）。而在 20 世纪 80 年代，乡镇企业的崛起、农民收入的增长促进了地方政府财政收入的迅速增长，所以这又形成了一种类似分权的现象，在总的财政收入中中央政府的收入份额不断下降，而地方政府的份额则不断增长，这一状况一直持续到 1993 年。

中央政府财政收入的窘迫和财政支出的刚性导致了一系列的问题，中央政府不得已将国有企业的补贴责任推给国有银行，导致了大量的银行坏账，危害了金融系统的稳定。应当由中央政府进行投资的公共基础设施供给严重不足，在 20 世纪 90 年代初严重制约着经济的进一步发展。中央财政支出的不足，也削弱了中央政府的权威，削弱了中央政府对经济发展进行综合协调的能力。王绍光（2002）写道，在经济改革的开始 15 年，中央政府的财政转移支付分配能力变得十分微弱。在 1980—1993 年间，所有的省级政府，无论穷富，都在财政合同系统的约束下，被迫在财政上日趋独立。税收的征收和支出都在辖区之内进行。因再不能得到来自富裕省份的财政盈余，中央政府的再分配能力日益受限。结果省际财政差距更加严重。富裕省份的税基大，所以有更多的预算资金进行直接投资，或者给予潜在投资者更多的税收减免。同样的财政自治对于贫穷省份却成了“坏事”，中央资助减少了，贫穷省份就连维持政府日常运转和基础的公共服务，如健康、教育所需的资源都难以为继，更别提生产性投资了。

于是，为了缓解中央政府收入不足，从1994年开始中央政府推动了分税制改革。分税制改革标志着中国经济彻底走出计划经济，财政收入，特别是中央财政收入从依赖国有企业的上缴利润转变为从各种所有制企业中收税。但是，分税制改革过度强调中央政府的利益，削弱了地方政府在财政收入中的比重，这也为后面的经济发展埋下了隐患。如下文将要分析的，中央政府掌握了大量财政收入的同时，其支出责任并没有相应大幅度提高。这就要求中央政府以转移支付为手段对地方政府支出责任进行补贴。由于这对我们要研究的农村教育发展问题极其重要，我们下面来列出分税制改革与我国现行的政府间转移支付的主要内容。

1994年1月1日开始，中国政府开始实施分税制改革。分税制改革的主要内容是：第一，增值税和消费税作为主要收入来源，用统一的分税制度取代以前固定上缴的办法，增值税的25%属于地方政府、75%属于中央政府，下一年增加部分的30%留归地方政府所有；第二，中央企业，主要是国有大型企业的所得税属于中央预算，其他企业的所得税属于地方预算；第三，低收入项目如个人所得税、一些财产税等属于地方预算。而省级政府又和下一级地方政府之间基本上按中央与地方的这一模式，进行了分税制改革，同样依此类推，区别只不过是在收入的划分上更多的是对同一税种的多次分割。分税制改革将财政“蛋糕”的大块向中央政府、地方高级政府集中，这是显而易见的。

现行的中央对地方财政转移支付的几种方式为（地方高级政府对低级政府的转移支付也是类似的）：（1）税收返还。税收返还是中央为使发达地区同意1994年的分税制改革而做出的一种妥协安排。以1993

年中央从地方净上划收入为基数（消费税 +75% 增值税 - 中央下划收入），基数全额返还，此后按“两税”收入增长率的1:0.3递增，即某省两税增长1%，税收返还增长0.3%。（2）原体制补助。1994年以前中央对地方的补助，分税制后保持不变。（3）专项补助。1994年以前中央对地方的专项补助保持不变，加上此后增加的一些专项补助。（4）结算补助。财政年度终了，中央政府与地方政府在结算时，中央政府给予地方政府的补助。主要是在该财政年度中，由于企业或事业单位隶属关系的变化，以及在预算执行过程中中央出台新的政策，需要在年终给予地方政府的补贴。（5）过渡时期财政转移支付。1995年开始的以地区间财政均等化为目标，按客观因素设计拨款公式计算补助金额的财政转移支付项目。分税制改革的财政转移支付有着极强的维护既得利益的倾向，王绍光（2002）的研究表明，财政转移支付制度弹性很小。

5.2.2 中国政府间教育事权分配

本书所谓的教育事权分配指的是教育财政支出义务在政府间的分配。我们先来看1949年以来教育支出在财政支出总量中比重的变化，以及教育支出在国民生产总值中比重的演变图，如图5-6所示。新中国成立初，教育支出在财政总支出中的比例偏小，但随着经济的恢复和发展这一比例不断上升。1958年开始的和20世纪60年代末70年代初的两次财政分权期间，伴随财政收入大幅度转移给地方政府，教育支出占财政总支出的比例跌入谷底，似乎在计划经济时代，中央政府集权式的财政体制更有利于教育支出比重的增加，分权则是不利的。但大致相反，1978年改革开放后到1994年分税制改革前，伴随地方政府财政收入比重的增长，反而表现出教育支出在财政总支出中的比重不断增长。而在1994年分税制改革后，伴随地方政府收入的减少，教育支出在财政总支出中的比重大幅回落。这似乎又意味着，在改革开放后，中央政府收入比重的增长不利于教育支出比重的增加。令人沮丧的是，教育支出占 GDP 的比重一直维持在较低的水平，2000 年以前实现教育支出占 GDP 4% 的中央政府目标没有实现。

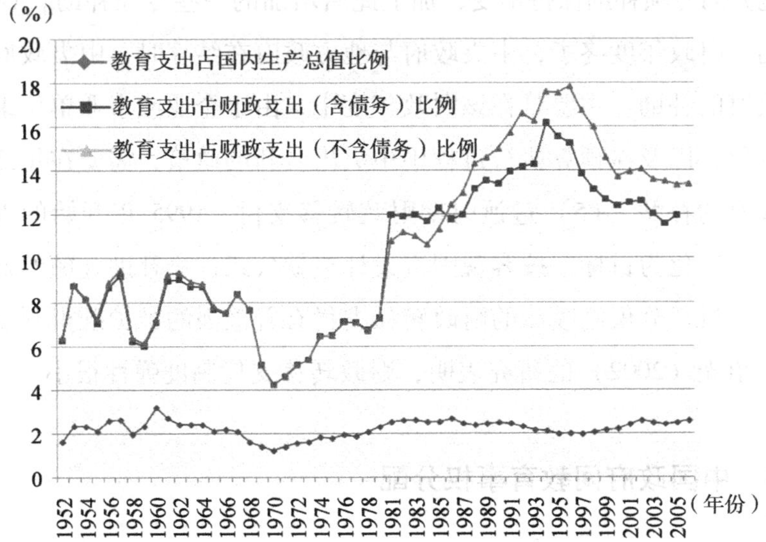

图 5-6 新中国教育支出占财政支出总量比重演变

资料来源：本图由作者根据相关数据绘制，原始资料来源自《中国财政统计年鉴（2007）》和《新中国五十年财政统计》。

为什么改革开放前后会出现两种截然不同的中央政府财政收入比重与教育支出占财政总支出比重的关系？我们来分析历史事实。自新中国成立开始至改革开放，教育投资一直沿用中央政府集权管理的教育投资模式，实行国家统一划拨经费、政府包办一切的方式。因此，在政府间关系中，教育支出的主要支出责任在中央政府，地方政府只在具体运行上进行管理，所以当中央政府财政收入占财政总量比重较大时，教育支出占财政总支出的比重也会相应地大一些；而在两次财政分权期间，负担主要教育支出责任的中央财政收入被大大削弱，教育支出不免会受到影响。而在改革开放后的 20 世纪 80 年代，由于放权让利改革导致中央财政收入大幅减少，这导致了全国性的教育经费严重短缺，引发了教育支出责任的改革。从 1980 年开始，中央政府逐步把基础教育的财政支出与管理权限下放给各级地方政府，并引入多渠道筹集教育经费的筹资机制。1985 年颁布了《中共中央关于加强教育体制改革的决定》，明确规定了分级办学、各负其责的指导思想，国家重点管好部属院校，省管好省属大专院校，市、地和县管好中学，乡镇管好小学。教育支出事权的下放使得在政府间关系中，教育支出的主要责任在地方政府，因此当地方政府财政收入占财政总量比重较大时，教育支出占财政总支出的比重也会相应地大一些；而分税制改革导致地方政府收入在财政总量中比重下滑时，教育支出也受到严重影响。

改革开放后的教育支出事权改革具有重要意义。改革开放以前，由于教育经费来源单一，学校主要依赖于各级政府特别是中央政府的预算内拨款，全国教育经费严重短缺，各类教育、教学机构不足，中小学校舍危房率高，教学设备十分落后。而且由于放权让利等一系列改革，中央政府面临收入减少的困境，如果继续坚持教育支出中央政府的主导责任，会使得教育发展环境进一步弱化。而且与此同时也会弱化中央政府的财政状况，这可能又会被转嫁给银行或者企业，最终都会给经济发展留下隐患。改革本身也证明了其对教育发展的意义，由于地方政府、乡镇企业和农民随经济改革收入增加，教育支出事权下放引发全国兴办教育的热潮，地方办学积极性大大提高。根据 30 个省、自治区和直辖市不完全统计，在 1981—1991 年间，全国用于改善中小学办学条件的资金总额达到 1066 亿元。由于多渠道筹集教育经费，中小学危房改造的步伐大大加快。到 1991 年底，全国中小学危房率已由 1981 年的

15.91%下降到1.6%[①]。

教育支出事权下放后，一个长期的不良后果可能是地区间财政收入的不平衡会导致教育发展的不平衡，这一不良后果的效应一定程度上被随后进行的分税制改革放大。教育支出事权的下放一定程度上缓和了，中央政府教育支出责任重而中央财政收入在总财政收入中比例下降的财权与事权的不对称。分税制改革则是在教育支出事权下放后，将财政收入重新集中到中央政府，使得教育发展财权和事权由较为对称变得不对称，所以地方政府教育发展的财政能力必然面临问题。但是当教育发展事权和财权严重不对称时，如果拥有较大财政能力的中央政府能够采用适当的转移支付政策，就可能会避免，至少在一定程度上避免教育发展困境的产生。那中央政府的转移支付，特别是教育转移支付政策又是什么样子呢？

中央政府用于教育（主要是义务教育）的财政补助大致可分为两部分：一部分是中央拨给地方指定用于义务教育的专项补助；另一部分被包含在中央对省的一般性财政转移支付中。中央对省义务教育的专项补助包括支持老、少、边、穷地区普及义务教育的补助专款、用于贫困地区的义务教育助学金、国家贫困地区义务教育工程专款等。以1998年数据进行测算，中央对省义务教育补助专款占当年各省财政预算内义务教育支出总额的比重只有0.95%。中央用于教育补助的另一部分包含在一般性财政转移支付中（我国现行一般性转移支付政策前文已介绍）。用现有资料计算出省级财政支出中用于义务教育的比重，并假定各省级政府在分配中央政府的一般性转移支付时，把相同比重的部分分配给了义务教育，则以1998年的数据算出，省级政府用于义务教育的总支出中，大约有27.01%来自中央政府的一般性财政转移支付，这一

① 数据来源自张保庆主编：《改革中的中国教育》，高等教育出版社1993年版，第158页。

数字显然低于地方财政支出中大概1/3需要中央政府转移支付的比例。

相比较转移支付的总体规模不足，转移支付结构存在的问题更为严重。由前文分析我们知道，教育支出政府间转移支付主要来自包含在一般性转移支付中用于教育的部分。但一般性转移支付是基于维护既得利益基础的，例如，一般性转移支付中最主要的部分是税收返还，2000年仅税收返还一项就占中央全部转移支付额的54%。以维护既得利益为基础的中央转移支付政策显然不利于贫困地区，因为贫困地区的税收返还规模必然较小。而且在地方高级政府和地方低级政府之间的财政转移支付政策是类似的，这使得层级越低的贫困地区的形势越来越差。以1998年全国数据初步计算，省补助地方政府的教育专款占县乡两级教育总支出的4%，若是减去省给予地、市、州的补助，则对县的教育补助在县乡两级财政教育总支出中所占的比例要比4%小得多。县财政预算内义务教育拨款中大约只有24.01%的经费是来自于省及以上政府的一般性转移支付。Yao（2005）也认为，大多数政策性转移支付和对应性转移支付都给予了经济实力更强、能够提供配套资金的城市地区，2002年2815个县中城市地区的人均税收返还是农村地区的2.5倍左右。

1985年界定的教育发展的“分级办学、各负其责”的指导思想，与分税制的财政收入分配政策存在严重的不协调。教育投资分级办学，意味着在中国现行分级财政体制下，中央财政主要负担由中央各部委兴办的教育机构的预算内拨款，同时对落后地区的教育发展给予一定的资助，地方财政则主要负担由各级地方政府兴办的教育机构的预算内拨款。中央把精力集中在发展高等教育上，而把基础教育的支出和管理权限下放给地方政府。同样，省级财政也把较大部分的教育经费花在非义务教育特别是高等教育上，而把为基础教育筹措资金的责任下放到更低级别的地方政府。这样层层下放，基础教育的筹资工作就落到了最小的行政单位——县（乡）上。中国农村基础教育大多采取的是“三级办学、两级管理”的分级管理模式。“三级办学”就是指县办高中、乡办初中、村办小学。“两级管理”就是由县、乡两级政府统一管理。作为学校经费支出的最重要部分，教师的工资一般由县、乡财政按照中央和省级政府的统一规定支付，中小学校舍的基建投资则主要采取“拼盘”的办法。总之，中国农村地区中小学的经费支出主要由县级以下的地方政府筹措。我们前文已经证明，在落后的农村地区，农民本身不具备投资教育的激励和经济能力，同理，建立在农业经济基础上的最小行政单位也没有教育投资的激励和经济能力，这导致农村教育发展面临巨大的困境。而这种困境产生的原因并非完全因为中国整体教育经费支出规模较小，教育支出责任安排不合理导致的教育经费内部结构的不合理在其中也起着关键作用，如表5－2所示。

表5－2　　2005年中国各类学校教育经费来源　　单位：万元

类别	国家财政性教育经费	社会团体和公民个人办学经费	社会捐资和集资办学经费	学费和杂费
高等学校	11285356.1	1814894.8	211955.9	8379125.9
普通高等学校	10908368.7	1801315.4	210796.3	7919249.3
成人高等学校	376987.4	13579.4	1159.6	459876.6
中等专业学校	1439488.1	87470.3	5536.6	862350.9
中等技术学校	1022753.1	50916	3968.6	663741.3
中等师范学校	154070.7		550.6	109757.4
成人中专学校	262664.3	36554.3	1017.4	88852.2
技工学校	275104.6	1619.6	967	162001.7
中学	16440048.4	1862514.4	386405.3	3872267.4
普通中学	16424223.5	1858377.2	386379.5	3866866.6
高级中学	5565181.1	800873.2	192740.2	2394945.9
初级中学	10859042.4	1057504	193639.3	1471920.7
#农村	5749746.1		61389.2	680825.9
成人中学	15824.9	4137.2	25.8	5400.8

续表

类别	国家财政性教育经费	社会团体和公民个人办学经费	社会捐资和集资办学经费	学费和杂费
职业中学	1357768.8	205195.6	12660.6	575281.7
小学	16695144	550079.3	268410	1525970.9
普通小学	16690390	549345.2	268409.2	1525780.9
#农村	10794943		127271.2	952222.7
成人小学	4754	734.1	0.8	190
特殊教育学校	211484.7	411	3522.8	3565
幼儿园	657237.9		18842.8	149981.1
其他	3249126.7		23311.9	

资料来源：本表由作者根据相关数据绘制。资料来源自《中国统计年鉴（2007）》，其中城镇初级中学、小学数据根据初级中学、小学和农村初级中学、小学经费数据换算。

5.3 政府的教育投资激励

前一节研究的是复杂政府组织下政府教育投资能力的问题。即使政府有足够的财政能力用于投资，也不一定会使得农村教育发展良好，这又要取决于政府的教育投资意愿，即本节要研究的政府教育投资激励。根据公共选择理论，“政治领域的人也如包括市场在内的其他领域中的人一样追逐私利”，在这样的假定下，我们也可以利用新古典经济学的研究方法来对政府行为的激励进行研究。要研究中国政府行为的激励必须结合中国特殊的政治经济制度，不能直接套用西方新政治经济学的研究，因为中国政府的组织方式与西方代议民主制存在较大的不同，经济体制之间的相似性也比较小。为了集中问题的论述，我们只研究改革开放后的情况。如前文所述，改革开放后的教育支出责任主要在地方政府，故我们主要论述和分析地方政府的教育投资激励。

5.3.1 政治经济制度与二元政府职能

前文已经分析，中国的经济分权起始自计划经济时代。为了解决苏联式计划经济导致的官僚主义、地方政府激励不足等问题，中国在改革开放以前进行了两次经济分权，这使得中国的计划经济模式实质上不同于其他传统社会主义国家。但改革开放前的经济分权，只是将国家所有企业的管理权下放给地方政府，或者由地方高级政府下放给地方低级政府，吴敬琏（1999）认为，这种行政主导的经济分权充其量只不过使企业由原来的中央机关的附属物，变成了地方行政机关的附属物，并不能使企业成为独立的商品生产者，也不能改善经济运行机制。在保持命令经济框架不变的情况下实行分权，既与改革的市场化目标南辕北辙，又损害了计划经济所要求的政令统一，可以说分权的命令经济是一种最坏的命令经济。改革开放后的经济分权则充分吸取了计划时代的经验教训，分权可以分为两个层面：一个层面是公有制经济的“放权让利”改革，另一个层面是鼓励非公经济的发展壮大。总体而言，改革开放后的分权改革更多是对微观主体经济自主权的放松，无论这些微观主体是国有企业、集体企业，还是个体户、农民。仅仅有这种微观主体经济自主权的放松还是不够的，中国的奇迹背后一个重要的经济推动力来自于地方政府。

与古典经济学、新古典经济学不同，青木昌彦等（1998）指出，在大多数发展中国家，国内市场结构残缺，市场主体发育不足，要实现经济发展需要政府更多地培养市场主体，推动市场制度的成长和完善。他们称之为“市场增进”的政府作用，但同时认为政府的这一职能必须随经济发展不断弱化，以防止政府过度干预导致的社会福利损失。改革开放之初，中国经济发展背景正是如此，由于长期实施计划经济，社会个体都被改造为社会主义劳动者，没有可用以投资的资本积累，计划经济的行政主导也阻碍了社会有效的产权制度和合约实施机制的产生、发展。此时地方政府站了出来，首先是地方政府投入或扶持早期非国有企业的产生和成长，主要是乡镇企业和个体私营经济。陈建军（2000）认为，分权本身导致的地方政府竞争会使得地方政府改善服务以降低交易成本。张杰（1999）则认为，由于地方政府竞争使得很多地方政府（隐性地）承诺保护厂商的产权，并在出现商业纠纷时予以协调。这些都是中国式的新的化解市场交易不确定性与风险的方式，虽然存在着随意性与人为性，但它有效地促进了早期商业与交易的发展。到了 20 世纪 90 年代，当经济发展遇到基础设施瓶颈时，又是地方政府站了出来，地方政府努力改善社会硬件和软件，力图创造更好的外来资本投资环境和当地经济发展环境，这是中国奇迹产生的重要经验之一。

那么，在没有完善的法律约束，甚至政治治理机制也不完善的情况下，地方政府扶持、投资非国有经济，保护产权、协调商业纠纷，投资基础设施建设以发展经济的内在激励是什么？王永钦等（2006）认为，中国是一个实行经济分权和政治集权的国家，经济的分权（特别是财政的分权）给微观行为主体（特别是地方政府）提供了有效的激励机制，而政治的集权又在一定程度上减少了与经济分权相伴随的负面影响。Jin、Qian 和 Weingast（2005）基于 1982—1992 年中国省级面板数据的实证研究证实了在分税制改革之前，我国省级政府财政分权激励促进了市场发展。但显然，经济分权还不足以构成地方政府发展经济的全部激励。20 世纪 90 年代末以来，文献开始更多地关注中国特殊的政治激励。从经济学的视角来看，中国政治体制有两个特征：一是以 GDP 为主的政绩考核机制（Li 和 Zhou，2005）；二是（基于民意调查基础上的）上级官员任免制度。Blanchard 和 Shleifer（2001）从中国和俄罗斯的比较出发，强调了中国的经济分权与政治集权之间的纽带。俄罗斯的中央政府对地方政府的控制力较弱，地方政府不存在主动推动经济发展的动力。而中国的经济分权伴随着政治集权，晋升激励使得地方政府官员有非常强的动力促进地方经济快速发展（周黎安，2004、2007）。Tsui和Wang（2004）认为，中国自治性不强的财政分权和垂直控制的行政管理体制提供了区域经济增长的动力①。

我们可以将中国特殊的政治经济制度称为“政治集权，经济分权”制度，在这一制度体系下地方政府的经济发展激励主要来自两个方面：财政分权激励和政治晋升激励。财政分权激励相对容易理解，地方经济发展带来的财政收入增加会增加地方政府掌控的财政资源，有利于更好地实现地方政府目标。王永钦等（2006）认为，经济分权和政治集权对地方政府最重要的影响渠道是政府之间的标尺竞争。在中国特殊的政治体制下，地方政府不是对下负责，而是对上负责，政治集权下的政绩考核机制要求，地方每年不仅要保GDP（否则在政绩考核中被一票否决），还要根据GDP等指标排名，地方政府官员为了政绩有竞争GDP增长率的激励，从而形成了一种基于上级政府评价的“自上而下的标尺竞争”。这种为增长而竞争的激励成为地方政府推动增长模式的源泉，它在早期是有助于经济增长和转型初期的社会资源配置的。周黎安（2004、2007）则是用“锦标赛”的框架来分析地方政府的经济发展激励。在锦标赛中，只有一个获胜者，胜者攫取所有奖励，失败者一无所有。而锦标赛的测度指标是以GDP为核心的政绩。

以上分析使我们发现，中国政府行为显然不同于古典经济学和新古典经济学的设定。古典经济学认为，政府应当在经济中扮演较少角色，

① 王永钦、张晏、章元、陈钊、陆铭：“十字路口的中国经济：基于经济学文献的分析”，《世界经济》2006年第10期，第3—20页。

市场会高效地配置社会资源、组织现代分工。新古典经济学扩展了政府职能边界，认为在诸如外部性、公共产品、垄断、收入分配、履行合约等方面如果存在“市场失灵”，应由政府介入。但显然，在新古典经济学中，经济学家们仍然认为，大多数社会资源的配置都应由市场完成，政府只是市场功能失灵时的辅助。但是，中国政府不仅仅承担着西方经济学界定的公共服务职能，还承担了一部分经济资源配置和发展经济的职能。胡书东（2001）最早意识到这一点，因为这一点在计划经济时代表现得特别明显，改革开放后的经济改革实质上并没有弱化这一点，这就形成中国政府特殊的“二元政府职能”：公共服务与经济发展。中国特殊的政治经济制度与“二元政府职能”两者之间是紧密相关的，相互作用、相辅相成构成我们分析地方政府教育投资激励的主要背景。

5.3.2　地方政府教育投资激励

根据新古典经济学理论，社会经济个体的内生决策都可视作在一定约束条件下追求预定目标的最大化，基于此我们来分析地方政府行为。地方政府决策所追求的目标，在中国特殊的政治经济体制下有两个：财政收入和政治晋升，而相对应的约束条件主要有财政收入和二元政府职能。如前文所述，中国的政治晋升要依赖于民意调查基础上的政绩考核，如果地方政府仅仅将所掌握的财政资源投入于有利于经济发展的财政支出部分，必然也不利于其政治晋升，必须要坚持二元政府职能之间的一个权衡。财政收入既可以作为地方政府追逐的行为目标，又是其追逐行为的约束条件，我们可以将之简化，认为地方政府追逐财政收入的目的还是要追求政治晋升，因为财政收入的增长使得其控制的资源增加有利于实现其目标，假设其终极目标就是政治晋升。这种终极目标的设计与中国特殊的政治制度有关系，中国的地方政府往往实行“一把手负责制”，地方政府官员掌握着最为主要的资源配置权利，因此他的行为逻辑就可以成为整个地方政府行为的逻辑。

地方政府追逐自身目标的内生变量是财政支出结构。我们将地方政府财政支出划分为两部分：有利于经济发展的支出部分，例如基础设施建设；以及公共支出，主要是指古典经济学、新古典经济学意义上的政府职能范围，本书中的主要关心部分是教育支出。这一论述可能受到批评，因为中国地方政府的支出行为往往受到中央政府的管制，如中央政府要求在地方政府支出中教育支出、农业支出等不能低于一定比例，但“上有政策，下有对策”，地方政府收入可以分为两块：预算内收入和预算外收入；支出也可分为两块：预算内支出和预算外支出。中央政府对预算外收入与支出是没有管制的，地方政府也比较容易将收入、支出在预算内外之间进行转换，这就导致管制是无效的。因此，地方政府仍然拥有自主选择权，对数据进行研究发现，在预算外支出中没有教育支出，这就印证了我们的推测。地方政府如果将掌握的财政资金主要投资于公共支出则会减少经济发展支出，反之则反是，两种支出之间是竞争关系，但有利于经济发展的支出，有利于未来财政收入的增加，有利于增加地方政府未来的资源动员能力。为分析方便，我们假设两种支出的约束条件为两种支出之和不得超过地方政府财政收入，这与现实似乎不符，因为可能存在着高级政府转移支付的约束弹性。但王绍光（2002）的研究证明，虽然中央政府转移支付是地方政府收入的重要来源之一，但是中国的转移支付逻辑是既定的，几乎没有什么弹性的空间，地方政府无法依赖同中央政府议价来增加自己的财政收入，这就使得这一假设具有了合理性。我们将地方政府的财政支出逻辑整理在图5－7中，下面来分析地方政府的教育投资激励。

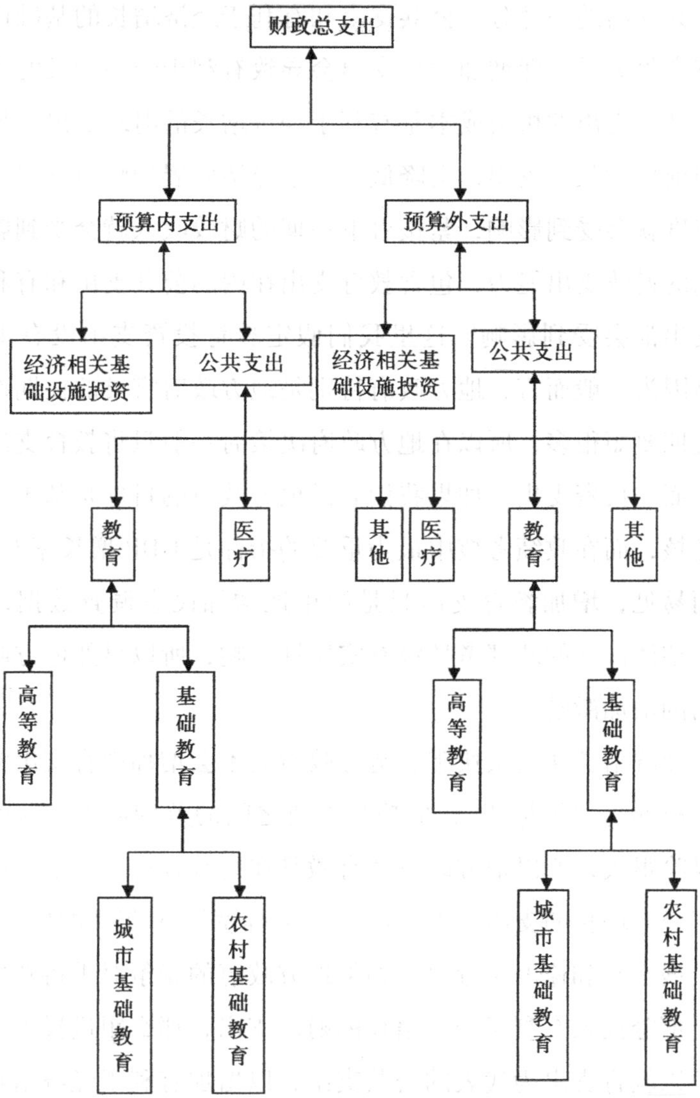

图5-7 中国政府财政支出的逻辑

资料来源：由作者根据文章内容绘制。

我们假设现在地方政府的各项支出达到了一种均衡状态，此时地方政府增加教育支出，那么地方政府将承担的成本有两块：教育支出的机会成本和教育支出的动态成本。如前文所述，在总的财政收入中，教育支出是公共支出的一部分，公共支出和有利于经济增长的基础设施建设支出具有竞争关系，即增加教育支出会导致有利于经济增长的支出的减少，亦即教育支出的机会成本是有利于经济增长的财政支出。另一块成本是在当前增加教育支出，会降低有利于经济发展的财政支出，那么经济发展速度就会受到影响，紧接着下一期的财政收入就会受到影响，从而下一期的财政支出能力，包含教育支出在内的公共支出和有利于经济发展的支出都会受到影响。这里我们假定教育投资支出没有生产性效果，这是因为一般而言，地方政府特别是地方政府官员的任期都比教育投资收益期要短很多，所以在地方政府决策时一般只将教育支出视作消费支出，而非投资支出。如果我们假设地方政府的目标是基于民意调查的政绩考核，而在政绩考核中最为重要的指标是 GDP 增长率及其排名，那么显而易见，增加教育支出只是简单地增加民意调查数据，除了成本，这对整体评估的政绩考核没有实质性影响，所以显然地方政府没有教育支出的增加激励。

如果经济增长速度很快呢，地方政府会不会增加教育支出？由于政治晋升采取的是“锦标赛”，成功与失败之间的差别巨大，这就意味着失败的风险很大，所以地方政府就有激励在财政容许情况下尽可能地加大有利于经济增长的支出，以确保在“锦标赛”中获胜的概率。另外，当经济发展水平和速度接近时，如果地方政府的竞争对手将新增财政收入的绝大部分投入有利于经济增长的财政支出，那么跟进投入、尽可能大地压缩以教育支出为代表的公共支出，以增加有利于经济增长的财政支出是最优选择。相反，即使地方政府的竞争对手不将新增财政收入的绝大部分投入有利于经济增长的财政支出，那么地方政府尽可能大地压缩以教育支出为代表的公共支出，以增加有利于经济增长的财政支出仍然是最优选择。这就形成一种类似于“囚徒困境”的基础设施投资竞赛。每一个地方政府都没有激励在经济增长时，削减有利于经济增长的财政支出，即使这种财政支出的投资效率很低，而公共支出缺口较大。这就是当前中国地方政府财政支出中面临根本的问题。发展中产生的问题用发展的方式解决不了，经济发展只会使得问题进一步凸显。

地方政府教育投资激励缺乏的另一个原因是地方政府决策的集权化。如前文所述，中国的地方政府往往实行“一把手负责制”，地方主要官员掌握着最为主要的资源配置权利，因此他的行为逻辑就可以成为整个地方政府行为的逻辑。地方政府主要官员一般任期较短，这就决定了其行为逻辑的短期化。在地方政府晋升竞争中，由于 GDP 增长率及其排序的重要性，地方政府就会挪用公共支出资金以增加有利于经济增长的财政支出。因为公共支出资金中包含两块：一块是维持当前公共服务机构的运转；另一块是为未来公共服务机构资产更新、人员培训准备的。前者比较难以挪用，而后者挪用后后果的爆发是在现任地方政府或者主要官员的任期之外，所以被挪用是理所当然的。不仅如此，地方政府甚至大量举债，从银行借入贷款投资于有利于经济增长的财政支出部分以拉动 GDP 的增长，提高在“锦标赛”竞争中的排位，而这种后果都由继任者来承担了。这种不计后果、不负责任的投资行为为未来的财政支出行为，尤其是教育支出为核心的公共支出的维系，带来极大的风险。

地方政府财政支出的过度透支，给方方面面埋下隐患。经济发展需要引进资本，而要降低资本的投资成本和风险才能吸引资本流入。前期地方政府的大举投资实现短期效应的同时，也为后来的经济发展留下了良好的基础设施，有利于未来经济发展。与此同时，对未来政府财政能力的削弱，弱化了地方的公共服务，弱化了地方政府缓解社会矛盾的能力，这进一步导致经济发展的软件严重不足，资本并不会选择流入。经济发展的停滞进一步弱化了地方政府的财政能力，这形成一个循环：经济发展程度差，财政收入低，公共服务比较差，社会不和谐，经济发展的资本运营成本较高，资本不流入，经济发展更差，财政收入更少，公共服务提供更差。在这一过程中，教育支出随着公共支出的削减大幅度减少，这加剧了地方师资的流失，教育质量下降，基本服务得不到供应，更难以吸引资本和高素质劳动力流入，经济发展环境被破坏。真正能够避免这种循环的仅仅是少数经济发展基础较好，与竞争对手拉开较大差距的地区。越是贫困地区，这些现象越严重，地方政府的教育投资激励也最少。那么，近年来中央政府减免义务教育费用的政策是否能够缓解这一困境？中国社会公共服务支出规模很大，尤其在农村地区，完全依赖中央政府为数不多的转移支付很难从根本上解决问题。治本之策还是要摆脱地方政府的不合理激励，切实转变政府职能，当然对历史遗留问题的解决也非一夕之功。

第6章　市场化与学校、教师激励

要研究中国农村教育发展问题，学校和教师行为的研究也必不可少。作为教育服务的产出单位和实施主体，如果学校和教师没有工作激励，即使投入较多的资源教育质量也难免低下。教育质量的低下又会弱化农民的教育投资激励，弱化政府的教育投资能力和激励，教育发展就会流于形式，只有规模的扩张而没有质量的改善，这是发展中国家教育扩展最容易遭遇的陷阱和误区。伊斯特利（2005）不断强调激励对于教育发展的重要性，“政府通过行政手段普及基础教育并不能产生投资激励从而影响经济增长，教育的质量因投资激励的不同而异”。“在有投资激励的国家，孩子们将会努力地学习，家长的督导更严格，教师的压力也更大。而在一个经济停滞、没有投资激励的国家，孩子们就不会认真学习甚至有时逃课，家长会让孩子们不上课而去地里帮忙干活，老师的工作会接近一个保育员”。“腐败、教师的低工资和文具开支不足，这些问题都会扭曲提高教育质量的激励”。

本章所谓的激励机制是指，如果学校或教师提供了高质量的教育服务，而高质量的教育服务可能要支付更高的成本，学校或教师是否可以通过各种机制获得较高的收益以弥补成本同时得到相应收益。虽然教育质量不易测度和验证，但教育服务参与方的教师、学校和家长彼此都可以观测到相应结果，如果没有合理的激励机制对高质量的教育服务进行补偿，那么必然导致高质量教育服务供给不足。如果政府部门不能观察到学校和教师的教育服务供给质量，是否可以通过市场化的方式，让可以观察到教育服务质量的家长来进行选择，以增加对提供高质量服务的教育机构进行激励？这是我们本章关心的问题，我们首先来研究公立学校和教师的提供高质量教育的激励，然后来研究教育市场化。目前，一般认为在中国有两种模式：教育券模式和江苏宿迁模式。本章我们分别讨论两种模式下私立学校和教师提高教育质量的激励，以及其公平效应。

6.1 公立学校和公立学校教师激励

一般而言，学校支出可以分为两个方面：基础投入和日常开支。基础投入类似于企业的固定资产投入，是指包括学校占地、教学办公场所、实验设备、图书、校园绿化等方面的支出；日常开支类似于企业的流动资金，是指包括教师工资、日常办公、水电费、设备维护、图书更新等方面的开支。公立学校一般基础投入肯定来自于政府的财政拨款，而日常开支部分来自政府拨款，然后其余部分在政策范围内可以通过征收相关费用及创收方式加以解决。而相对应，私立学校基础投资一般来自于企业家或者社会机构的投资，而日常开支可以来自收费，也可以来自企业家或者社会机构垫支的运营资金。相对而言，公立学校收费权限较小，受到政府管制较多，主要基础投入和日常运营资金来自于政府机构拨款，如前文研究的，自1985年实施“分级办学，各负其责”的政策开始，中小学教育的支出责任主要来自于地方政府，对于贫困地区中央政府会给予一定的补贴。但由于分税制改革的进行，财政收入的绝大部分都被集中到了中央政府手中，中央政府的转移支付政策明显带有维护既得利益的倾向，不利于贫困地区，因此教育费用短缺是大多数农村公立学校面临的问题，也是本节的研究背景。在这一背景下，公立学校和公立学校教师的激励如何呢？

6.1.1　非均衡增长与教师流失

如前文所述，分税制改革导致教育发展财权与事权不对称，而中央政府转移支付维护既得利益并没有改善这一状况。地方政府不妥当的经济激励甚至引致本已相对不足的教育支出进一步被挪用，因此教育经费短缺成为中国绝大多数农村地区公立学校面临的情况。这种教育经费短缺致使学校首先不断凸显，并且基础投入，这导致了教师教学办公条件恶化，学校危房率不断上升，实验设备落后等。随着问题不断凸显，并且没有改善的迹象，进一步削减教师工资、压缩日常办公经费已经成为习以为常的事情。在经费大幅度短缺的情况下，学校的必然选择是保教师工资，尽量大幅压缩学校的基础投入和其他日常开支，因为如果教师长期入不敷出必然导致优秀教师不断流失，学校将面临教学质量下降，这会进一步导致学校被边缘化，降低学校可能获得的收费以及财政拨款。表 6－1 显示，在 1999 年，湖南省中小学预算分配的财政资金尚不足实际支出的 50%，而且预算分配资金甚至远不足以支付人员成本（主要是教师工资），其中还包含着城市学校。如果考虑教育资金的结构性支出不平衡，农村公立学校面临的教育经费短缺问题更加严峻。

与教育经费短缺问题相对的是，经济的迅速发展，劳动生产率的快速提高，其他行业、其他地区工资水平的变化，冲击落后农业地区的劳动力市场。地区之间工资差距、教学办公环境差距，不同行业之间的工

表 6-1　湖南省的教育支出与人员成本（1999 年）

类别	预算分配	实际支出	预算资金的百分比	人员成本	人员成本占预算分配额的百分比
教育总体	4.45	9.63	46	5.58	125
小学	1.44	3.33	43	2.45	170
中学	1.73	3.55	49	2.45	142

资料来源：黄佩华，2003，《中国：省级支出考察报告》，世界银行。

资差距、工作环境差距，导致落后农业地区的优秀教师流失加速。这一问题的分析我们可以采用 Baumol（1967）提出的“非均衡增长模型”。Baumol（1967）根据经济发展过程中的内在技术结构特征将经济系统分为两类部门：技术停滞部门和技术进步部门。技术停滞部门是指那些不能享受劳动生产率提升带来好处的部门，这些部门劳动生产率是一个常数。而技术进步部门是指可以在经济发展过程中不断吸收技术进步，使用资本替代劳动，从而不断提升劳动生产率的部门，这些部门的劳动生产率以一个稳定的速度提升。

哪些部门属于技术停滞部门呢？Baumol（1967）写道，“有许多服务，劳动本身即是目的，这些服务的质量直接根据劳动的数量来判断。教育是一个一目了然的例子……这里，尽管有教学仪器的发明，闭路电视的使用和其他许多的发明创造、创新，班级规模仍然受到明显的限制……另一个极端的例子是我在另一处提到的：现场演出。半个小时的五人合奏会要求有 2.5 人/小时的支出，在这里，任何提高劳动生产率的努力都可能会引起评论家和观众的注意”。他认为，这些部门的劳动密集型特征很难进行资本和劳动的替代，技术进步与资本丰裕对这些部门的影响很小，这些部门主要是指服务业，例如教育、餐饮、表演艺术及其他休闲活动。Baumol 认为，这些活动内在的技术结构特征，是决定在未来供给这些活动时会出现累积性的成本增加的最终力量，进而证明，经济中某些部门劳动生产率的提高将迫使整个经济中劳动工资的上涨，而在劳动生产率没有得到增长的部门中生产成本就增加了。

由于技术进步部门劳动生产率的提高，促进了经济中工资水平的上涨，包含教育等地方政府服务在内的许多服务的性质决定了他们无法享受劳动生产率提高的收益，高工资不能简单地通过用其他投入品来替代劳动而得到补偿。因此，针对这种服务而言，单位生产成本必将上升，消费者的选择无非是：要么大量降低对这种服务的消费，要么花更多的钱增加供给量，以维持当前的消费。不幸的是，教育服务并不能够在生产成本大幅增长之后，通过降低消费数量来降低家庭或者社会支出。教育是人力资本最为重要的形成途径，而人力资本积累对于未来的经济增长和经济结构转型都有着极其重要的作用，所以国家、社会和家庭都应该加大对教育服务的投资，以应对教育成本上涨带来的支付压力。

改革开放后，中国经济的迅速发展得益于劳动生产率的不断提升。劳动生产率的提升必然会提高工资，这种工资提高效应通过劳动力市场传导，贫困地区也会受到影响。贫困地区的农民通过从农村农业部门转移到农村非农部门和城市工商部门，劳动生产率会大大提升。刘易斯（1989）认为，在传统农业部门存在着边际收益为0甚至为负的大量的剩余劳动力，这是传统农业社会低效率的最重要的原因。实现经济的发展，最重要的途径就是将这些剩余劳动力转移出来，投入到边际回报更高的现代工业部门。然后，资本家把资本再投资于创造新资本的过程，吸收更多的人从维持生计的部门来到现代经济部门。农村劳动力的规模迁移本身就意味着社会劳动生产率的大幅度提升，再加上农业部门、非农部门和工商部门不断吸收技术进步，进一步加速了劳动生产率的提升。相关测算见表6-2。数据测算表明，改革开放后很长一段时期内，我国的经济增长速度要显著快于劳动生产率的年均增长速度，说明这一时期中国经济增长速度取决于劳动要素投入增长速度和劳动生产率增长速度。而自1998年以来，我国的劳动生产率增长速度显著快于经济增长速度，说明劳动力增长速度已大大下降，劳动力开始出现结构性短缺或整体性短缺。

表6-2　　不同时期中国年均劳动生产率测算

时期	年均劳动生产率增长率（%）
1985—1997年	5.70
1985—1988年	2.21
1988—1993年	7.99
1993—1997年	5.46
1998—2005年	19.45

资料来源：李小平："中国制造业劳动生产率增长的源泉及其特征——基于'结构红利假说'的实证检验"，《当代财经》2008年第3期，第21—23页。

在市场经济中，劳动生产率的不断提升必然推动劳动者工资的上涨，虽然相关研究表明，我国居民工资水平的增长速度显著慢于劳动生产率的增长速度①。中国高劳动生产率并没有完全体现在工资水平的相应增长上，这可能与我国劳动力市场发育不完全有一定的关系。在劳动力的城乡流动等方面还存在政府部门或明或暗的限制，高素质劳动力的流动机制还不完全，相当多的企事业单位并不遵守劳动合同法。自20世纪90年代以来，中国劳动力市场改革已经大幅度推进，劳动生产率和工资水平之间的相关度已大大提高。Fleisher和Wang（2004）利用1984—1990年200个企业的数据进行估算，发现教育的边际生产率高达30%—40%，但是教育回报率只有它的10%，这种状况在现在的企业单位是不可想象的。总体而言，伴随中国经济的增长，劳动生产率的大幅度提升，必然出现劳动者工资水平的不断上涨，工资收入的上涨也

① 转引自人民网2007年5月18日，"报告称中国劳动生产率飞速提升，工资增长缓慢"。

成为农民收入增长的最根本推动力（张车伟、王德文，2004）。

由非均衡增长模型可知，技术进步部门劳动生产率的提高导致的工资上涨，必将作用于整个劳动力市场，特别在我国改革开放后人口流动管制的消除。虽然从这一部门到另一部门之间的劳动转换，从这一地区到另一地区的迁移存在着包括转换成本、心理成本、失去熟人社区的支持和帮助等成本考虑，但只要工资差距足够大就会形成迁移的巨大拉力，民工潮就是很好的例子。另外，随着经济发展，传统熟人社区不断消失，个人对社区、血亲关系的依赖性降低，农业生产的边际生产率低下，这些也形成劳动力迁移的推力。在教育经费短缺的背景下，教师工资非但没有获得相应增长，而且面临着被变相削减，这包括拖欠工资、削减福利，以及其他教师流失带来的工作压力加大、办公条件恶化等。外部机会成本的增加，辅之以自身工资的变相或者直接削减，导致落后农业地区教师的流失。而教师的流失又会进一步加剧在职教师的教学负担和压力，又可能导致在职老师的进一步流失，最后只剩下流动机会成本最低的年龄较大、知识结构老化的教师，以及非正规教育出身、机会成本很低的“代课老师”。

低工资会进一步扭曲在职教师的工作激励。由于收入低下，在职教师不得不从事多种活动以获取收入改善生活。据笔者经验，在农村地区中小学，教师课余开垦荒地，放牧牛羊，或者从事小商品经营，甚至还有下煤窑挣取收入，这已经成为农村社会习以为常的事情。教师有限的精力向非学校活动转移，必然使得对学生学业的关注度下降，教学质量下降，进一步降低学校的声誉，从而缩减学校可以筹集的学费，流动资金更加紧张，更进一步加剧在职教师的生活压力。在职教师不得不更多地减少放在学校工作上的精力，导致了恶性循环。所以，近年来的中国减免义务教育费用的改革只是减免了农村家庭支付的费用压力，没有从根本上提高教师的工作激励和收入水平，这并没有遏制教育质量的持续下降，却又作用于农民投入激励，最终形成了中国农村教育的发展困局。

6.1.2 公立学校激励与教育质量下降

大多数农村公立学校面临的首要问题是教育经费短缺。教育经费短缺主要有两个原因：一个是政府财政拨付太少，前文已经分析过；另一个是政府对公立学校存在更多的、更严格的收费管制。如前文所述，公立学校也可能存在收费，只是比私立学校受到的管制要严格，而且要求更多。在教育经费短缺的背景下，公立学校收取一定的费用补贴日常办公开支和教师收入，一定程度上可能会减少在职教师外出获取收入的压力，从而提高教育质量，作为学生家长的农民也会因为教育质量的提升而有更多的教育投资激励。但这一收费是不被允许的，因为这可能会增加农民的负担，给农民家庭过多的支出压力。在教育收费受到管制的背景下，对教育质量的追求就演变成另一种新的格局，私立学校开始出现并发展，因为私立学校受到的收费管制较少，可以通过高收费大幅提高教师收入，“挖走”公立学校优秀教师，并建立更加激烈的竞争机制和激励机制，有效促进教育质量的提高。

与公立学校教育经费短缺相对应的是，公立学校教育资源的不合理使用，这使得本已短缺的教育经费显得更加匮乏。由于政府管理机构并不能观察到学校的教育质量，只好利用一些可量化的指标来考核学校管理人员，例如在非义务教育阶段主要是高考过一本线人数、过二本线人数、高考升学率等，而在义务教育阶段主要是适龄儿童入学率、在校生人数、师生比、考试成绩等。还有一些测度学校发展的硬件指标、信息化程度指标等。这种指标考核机制会扭曲学校管理人员的资源使用激励。在很多中小学校，学校购置了电脑、闭路电视、实验设备等以完成上级考核中的信息化等各项要求，却没有学生或教师可以接触电脑、电视，几乎所有类似设备都被闲置，而这些设备的购置资金本可用于更加需要的领域。在陕西省很多农村小学，学校要求所有学生都必须购置英语、计算机等科目教材和辅导资料，这一费用现在由中央转移支付承担，但学校根本没有教师可以开设英语和计算机课程。另一个严重的资源浪费是大量存在的复读、留级学生，这一方面是为了提高升学人数和升学率，另一方面可以通过收取高额费用的方式增加学校的收入，但是这种行为导致教育资源的拥挤。甚至许多学校将优秀的师资更多地配备在复读班中，非复读班学生可以得到的资源受到了挤占，非复读班教学质量的下降，进而导致更多的学生因为学习成绩不理想而需要复读。

在私立学校没有成长起来的地区，公立学校实际上是被行政垄断的，它内生地拒绝消费者在他们孩子的教育上自由选择，教育资源的分配实施“就近入学”的方式，这导致很多优秀的学生由于得不到良好的教育资源而丧失进一步接受教育、改变自身命运的机会，教育资源的配置出现了失误。作为公立学校，没有改善管理和资金使用效率的外在压力，也没有改进教育服务质量的内生动力，这导致资源的不合理使用长期得不到纠正。学校将获得的教育经费不合理地使用在并非必需的教学设备上，将主要的教育经费优先发放给学校管理人员，甚至后勤人员，而非一线教师，教育经费的短缺效应主要由工作在一线的教师承担，导致教育质量的下降。像所有官僚机构一样，公立学校中的腐败、资金渗漏现象也是十分普遍的。在资源使用效率没有得到合理改善的状况下，即使大量资源的注入也未必能改善现有的农村教育发展状况，无论这种资源注入是采取政府加大财政投入，还是政府放松对公立学校的收费管制。而且教育资源短缺与教育资源使用机制不合理形成了一个不良的循环过程，教育资源短缺导致优秀人才流失，这既包括优秀教师，也包括优秀的学校管理人员，优秀人才流失后补充的人员素质堪忧，进而导致优良的教育资源使用机制和行为没有施加于教育机构，进一步加剧教育资源短缺。

前文已述，公立学校的发展面临两个问题——教育资源短缺和教育资源使用机制不合理，要想摆脱这种局面，必须依赖于两方面的政府投入——财政资金和人才。财政资金投入和人才引进两者必须相辅相成，不改变现有落后的资源使用机制，即使大量投入资源也很难保证资源被真正用在改善教师工作待遇，提高教育质量上，这需要新的管理人才和管理机制。而新的管理人才的引进，现有在职教师工作激励的加强，都依赖于大量的财政资金投入，并且这种投入必须是持续的。由非均衡增长模型可知，随着劳动生产率的不断提高，教师工资也应有相应的提高，否则即使短期内可以吸引到新的人才进入教师岗位，长期内教师外流又会变成不可避免的趋势。这样，对财政资金长期持续的投入要求，必须要保证财政资金有合理的持续的来源，这又涉及财政制度的进一步改革。但是，许多人可能提出，我们是否可以采取市场化的方式来解决公立学校面临的困境，市场化可以减少对学校的收费管制，以此来解决教育资源的短缺问题；以外来的竞争压力和盈利驱动，来加强学校合理地使用资源的激励机制，这看似是一个较为理想的解决方案，而且其实施似乎也比公立学校系统内的改革要简单得多，我们下文来讨论教育市场化的相关问题。

6.2 市场化：宿迁模式

第5章我们不厌其烦地证明了，教育服务是一种具有外部性的公共产品，由市场来供给会导致市场失灵，在现有情况下政府介入是解决这种由教育外部性带来的市场失灵的制度成本最低的方案。那为什么教育又要市场化呢？这似乎是个很棘手的问题。由于外部性存在，私人经济主体的教育投资激励不足，会导致私人教育投资的规模不符合社会最优的要求，这是政府介入的原因。费雪（2000）认为，政府介入公共服务可以分为三步：公共服务的决策、投资和生产。传统意义上的政府介入是由公共部门进行决策、投资和生产，而在西方国家，由于公共部门生产效率低下、产品成本高昂，近年来，社会不断要求政府将公共服务供给私有化或市场化，主要指的是这几种形式：公共部门决策，私人部门投资和生产。公共部门进行决策和投资，私人部门则进行服务的生产，这很多时候又被称为“公私伙伴关系”。将公共服务供给市场化可以有效地避免公共服务供给部门的低效率、高成本，有效地提升社会资源使用效率，这显然与政府介入公共产品供给以避免市场失灵的概念不同。

与西方国家教育市场化的目的是提高资源使用效率不同，中国的教育市场化大都有双重目的：一是筹集资金；二是提高资源使用效率。中国的教育市场化的尝试最先就出现在经济发展水平较差，教育经费严重短缺的地区：江苏省宿迁市就是其中之一。宿迁的教育市场化模式在中国极具代表性，其教育市场化的背景是教育经费极度短缺，地方财政已经不堪重负，试图通过教育市场化的方式来筹集教育发展资金，同时促进教育资金的使用效率。减轻地方财政负担是这种教育市场化核心目的所在，后来跟进效法的几乎都是贫困地区。宿迁教育市场化模式走的路线基本可以总结为“鼓励民办学校发展”的路线，这种鼓励包含两个方面：一是在基础投入上给予帮助，包括土地、信贷、税收等方面；二是减少管制，这包括收费管制、人员流动、招生等。与下文要讲的以浙江长兴、湖北监利为代表的教育券模式不同，在宿迁模式中，私立学校基本不能够从政府获得财政支持，从学生家长手中获取的学费是其重要的收入来源。我们下面来仔细讨论宿迁模式的优点和弊端。

6.2.1 宿迁教改的缘起和内容

江苏省宿迁市位于江苏省西北部，是江苏省经济发展水平最差的地区之一，主要经济指标基本都排在全省末位，即使和我国西部一些地区相比，宿迁的经济发展水平也存在着一定的差距。经济发展水平低下导致的政府财政能力低下是宿迁教育改革面临的主要时代背景，教育经费严重短缺导致宿迁教育发展长期落后，适龄儿童入学率、中小学升学率都远远低于江苏省平均水平。公立学校发展资金不足、高负债率导致教学设备老化、教师工作激励下降，教育质量不断下滑，如我们前文的分析。由于经济欠发达，后发劣势的诅咒也不可避免。在教育系统内，本已稀缺的资源并没有得到有效的利用，公立学校内部管理消极，发展的内在动力明显不足，教育事业缺乏活力。1998 年，时任宿迁市委书记针对宿迁教育发展的不利情况做出了对宿迁教育事业进行改革的决定。改革的总体思路被称为“一保三放开”，即保义务教育，放开学前教育、高等教育、职业教育，并且提出要“优化公办、发展民办、引进外办”。

在教育经费短缺的背景下，宿迁市大力发展各类教育，特别是民办教育后，并没有因此减少政府投入，而是把财力集中使用，切实提高义务教育阶段公办学校的教学质量，这是宿迁教育改革内容的第一个方面。宿迁教育改革内容的第二个方面是对民办教育发展的鼓励，这种鼓励体现在以下几个方面：

教育机构管理方面，将民办教育发展纳入本地区经济社会发展计划；民办学校享受与公办学校同样的优惠政策；在民办学校建设中免去市权范围内的所有规费，简化开办学校的相关手续。

基础投入方面，新建、扩建民办学校的用地，地方政府可根据投资者意愿采取出让或划拨方式对其优先供地，对接受出让供地的，政府零收益转让，对接受划拨供地的，只要其用途不改变，土地可以无限期使用；地方政府对办学成果显著的学校予以现金奖励；鼓励金融机构利用信贷手段支持民办教育发展。

人事政策方面，民办学校内部完全实行民营化的人事制度，面向社会自主聘任符合任职条件的教职工，自主决定是否实行人事代理或人才派遣制度；鼓励大中专毕业生、公办学校教师和具有相应教师资格的其他专业技术人员到民办学校任教，支持公办教师在公办学校和民办学校之间有序流动；民办学校教师也可以参加公办学校的公开招聘，一经录用，工龄、教龄可连续计算。

教师福利方面，民办学校教职工与公办学校教职工具有同等的法律地位，在资格认定、职称评定、岗位聘用、业务培训、评选先进、教育科研、教龄和工龄计算、名师名校长津贴等方面，与公办学校教职工同等对待；教职工缴纳养老保险费，凡领取“民办学校办学许可证”的民办学历教育机构的教师和民办非学历教育机构中具有高级技师职称的教职工，经批准，可自主选择参加事业养老保险或企业养老保险；公办学校改制为民办学校的，原有在编教职工或在本市范围内原公办学校在编教师应聘到民办学校任教的，保持其事业身份不变，原在公办学校期间的连续工龄，视同缴费年限。

收费和招生方面，民办学校可以按生均成本确定培养费和住宿费标准，学历教育的学校报物价部门会同学校审批机关审批，非学历教育的学校报物价部门备案；民办学校对受教育者收取的经费主要由学校用于办学。支持民办学校跨地区自主招生，职业学校招生可以实行注册入学①。

在大力鼓励民办教育发展的同时，宿迁市大大加强对公立学校的教

---

① 江苏宿迁市委、市政府的《关于进一步加快民办教育发展的意见》，转引自孙其松：“大力发展民办教育，推动欠发达地区教育后发快进——江苏省宿迁市推进民办教育发展的实践和思考”，《教育行政管理》2007年第3期，第13—16页。

育制度改革，改革思路被总结为“校长不任命，搞竞争；教师不调配，进市场；奖金不封顶，论贡献”。人事管理制度方面，全市范围内成立了市、县（区）教育人才中心，高中教师档案进入市教育人才中心，幼儿园、小学、初中教师档案进入县（区）教育人才中心。教育部门出台公办教育机构教师队伍管理办法，促进教师队伍在公办与民办学校之间合理、有序流动。同时，公立学校内部全面推行教师聘任制，教师实行公开招聘、平等竞争、择优聘用、合同管理，让每一个人都有竞争压力。教育系统干部任用制度方面，宿迁市积极推行公开选拔制、竞争上岗制。教育系统干部空缺或任期届满，都要以公开选拔的方式确定人选，从而形成优秀人才脱颖而出的机制和环境。分配制度方面，打破“大锅饭”，实行校内结构工资制，建立起按岗定薪、按劳取酬、优绩优薪的分配制度，使骨干人员的待遇有了明显提高。招生制度方面，对非义务教育阶段一律放开招生市场，让学生自主择校，逐步形成对学校的市场评价机制。

宿迁教育改革是地方政府在教育经费短缺背景下推动的强制性制度变迁，这种制度变迁通过形成新的资金来源、新的资源使用方式，有效地提高了学校和教师的激励，这既包括私立学校和私立学校教师，也包括公立学校和公立学校教师。由于教育经费短缺，如果将资源采取“撒胡椒面”的方式分配下去，每一个教育阶段、每一个学校都获得了资源，但同时可能会面临短缺，进而可能导致学校教学设备老化、教师流失与教师工作激励下降、学校出现高危房率。宿迁教育改革通过放开对学前教育、高等教育和职业教育的资助和管理，一方面可以降低地方财政所承担的教育支出负担，另一方面可以将资金集中到义务教育阶段。这样可以通过降低对社会教育回报率较低的教育阶段的投资，增加社会教育回报率较高的教育阶段的投资，实现短缺资源的合理利用。

宿迁教育改革的核心在于新的激励机制。民办学校的引入虽然没有更多的财政资金支持，但通过打破公立学校的垄断，增加学生和家长选择权给学校更大的竞争压力，从而让学校更有效率地使用资源。在教育经费短缺的背景下，对学生收取的费用是公立学校赖以维持日常运转的重要收入来源，而私立学校更是主要依赖于对学生收取的费用，这时候为了争夺生源而进行的竞争，要求学校内部改善管理，提高教学质量或者降低教学成本，以达到更好的性价比。而与之配套的是，公立学校进行了教育系统干部任免制度改革，公开选拔制、竞争上岗制给学校的管理人员带来的监督压力，消除至少部分消除以往公立学校中存在的腐败、资金渗漏等问题，当然现实效果取决于学校教职工对学校主要管理人员的监督有效程度。私立学校由于逐利性，竞争中加大了对生源市场的争夺，工作中进一步提高教学质量，提高学校声誉，降低教学成本，加强对校内教师的激励。

教师流动制度和分配制度改革形成了新的激励机制。由于学校激励的加强，学校会改善内部管理，通过提高教师工资待遇，以改善教师分配制度的方式吸引优秀教师的加盟，同时加强对在职教师的激励。教师为了在劳动力市场上提高自身价值，同时也为了在现有分配制度下获得更高的收入，这些激励了教师增加工作的强度和质量。而与之配套的是，教师的社会福利政策改革。在双轨制度下，如果不对教育评奖评优、业务培训、养老保险等福利政策进行改革，教师流动存在大量的后顾之忧，将会导致教师流动规模偏小，这就是中国当代民办教育发展的最大困境。宿迁对教师福利制度的改革，真正将体制外的民办教育纳入社会发展经济计划，实现公立学校和私立学校的平等竞争。这种竞争压力传递给学校，促进学校改善管理，改进分配制度，改进教学质量。学校通过分配制度、管理制度将这种竞争压力传递给在职教师，加大了在职教师的工作压力和工作激励，与此同时也提高了在职教师的收入水平和生活待遇。激励机制的加强是盘活宿迁教育发展的根本所在。

6.2.2 宿迁教改的问题与缺陷

宿迁教育改革是经济欠发达地区教育发展面临经费短缺背景下，进一步发展教育的有益尝试。通过吸引民间资金进入，改革资金使用机制和激励机制，使较少的资源尽可能发挥更大的效益，从这个意义上说，宿迁教育改革是极其成功的。但是，教育市场化吸引民间资金进入的代价是学生家长支付教育费用的增加，这事实上是将教育投资责任重新推还给社会私人主体，由于教育外部性的存在，私人主体的教育投资激励规模必然少于社会最优要求的教育投资规模，因此从长期看如果放任这种教育市场化必然会导致社会教育有效供给不足，这可能会影响经济的长期发展和增长。从另一个角度讲，这种问题并不仅仅存在于宿迁地方政府。分税制改革削减地方政府收入的同时，却将绝大多数的教育支出责任留在地方政府，地方政府无论是采取加大对农民的税赋征收以供给更多更好的教育服务，还是减少教育服务数量、降低教育服务质量，或者采取市场化的方式来提供更多更好的教育服务，都不能从根本上消除上述问题的存在。在这几种方式中，相对而言，宿迁教育改革采取的是一种在可以选择范围内，最好的解决方法之一，因为教育市场化提高了学校和教师的工作激励，提高了资源的使用效率。

宿迁教育改革的根本缺陷是宿迁地方政府、宿迁教育系统内部无法改变的，也是社会较优的教育供给规模无法提供的。这种教育改革的缺陷在于中央政府、江苏省政府在转移支付制度中没有给予经济落后地区地方教育以更多的财政支持。宿迁教育发展的一些结果是有外部性的，它可以通过种种途径让全国、让江苏省从中受益，但受益者却不用承担这些教育投资的成本。将这些成本通过教育市场化的方式强加给宿迁农民，农民的理性反应是学费太高了，因此孩子上不起学，辍学成了可能的选择。我们的2006年宿迁农民家庭微观调查也表明，在宿迁农村，有很大比例的家庭都存在辍学人口。很多学者也批评，“教育改革使得上学贵在宿迁得到彻底体现：需要缴纳高额费用上学的人并不在少数，而是绝大多数人都要缴纳高额的费用才能上学。在调研过程中，金钱与分数、金钱与学校、金钱与上学等无时无刻不充斥在我们调研的话题中，这一切使得宿迁上学贵问题非常突出，这种消极影响是深刻而长远的”。

当然，宿迁教育改革中的上学贵问题也不应当完全归结为外部性成本由农民承担带来的结果。民办学校之间、民办学校与公办学校之间的不规范竞争也助推了问题的出现。根据市场竞争的基本原理，有效竞争的表现应当是存在几家甚至几十家提供类似产品或同质产品的厂商的情况，而宿迁教育改革中，民办学校完全可能采取打击竞争对手的方式实现新的垄断。一种方式是产品差异化，这种差异化不是改善自身产品质量，而是打击竞争对手产品供给质量。通过提高工资挖走竞争对手优秀师资，使得公立学校和其他民营竞争对手教育服务质量下降，这正是宿迁出现的现象之一。而新的民办垄断学校正在宿迁形成，宿迁教育改革更多是通过对优质教育资源学校民营化或变相民营化来实现高收费，然后通过优质资源学校的规模扩大或通过名校办民校来加快垄断学校的形成。在宿迁，相当一部分农村已经没有初级中学，即使小学也仅仅是低年级教学点。城市优势学校规模的无限扩大，农村学校的规模急剧萎缩，使得更多的农村和家庭住址偏僻的学生选择寄宿，而寄宿也是学校收取费用获得利益的一种重要手段。据调研资料显示，宿迁很多学校的规模都在千人以上，班级规模一般也在70人左右。

通过各种打击竞争对手的策略，垄断学校的形成，在没有政府必要管制甚至政府还进行扶植的情况下，不断扩充自己的规模和范围，挤占竞争对手的生存空间，这变相地降低了学生和家长的选择范围。选择范围的缩减，将损害中等收入家庭和中低收入家庭的福利。假设在理想状况下，学校供给的教育服务有一个质量和价格序列，高质量对应高价格，低质量对应低价格，如果有无限个价格质量选项，每一个家庭都会选择自己自身认为最优的质量价格选项实现自己的效用最大化。但现在由于高质量教育服务供给学校的扩张，中等教育质量学校的优秀教师被吸引“出走”，导致大量学校教育服务供给同质化，所有学校只剩下高质量、高价格和低质量、低价格两种。对于中等收入家庭而言，没有最优选择，甚至两项选择都不如不接受教育，那么辍学很可能就成为最优选择，这就是为什么在我们的调查中非经济原因辍学越来越多。

垄断学校的高收费一方面导致辍学率的上升，另一方面增加了就读学生家庭的必要支付，压缩了家庭的可支配资金，进一步会影响农村家庭的生产性支出和消费支出，甚至可能导致农村家庭不得不加大外部借款力度。在农业自然风险、市场风险较大的背景下，家庭由于教育支出的过度增加而导致的财务风险加剧，形成了一些研究者称之为的“因教致贫”现象，教育费用负担成为贫困的一种重要的新的来源。而且这种教育负担加重，会耗尽家庭的储蓄，降低家庭抵御风险的能力，从而使得农民被迫节衣缩食，降低消费支出，进而对中国长期的产能消化产生不利的影响。现有研究表明，对于农村家庭的贫困，没有行之有效的缓解贫困的方法，最好的方式还是减少农民陷入贫困的可能。

宿迁教育改革的不良后果已经并将进一步导致教育的不公平。贫困家庭无论是债台高筑让子女进入高质量的学校接受教育，还是让子女接受低质量的教育，甚至辍学，都无法改变社会的不公平。首先，即使贫困家庭子女进入高质量的学校，由于巨额教育费用的存在，贫困家庭财务状况可能会更加紧张，导致这些家庭子女的学业不可持续。如我们前文研究，在中国教育体系中，如果考不上大学读本科，接受教育和不接受教育区别不大，或者接受教育还不如不接受教育。这就意味着如果子女坚持不到大学本科毕业，教育投资就无法获得收益，高昂学费导致的债台高筑，读书加剧了教育投资的风险。而且由于同群效应（peer effect）的存在，贫困家庭子女即使在高质量的学校，学习效果也可能达不到预期。如果贫困家庭子女不接受教育，或者接受低质量的教育，会导致其教育回报率很低，进而可能加剧社会收入的不平等。王燕（2007）的研究表明，教育不平等的增长会导致收入的不平等，而收入不平等的增加会使社会平等受到影响。

综上所述，宿迁教育改革是经济欠发达地区地方政府在教育经费短缺背景下推动的一种改善资金使用效率，多渠道筹集资源以发展教育的有益尝试。这种改革以改善激励机制为核心，确实提高了资金效率，提高了学校和教师的工作激励，促进了教育质量的提高。但是由于缺乏政府转移支付的支持，这种将教育投资责任推给私人主体的市场化改革可能导致社会有效教育供给不足，影响经济的长期可持续发展。而与此同时，由于政府缺少对民办学校的管理，新型的教育机构垄断正在形成，这种教育机构垄断已经并将进一步导致农村家庭选择机会的减少、福利的下降，甚至导致许多家庭“因教致贫”，辍学率上升。这种教育不公平将引发新的收入不公平。

6.3 市场化：教育券模式

如前文所述，本章所谓的教育市场化是将教育服务的生产过程让渡给私人经济主体，但政府介入仍然不可避免。如果政府将具有外部性的教育服务投资责任完全推给私人经济主体，必然导致社会供给的教育服务数量或者质量远低于社会需要的教育服务数量或者质量，这是宿迁教育改革的根本缺陷。在宿迁教育改革模式中，地方政府要么将财政资金集中起来加大对义务教育阶段公立学校的投资，要么减少对教育部门的投资将财政资金用于经济发展。随着民办学校的普及，事实上发生了政府教育投资责任向私人经济主体的转移，这种教育市场化的根本缺陷给经济的长期增长和发展带来了不可忽视的危害。但我们前文也已指出，这种问题的根本解决，单纯依赖地方政府是不够的，必须要有地方各级政府、中央政府进行新的财税制度改革，或在转移支付制度中更多倾向地方教育投资。在没有改革财政税收制度或者转移支付制度、地方政府激励机制的背景下，要推动这种全国范围内的制度变迁需要时间的累积或者更多的资金投入，有没有可能将政府的教育支出责任与教育市场化结合起来的制度安排？答案是肯定的，这就是本节将要论述的以浙江长兴、湖北监利为代表的教育券模式。

6.3.1 教育券：理论设想与国外实践

我国自浙江长兴开始的教育券模式是从国外引进的，这种教育市场化模式已经在欧美国家有半个世纪的实践经验，因此我们首先回顾并总结国外的教育券理论和实践是必要的。教育券起源于美国。第二次世界大战结束后美国形成了大量的退役军人，给劳动力市场带来了巨大冲击，一方面为了缓解劳动力市场的巨大压力，另一方面为了提高退役军人素质，帮助其就业，美国政府给每位退役军人发放只能用于教育的经费凭证。凭借此证，退役军人可以选择任何符合政府标准的学校接受教育。将这一制度引入一般的中小学教育的是美国著名经济学家米尔顿·弗里德曼（Friedman），他在1955年发表的《经济学与公共利益》一文中，首次提出教育凭证计划，目的在于通过教育券的流动提高美国政府巨大教育投入的使用效率。弗里德曼（1955、1962）宣称，公立学校是一个政府垄断组织，它内生地拒绝消费者在孩子的教育上自由选择，这使得消费者的境况比竞争条件下更糟糕。原因有两个：许多消费者选择的孩子教育水平少于他们的最优满意水平，如果可能他们会选择教育替代；由于没有竞争，学校没有被驱动在相同成本下生产更多的教育产出。

弗里德曼的教育券理论设想可以总结为：政府把原来直接投入公立学校的教育经费按照学生数量折算成生均成本后，以面额固定的有价证券（即教育券）的形式直接发放给家庭或学生。家庭或学生凭教育券自由选择到政府所认可的学校[①]（公立学校或私立学校）就读，不再受学区的限制。教育券可以冲抵全部或部分学费，学校凭借收到的教育券到政府部门兑换教育经费，以用于支付办学需要的相关开支。弗里德曼的教育券理论中，家长与学生的选择权是其核心和基石。教育券计划中，一方面政府承担了外部性的成本，另一方面政府并没有建立垄断的公立学校，限制消费者的选择权力和选择范围，降低资金的使用效率。家长也可以“在任何一个愿意接受他的子女的学校”使用凭单，不论学校是私立的，还是公立的，也不论是在他们居住的地区、城市或州，还是在其他地区、城市或州。这样，不仅将给每位家长更多的选择机会，同时也迫使公立学校通过收取学费而自筹资金（如果凭单金额等于全部教育开支，则学校不需要自筹资金；如果不等于全部教育开支，则学校必须部分地自筹资金）。这样，不仅公立学校之间要展开竞争，而且还要同私立学校竞争。

教育券计划较好地结合了政府的教育支出责任与改善及改进学校和教师激励机制两方面的考虑，是长期以来受到较多好评的教育市场化方

① 这里涉及政府的监管职能，政府要对学校教育质量有一些最基本的管理，对一些教育质量过差的学校进行取缔或者禁止招生。

式。其制度优势可以总结为：首先，政府在某领域向特定人群提供资助时没有影响该领域的市场化运作，这样可以保持其应有的灵活和效率。其次，政府将发放的资助直接送到资助对象手中，这样可以最大限度地避免发放环节中可能出现的各种腐败、资金渗漏和浪费现象。再次，教育券计划有利于教育经费的公平分配，人为的教育经费拨付必然会存在厚此薄彼的问题。最后，纠正了教育经费引导的错误激励机制：在传统教育经费拨付制度下，学校之间的竞争主要是面向作为拨款人的上级主管，因此上级主管部门的教育发展偏好就成为学校和教师的努力方向；引入教育券计划后，学校和教师必须直接面对学生和家长，这时学生和家长的教育发展偏好将成为学校和教师的主要努力方向。这样，即使教育经费不增，教育质量也将大大改善。

Carnoy 和 McEwan（2002）认为，要评价教育券计划的运行效果，可以从四个维度来进行：选择，教育券计划是否增加了家长以及学生的选择范围，选择的增多本身就是福利增进的一种表现；竞争，教育券计划的实行是否增进了公立学校之间、公立学校与私立学校之间、私立学校之间的竞争，竞争加剧会迫使学校降低教学成本、提高教育质量，这对消费者福利的增进必然是有益的；成绩，教育券计划的实施是否可以提高学生的成绩，这是家长的消费者福利中重要的一部分；公平，教育券计划是否可以改变现有的对高质量教育的进入分布，低收入家庭子女能否因计划实施而可以获得更多的获取高质量教育的机会。文章利用这四个维度来研究智利和美国的教育券计划，以智利为主。如果要研究教育券计划的政策效应，智利可能是全世界唯一的、最好的例子。受米尔顿·弗里德曼影响，智利军政府从1980年开始，将公立学校管理责任从教育部转移到市政当局，开始使用教育券计划资助公立和私立教育机构。

智利和美国的教育券计划实施结果表明，教育券计划显著增加了家长和学生的选择，增强了不同教育服务供给者之间的竞争。教育券支持者提供的经验证据表明，父母送子女去教育券学校比孩子只能在当地公立学校上学的满意度要高，但是研究也发现，谁利用选择和影响选择的其他因素也是理解消费者满意度的重要方面。教育券计划不仅仅提供了更多的消费者选择，许多私立学校也提供了更多的学生选择。从消费者角度最好的学校有最大的机会去尝试选择，有最好的同群效应，父母可以感知教育质量的多种要素中的一个或一些，这样增加选择就会增加父母的满意度，增加他们的福利。然后是教育券的竞争效应。市场化的一个重要收益就是在公立教育的有效性和效率方面增加的收益，主要是因为来自其他教育服务供给者的竞争。为了争夺生源，学校和教师会有激励做学生和家长偏好的事情，如果学生的成绩是吸引父母最重要的因素，教育券将有巨大的激励成绩提高的效应，不管是采取什么方式。

但是，智利和美国的教育券计划实施结果也表明，教育券计划几乎没有提高学生的学习成绩，也没有为最需要的人群提供更好的教育，特别是低收入家庭的学生。成功运转的私立学校只是在以下方面做得更好：吸引相对低成本的学生，提高高收入家庭子女比重而不是教育生产率。智利的例子表明，在控制了学生家庭背景后，私立学校的学生成绩可能还低了一些，最好地讲也是与公立学校类似，但私立学校支付的成本大约比公立学校要低13%—17%。私立学校的成本节约主要来自教师劳动合同可以不受教师工会影响，同时政府对必需的教学设施等方面的管制较少，因此可以支付较低的成本。虽然提高学生的成绩可能需要更多的经费，甚至在私立学校也是这样，但是在学生成绩一定的情况下，私立学校可能会节省经费。因为可以在不牺牲学生成绩的代价下，减少政府或者个人支付的教育费用，所以教育券对于“穷国”是一个较有吸引力的方案。Hart、Shleifer和Vishny（1997）则认为，教育服务供给者既可以投资于改进服务质量，也可以投资于降低成本。但由于合同是不完全的，私人供给者提高了教育质量主管当局观测不到，不会提高每一个学生的支付价格，因此私人供给者改进服务质量的激励不足，私人供给者更多的是进行成本减少的创新和努力。

那教育券计划的公平效应又如何呢？智利的研究结果表明，教育券计划可能会带来不公平效应，会形成和加剧社会分层现象。Wells和Crain（1992）认为，家庭对子女就读学校的选择不仅仅是由资源的可得性决定的，还与信息和家庭社会地位相关：低收入家庭的父母可能没有学校质量的信息，获取这些信息可能是需要成本的；即使拥有这些信息，由于低收入家庭、低社会阶层族群与优势群体竞争处于不利地位，低收入家庭可能也不会选择将孩子送到高社会阶层家庭子女为主体的学校，即使他们支付得起教育的直接、间接成本。另外，一些高收入家庭父母也通过阻止低收入家庭子女进入自己子女就读的学校来强化自己的认知。很多时候，相同家庭背景学生在城市公立学校可能比私立学校考试成绩更好，且班级规模也差不多，但公立学校还是很难吸引高收入家庭的家长。这些父母关注学校学生父母的平均受教育程度和没有经过调整家庭背景的考试成绩，而不是“价值的增加”（value - added）。教育券计划给消费者更多选择同时，也扩大了居民之间的分化。

综上所述，教育券计划改变了公立学校管理者和教师的激励和约束，但教育券带来的效益增进并没有均匀地分配在每一个孩子身上。竞争只是教育券诸多效应中的一个，教育券增加了学生的分化和分层，有能力和有特权家庭的学生首先脱离公立学校，这些学生的离开通过同群效应影响了留下来的学生。评价教育券计划改革需要对竞争效应和撇脂效应赋予权重，不同的权重赋予方式会导致不同的评价方式和结果。智利的教育市场化表明，教育券计划增加了父母的学校选择机会，但并没有显著地改善学校传输知识的效率，提高学生成绩；教育券计划通过同群效应，增加了学校系统的不平等。虽然增加选择机会可以增加福利，但也带来了不平等，不平等又会降低社会的整体福利。教育市场化并没有解决高收入家庭与低收入家庭之间的成绩差距，也没有解决对高质量教育的获得差距，智利公立学校质量的增加不是来自私立学校的竞争，而主要是来自教育部的干预，新的课程材料和教师培训计划。

6.3.2 教育券：中国实践与评价

中国的教育券实践起始自 2001 年的浙江“长兴试验”。2001 年 7 月，长兴县出台了“教育券使用办法”：向就读民办学校的新生，发放面值 500 元的教育券；向就读公办或民办职业学校的学生，发放面值 300 元的教育券。入学后教育局根据学校提供的教育券金额将对应教育经费发放给学校。2002 年，教育券的发放范围扩大到贫困家庭学生：2002 年秋天，全县 351 名贫困家庭的初中生、小学生，分别领到了面值 300 元和 200 元的教育券，这样合计全县共有 5064 名学生从教育券计划中受益。在此之后，长兴县教育券制度的实践探索仍在深入，该县还大胆提出设想，将在高中阶段全面实施教育券制度。这一设想将分两步实行，稳妥推进：2003 年 9 月到 2005 年 7 月为试行阶段，主要补助和扶持薄弱学校；2005 年 9 月起，在学校发展趋于均衡的条件下，全面实施教育经费拨款机制的重大改革。

毫无疑问，教育券计划是现有状况下最好地结合了政府的教育支出责任和市场化的教育服务供给机制的制度之一。“长兴试验”通过将教育经费发放给学生和家长，增加了学生和家长选择机会的同时，减轻了学生和家长的教育支出负担，较好地执行了政府的教育支出责任，有利于社会最优教育规模的实现，这是长兴教育改革模式中比宿迁模式要好的地方。但是毫无疑问的是，“长兴试验”的教育改革无论是其目的性、彻底性，还是其有效性都无法与宿迁教育改革相比拟，这是由其改革的增量性、不彻底性决定的。“长兴试验”的象征意义大于实际意义，它的许多现实做法并没有很好地贯彻教育券的理论设想，从而使得教育券制度的实施有名无实，或者徒有其表。其最根本的缺陷在于没有进行相应的激励机制改革，没有形成有效的自由选择和竞争，长兴模式所具有的问题并非“长兴试验”所独有，在中国教育券实践中这样的问题是普遍的[①]。

“长兴试验”的目的是促进私立学校或职业学校的发展，采取给私立或职业学校拨去教育经费的方式。这样可以一方面降低学费，有利于更多的学生自由选择是就读于公立学校还是就读于私立学校；另一方面私立学校由于学费降低，价格降低就有更多与公立学校竞争生源的空间，因为竞争的武器有两个：价格与质量。但“长兴试验”对公立学校的影响是有限的，甚至是在没有触动公立学校利益的前提下进行的，属于“增量改革”。如前文所言，教育券计划最重要的评价维度是：选择、竞争、成绩和公平。在“长兴试验”中，由于政府教育经费拨款中没有将教育经费全部转换为教育券模式，不存在或较少存在私立学校和公立学校为了争取生源而进行竞争，这样公立学校没有激励机制改善内部管理和内部分配制度。由于分配制度没有得到改进改善，教师的工作激励也没有得到加强，教师的工作强度和工作质量仍然处于原有公立学校的状态，这不利于教学质量的提升。由于公立学校激励机制没有相应改善，政府对私立学校的补贴可能只会导致学生从公立学校向私立学校，加剧教育的不公平效应，由于同群效应，也不能很好地提高学生成绩绩效。

另外，“长兴试验”中教育券的面值和资助范围表现出多样化、随

① 吴华、薛兆丰和艾萨克：“中国‘教育券’实践的现状、未来与前景”，《教育发展研究》2005年第6期，第15—19页。

意化，由于实行的是增量改革的双轨制，教育经费要在公立学校拨款和私立学校教育经费之间进行划分，只不过私立学校的教育经费划拨方式为教育券。这种双轨模式很有可能会诱发腐败、资金渗漏和浪费，诱发学校投入资源从事非生产率提高的寻租活动。这种制度建设缺乏规范性与长期性，人为色彩过于浓重，没有形成制度化的教育经费划拨方式和划拨范围，制度弹性越大就越容易滋生腐败和资金的不合理使用。“长兴试验”的根本问题之一就是没有将这一制度予以规范化、长期化。而且教育券面值的随意化、多样化，会导致政府承诺的可兑现程度低，没有规范制度约束，使得学校没有固定的资金来源，没有合理的预期。这种背景下，学校即使得到教育经费也未必会将之投入教学设备改造，提高教师激励，而有可能将之储存起来以应对资金来源可能面临的短缺风险，政府投入对教育发展意义并不大。

为什么“长兴试验”会将教育券理论转化成这种双轨模式的增量改革，转化为一种不规范的制度建设？薛兆丰认为，在中国，地方政府全面实施教育券计划存在较大的阻力，有较大的政治风险①。中国教育券计划全面实施的主要阻力有两个：首先是教师团队。教师的反对来自两个方面：一旦实施教育券计划，学校和教师将面对前所未有的竞争，原来一些习惯了照本宣科的教师，难以适应市场化的竞争挑战，他们会反对教育券计划的实施；中国各级政府为每个教师建立了由上级财政直接拨款的工资账户，这被看作对教师福利的保障机制，要实施教育券计划，就要取消这种例行划拨的体系，这样做的阻力很大。其次是财政拨付制度。中国各级政府预算的制定是一个“自下而上”的过程，各种基层将自身的需求逐步汇总形成上级政府宣布的预算。在这个过程中，不同基层部门总是在争夺潜在的预算额度。那么，在教育券制度下，谁

① 引自《金融时报》中文版，2005 年 12 月 6 日。

有积极性向上级政府争取预算呢？教育管理部门已经无权划拨教育经费，没有积极性；学校争取教育经费具有外部性，争取到更多的教育拨款，在教育券体制下这些拨款也很可能流入其他学校；家长也有“搭便车”的倾向。因此，实施教育券计划的最终结果，无异于让政府放弃教育的职责。

相对于“长兴试验”，湖北监利的教育券改革可能更彻底。监利教育券的设计包括了“改革政府对义务教育的投入体制、教育服务引入市场机制、积极鼓励社会各界投资兴办教育、建立学校民主管理新机制、实施教职工全员聘用制度、改革教职工工资分配制度、强化政府责任建立和完善服务体系和监控体系”七项制度，计划到 2004 年完成“建立教师流动服务中心和教育信息分布中心，全面实施‘义务教育卡’制度、办理教职工基本医疗保险、建立学校教学质量评估体系、建立学生个人信息管理网络系统、建立市场定价的学校收费机制”等项工作，同时要对教师工资的形成机制进行重新安排。但由于各方压力，资源约束条件以及外部舆论环境的影响，监利教育券改革没有得以成功实施，以失败告终。但是监利进行的教育改革实践，为我们进一步思考中国教育券改革推进留下了相当多的财富，最为核心的就是教育改革是一个系统工程。

监利与“长兴试验”虽然都属于利用教育券工具，但从精神实质上它更接近于宿迁教育改革，因为他们的改革更为彻底，都是计划从根本上重塑学校和教师激励机制。对这三个地区经济社会发展状况进行研究，我们很容易发现，湖北监利和江苏宿迁都属于经济发展状况较差，政府财政能力有限，教育发展经费严重短缺的情况；浙江长兴则属于经济发展状况良好，政府财政势力雄厚的案例，由此也可以理解为什么在改革的彻底性、根本性上差异如此巨大。诺斯和托马斯（1973）写道，在人口对稀缺的资源禀赋产生巨大压力时，会导致那些支配产权规则的制度发生变迁。与之类似，资源短缺情况下诱发的改善资金使用效率的制度变迁必然更彻底，更为有效，这是宿迁教育改革和监利变法留给我们的最大财富，这为未来中国教育改革积累了丰富的实验素材。但是宿迁教育改革和监利变法也昭示了，没有相应的更加宏观层面的制度变革，单纯依赖地方政府，改革效果会大打折扣。另外，如何有效地转变政府职能，对市场化的教育供给进行监管和指导也是中国教育市场化未尽的课题，教育改革的未来仍任重而道远。

第 7 章　结论与未来展望

党的十九大做出了实施“乡村振兴战略”的重大决策部署，习近平总书记在多个场合、多次强调，“从中华民族伟大复兴战略全局看，民族要复兴，乡村必振兴”。要求“举全党全社会之力推动乡村振兴，促进农业高质高效、乡村宜居宜业、农民富裕富足”。而“促进农业高质高效、乡村宜居宜业、农民富裕富足”的一个重要抓手毫无疑问就是促进农村教育发展，教育发展可以促进人力资本积累，提高农民解决非常规、非均衡问题的能力，而高质高效农业的本质就是增加复杂性和不确定性，存在诸多的技术问题和管理问题。本书研究的农村教育问题主要是 1949—2009 年间的中国农村教育问题，虽然仍有一些现象和当下的现实具有一定的可比性，但是更多的方面发生了变化，值得进一步深入思考。首先，由于城市化和工业化进程的加速，“农村”“农民”和“农业”的性质实质上都在改变，许多农村孩子纷纷进城，农村学校“撤点并校”。其次，本书研究的后期即 2010 年前后农村义务教育支出的经费责任逐步由基层政府尤其是县级政府负担转向由中央政府和省级政府负担，这大大改善了农村义务教育的发展状况，本书阐述的部分困境有所缓解。再次，由于国家经费支出增加，国家雇用了更多更好的师资充实农村教育，使得农村教育教学的质量也有所提高，某种程度上解决了一些激励问题。但是，不能否认中国农村教育发展中有一些根源性的问题，本书的研究仍然具有一定的启发意义：第一，中国农村教育的内容大多是脱离农村社会现实的，使得农村教育的回报率主要集中在“考大学”而不是农村生产生活实践上，这降低了家庭教育激励；第二，教育支出在地方政府的效用函数中处于可有可无的地位，甚至支出序列较为靠后，这导致了那些不可观测的、重要的支出总是存在缺口的；第三，公立学校尤其是农村公立学校，伴随着学生流失、师资流失，学校的多样性下降，同群效应丧失，这可能会导致教育质量的下降，同时学校仍然缺乏必要的竞争机制。

7.1 主要结论

第一个结论：教育回报率低导致中国农民家庭教育投资激励不高，信贷约束制约农民家庭教育支出能力，政府介入对农民家庭于事无补。

研究认为，经济发展中的农民家庭收入可以分为三块：农村农业收入、农村非农收入和城市工商部门收入，农民的教育投资激励取决于两个系列的内容：教育对农民家庭农村农业收入、农村非农收入和城市工商部门收入的影响，这被称为教育回报率；教育对农民家庭由平均收入较低的农村农业部门向平均收入较高的农村非农部门和城市工商部门的转移的影响，这被称为教育就业选择效应。我们认为，只有教育能够较好地促进农民家庭收入的增长，农民真正感受到教育投资的高收益，才会有激励农民加大教育投资。利用对江苏省宿迁市农民家庭的微观调查资料，我们发现中国经济发展中，农村教育回报率偏低。这主要表现为，占农民家庭收入比重较大的农村农业收入和外出务工收入教育回报率过低，而教育回报率较高的农村非农业在家庭收入中比重很小。教育对促进农民家庭由农村农业部门向农村非农部门转移几乎没有作用，对促进农村家庭向外出务工转移的作用也十分有限。总体而言，农民家庭感受不到教育投资的高收益，其教育投资激励不高就容易理解。我们这里的调研数据是2006年的，近些年来中国农村的教育回报率是否有了根本性的提高？邢春冰、陈超凡和曹欣悦（2021）利用1995—2018年五轮中国家庭收入调查数据，对城乡教育回报率进行测算，考查教育回报率的城乡和地区差异及其变化趋势。2018年，城市教育回报率为8.3%，农村教育回报率为5.8%，城乡教育回报率差异为2.5个百分点；相比2013年的5.8个百分点，城乡教育回报率差异明显缩小。在城乡教育回报率地区差异方面，经济发达省份的教育回报率较高，各省城镇地区的教育回报率差异有缩小趋势，但农村教育回报率的省际差异仍明显。

需要指出的是，邢春冰、陈超凡和曹欣悦（2021）发现将外出务工人员和永久迁移至城市的人口重新划回农村样本后，农村地区的教育回报率才显著上升。中国农村教育回报率提升主要体现在经济较为发达地区，主要是农村的生产生活方式发生了根本性的变化，教育找到了用武之地，这主要是在农村、农业生活中引入了机器设备、电子商务和高效农业等。但是在许多经济落后地区仍然存在着土地规模狭小，使用较为传统的简单劳动密集型的农业生产方式，农产品竞争仍然在低水平、数量竞争阶段，这导致了教育没有太多的用武之地，所以教育回报率低下影响农民对教育的看法和激励。由此可见，农村教育发展和农村产业发展可能是一个相互促进、相互循环的过程，农村教育发展绝不仅仅是经费投资的问题，父母的时间和精力支出是其中关键的一部分，孩子自身的学习激励也是非常重要的，这些可能依赖于教育回报率。值得进一步讨论的是农村教育回报率相当一部分来自于外出务工人员和永久迁移居民，这种较高的教育迁移回报率可能会导致一部分人有较高的教育投资激励，但是可能对那些迁移无望的人而言，教育投资本身是没有用的，故而教育投资激励下降。改变部分农村教育教学内容和方法可能是一种提高教育回报率的方法，这可能对于提升教育质量也有出其不意的效果。北京怀柔山区的九渡河小学通过引入木工课、豆腐课、爬树课不仅提升了教育质量，也提高了孩子实践能力。“乡村学校和乡村应该形成一个生态系统：学校引导学生实践，由此让他们探索发现农村的薄弱环节和不足。”同时也让孩子们学着用知识和方法去改造乡村，发展乡村，甚至可以进一步利用乡村学校补足农村的短板。九渡河小学正在做这样的尝试，“本地种植是最传统的耕作方式，但学校的试验田里也在尝试种一些新作物，比如试种佛手瓜等村里没有但利润高的品种，随时准备向全镇推广”。

第二个结论：财权事权不对称导致地方政府教育投资能力不足，现行经济体制下地方政府教育投资激励不高①。

1985 年中国政府确定的“分级办学，各负其责”的教育支出事权安排将主要的教育支出责任赋予了地方政府中的较低级别：县乡政府。1994 年实施的分税制改革将财政收入集中到较高级政府，特别是中央政府，这造成了严重的财权事权不对称现象。虽然近些年中央政府和高层级政府的财政补助越来越多，农村义务教育体系发展的困境得到了部分缓解，但是农村教育体系解决的只是生存问题，进一步发展和探索的问题仍然存在困境。2010 年以来，随着城镇化进程的快速推进和农村义务教育学校较大规模布局调整，我国义务教育城镇化率不断上升。义务教育城镇化水平反映的是学龄人口向城镇地区聚集、学校空间布局调整和学校功能样态转换的状况。目前，有近八成的义务教育阶段学生在

① 这一结论可能略有变化，随着中央政府教育财政支出增加，尤其是在贫困地区，农村教育发展有所改善，但是地方政府在教师工资、校舍方面仍有较多支持责任，地方政府依然存在激励不足的现象。本研究结论仍有其适用性。

城镇学校就读，而这一比例还在持续增加。这种义务教育城镇化趋势带来的是教育支出经费需求的变化，在农村地区存在校舍空置甚至关闭，但是在城镇地区许多“大校”“强校”基础设施建设不足，主要表现为教室紧张、运动场馆缺乏和基本生活设施缺失等。这种校舍建设、维护的支出往往经费需求量巨大，地方政府的财政能力并不充分，且没有教育支出激励，这可能会制约农村教育的进一步发展。当然地方政府也面临艰难而痛苦的选择：是要进一步创新农村不同形态学校的发展模式，配齐配强农村教师，关爱农村学生成长；还是重点办好“两类学校”，推动城镇大班、大校发展？而且伴随着科学技术发展，新的教育教学设施也需要比较大的投资，这种教育基础设施更新的责任如何划分，农村学校如何跟上都是值得思考和研究的主题。

第三个结论：教师和学校工作激励不足或扭曲，市场化改革有待规范[①]。

由于经济发展中劳动生产率提高作用于劳动力市场，提高了工资，也就提高了教师的机会成本，加剧了欠发达地区的教师流失和教师工作激励下降。为了阻止教育质量下滑，提高资金使用效率并节省资金、降低财政负担，许多地方开始教育市场化的尝试，近些年这些尝试已经开始逐步受到限制甚至在许多地方被叫停。公立学校教师和学校工作激励不足这是一个世界性的难题，可能和教育产品的特征有关系，教育质量的测量是非常困难的，教育具有公共品性质许多时候存在着政府的补贴和补助，这可能导致了教育机构之间尤其是公立学校之间竞争性不足。但是单纯的市场化可能导致压缩孩子的休息时间，转变成一种“疯狂刷题”“提前抢跑”的“内卷模式”也值得进一步反思。经济社会发展

---

① 2021 年 7 月 24 日，中共中央办公厅、国务院办公厅印发《关于进一步减轻义务教育阶段学生作业负担和校外培训负担的意见》，教师、学校激励结构可能会有所变化，但是有待观察。

所带来的农村、农业和农民巨变可能对农村学校建立、管理制度变革更是系统性的挑战，人口向城镇集中，农业生产方式巨变导致的农业人口流失，大量“农民”变成了“农民工”，农村学校嵌入农村社区、农村社会的结构逐步松动。学校教师甚至农村学校本身都不再是农村社区、农村社会的一部分，这使得原来可以弥补收入不足的一些激励也开始丧失了，农业生产在国民经济中式微、农民人口向城市、城镇流失甚至进一步挑战了原有的乡镇政府、县级政府管理体制。依赖政府管理来提高教师和学校工作激励的方法可能也是有限的，这些都值得进一步研究。

7.2 未来展望

过去10年由于中国社会的不断变化、发展，中国农村教育发展的问题也出现了巨大的变化，虽然中国农村教育困局的具体形式有所变化，但是中国农村教育发展仍然存在诸多问题。甚至这些发展困局产生的根本原因变化并不大，我们认为，这主要在两个方面：资源短缺和激励机制扭曲，而激励机制的扭曲进一步加剧了资源短缺。根据基本经济学观点，资源短缺的根本原因在于激励机制的扭曲，因此我们提出本书的核心结论：提高参与人的激励。提高参与人的激励包含一系列的制度改革计划与机制的重新安排，可以划分为：提高农民的激励、提高地方政府的激励、提高学校和教师的激励。而且这些参与人之间的激励结构可能是一个相互影响的系统，农民教育投资的激励依赖于教育质量和教育内容，而教育质量和教育内容涉及提高学校和教师的激励，提高学校和教师的激励则可能需要更多的教育资源投入，这可能需要地方政府有更多的激励。因此，农村教育改革是一个系统工程。农村教育改革不能仅仅引进私立学校进行市场化，私立学校由于营利性导向，其激励根源必然在于更多获得利润，如果激励机制不对，后果不堪设想，必须限制私立学校利用其他手段而不是改善内部管理、提升教育教学质量获得更多利润的可能。公立学校必须对教育经费获得来源进行改革，让其更多地以学生和家长为导向，而不是以政府为导向，这需要政府建立明确的财政拨付制度，形成对教育转移支付的合理预期，而且与之相配套要进行教师档案管理改革、教师福利制度改革、公立学校管理人员任免制度改革、教师分配制度改革等。教师激励的加强必须是保障其合理的收入水平和充分合理的收入分配机制，保证教师收入能够吸引社会优秀人才加盟，能够激励在职教师加强工作强度，提高工作质量。而教育改革一个重要的基础是资源可得性，没有充足的教育经费，一切改革都将无功而返，这涉及政府财政制度体系安排和提高地方政府的激励。而地方政府激励改革则是一个更大的系统性问题。

2021年是中国共产党建党100周年，中国特色社会主义建设决定了建立普遍而广泛的教育体系是中国经济社会发展的重要特色之一，这也是驱动中国经济起飞的重要引擎。1949年新中国成立之后，中国政府探索出一条中国特色的“低成本、可复制、有特色、高成效、可持续、生态化”的农村教育发展道路，积累了规模巨大的人力资本存量。但是改革开放之后，尤其是20世纪90年代以来，中国农村教育发展遇到了非常多的发展困境，主要表现为资源短缺和参与激励不足等问题，这些问题在发展过程中有一部分得到了解决，但是还有一些又发展出了新的形态。中国农村教育发展表现出的乡村学校大量撤并、农村学校管理层级逐渐上移、政府管理学校责任不断加强本质上是中国社会不断变化发展带来的，农村社会的发展变化引发了乡村民众参与学校治理的热情也有所下降，农民、学校、社区和国家之间的关系面临重构的挑战。农村教育体系从传统社会结构中“脱嵌”，导致这些负担和要求转移给政府组织，甚至传统地方政府体系也在逐步转变，无力也没有激励承担这种社会组织重构，可能重建多元主体共治的农村教育体系就是非常必要的。这种多元主体共治的局面可能需要中央政府、地方政府、社会组织尤其是“乡村组织”都要参与进来，构建的农村教育要紧扣时代脉搏、扎根乡土社会，要把握振兴机遇，开展生命教育、重拾生活教育、探索生态教育，促进农村教育形成天地人和谐、教学做合一、家校社共育的大教育观念和大教育格局，重新焕发生机与活力。

参考文献

[1] Ashenfelter, O. A. , Krueger, A. B. , 1994, Estimates of the economic return to schooling from a new sample of twins. American Economic Review, 84 (5): 1157 – 1173.

[2] Banerjee, A. & A. F. Newman, 1998, "Information, the Dual Economy and Development", the Journal of Economic Studies, 65 (4): 631 – 653.

[3] Baumol, 1967, Macroeconomics of Unbalanced Growth: The Anatomy of Urban Crisis, The American Economic Review, Vol. 57, No. 3, Jun. 415 – 426.

[4] Baumol, W. J. 2002, "Towards Microeconomics of Innovation: Growth Engine Hallmark of Market Economics", Atlantic Economic Journal, 30 (1): 1 – 12.

[5] Becker and Lewis, 1973, On the Interaction between Quantity and Quality of Children, Journal of Political Economy, 81: 279 – 288.

[6] Becker、Murphy and Tamura, 1990, Human capital , Fertility, and Economic Growth, The Journal of Political Economy, Vol. 98, No. 5, S12 – S37.

[7] Carnoy and McEwan, Does Privatization Improve education? The

Case of Chile's National Voucher Plan, www. stanford. edu/dept/SUSE/ICE/carnoy/Chilepaper. pdf.

[8] Carriker, G. and A. Featherstone; T. Schroeder, 1993, "Farm Household Consumption Patterns", Review of Agricultural Economics, Vol. 15, No. 1. , 63 –73.

[9] Charlton and Andras, 2005, Universities and social progress in modernizing societies: how educational expansion has replaced socialism as an instrument of political reform, Critical Quarterly, Volume 47, Issue 1 –2, 30 –39.

[10] Das Gupta, M. , 1987, "Informal Security Mechanisms and Population Retention in Rural India", Economic Development and Cultural Change, 36 (1): 101 –120.

[11] Fan, 2004, Child Labor and the Interaction between the Quantity and Quality of Children, Southern Economic Journal, 71 (1): 21 –35.

[12] Fan, S. and O. Stark, 2007, "International migration and 'educated unemployment'", Journal of Development Economics, 83: 76 –87.

[13] Fleisher, Belton M. , Wang, Xiaojun, 2004, Skill differentials, return to schooling, and market segmentation in a transition economy: The case of mainland China. Journal of Development Economics, 73 (1): 315 – 328.

[14] Friedman, M. 1955, The role of government in education. In R. A. Solo (Ed.), Economics and the public interest. New Brunswick, NJ: Rutgers University Press.

[15] Greenwood, J. and A. Seshadri 2004, "Technological Progress and Economic Transformation", NBER Working Paper, No. 10765.

[16] Hart, Shleifer, Vishny, 1997, The Proper Scope of Government:

Theory and an Application to Prisons, The Quarterly Journal of Economics, Vol. 112, No. 4 , Nov. 1127 -1161.

[17] Heckman, James J, 1978. "A Partial Survey of Recent Research on the Labor Supply of Women," American Economic Review, American Economic Association, vol. 68 (2): 200 -207.

[18] Heckman, James J. , and Hotz, V. Joseph, 1986, An Investigation of the Labor Market Earnings of Panamanian Males Evaluating the Sources of Inequality, The Journal of Human Resources, Vol. 21, No. 4, Autumn: 507 -542.

[19] Hannum E. and C. Buchmann, 2005, Global Educational Expansion and Socio - Economic Development: An Assessment of Findings from the Social Sciences, World Development, 33 (3): 333 -354.

[20] Huffman, 1980, Farm and Off - Farm Work Decisions: The Role of Human Capital, The Review of Economics and Statistics, Vol. 62, No. 1: 14 -23.

[21] Jones, P. , 2001, Are educated workers really more productive? Journal of Development Economics, Vol. 64: 57 -79.

[22] Kasliwal:《发展经济学（英文版）》，东北财经大学出版社1998年版。

[23] Li, Haizheng, 2003. Economic transition and returns to education in China. Economics of Education Review, 22 (3): 317 -328.

[24] Li, T. , Zhang, J. , 1998, "Return to education under collective and household farming in China", Journal of Development Economics, Vol. 56: 307 -335.

[25] Loury, G. , 1981, "Intergenerational Transfers and the Distribution of Earnings", Econometrica, Vol. 49, No. 4: 843 -867.

[26] Lucas R. 1988, "On the mechanics of economic development". Journal of Monetary, (22): 3-42.

[27] McMahon, W. 1991, "Relative returns to human and physical capital in U. S. and efficient investment strategy", Economics of Education Review, Vol. 10, No. 4.

[28] Meng, X. and M. Kidd (1997), "Labor Market Reform and the Changing Structure of Wage Determination in China's State Sector during the 1980s", Journal of Comparative Economics, 25 (3): 403-421.

[29] Niskanen, William A. 1975, "Bureaucrats and Politicians," Journal of Law and Economics, Dec., 617-634.

[30] Niskanen, William A. 1968, "The Peculiar Economics of Bureaucracy," The American Economic Review, May, 293-305.

[31] Parish, W. L., & Willis, R. J., 1993, Daughters, Education, and Family Budgets: Taiwan Experiences. Journal of Human Resources, 28 (4), 863-898.

[32] Psacharopoulos, G., 1994, "Return to education: A global update", World Development, Vol. 22, No. 9, 1325-1343.

[33] Qian, Roland and Xu, "Why is China Different from Eastern Europe? Perspectives from Organization Theory", European Economic Review, 1998, 43 (46): 1058-1094.

[34] Ray, D. (2000), "What's New in Development Economics?", The American Economist, 44 (2): 1-23.

[35] Rothchild, M. and J. E. Stiglitz, 1976, "Equilibrium in Competitive Insurance Markets: An Essay in the Economics of Imperfect Information," Quarterly Journal of Economics, 80: 629-649.

[36] Sachs, J., X. Yang, D. Zhang (2000), "Globalization, Dual

Economy, and Economic Development", China Economic Review, 11: 189 -209.

[37] Spence, A. M, 1973, "Job Market Signaling", Quarterly Journal of Economics, 87: 355 -374.

[38] Tressel, 2003, Dual Financial Systems and Inequalities in Economic Development, Journal of Economic Growth, 8, 223 -257.

[39] Wolf A., 2005, "Educational Expansion: The worms in the apple", Economic Affairs, Volume 25, Issue 1: 36 -40.

[40] Yang, D. T., 2005, Determinants of schooling returns during transition: Evidence from Chinese cities, Journal of Comparative Economics, 33: 244 -264.

[41] Yao, Y., Rural industry and labor market integration in eastern China, Journal of Development Economics, Vol. 59, 1999. 463 -496.

[42] Yao, Yi, 2005, "Equalizing or Not? Assessing the Intergovernmental Grants and Their Incentive Effects in China's Fiscal Reform," working paper accepted by Far Eastern Meeting of the Econometric Society, July 9th - 12th, 2006, Tsinghua University, Beijing, China.

[43] Zhang, J., Liu, P. and L. Yung, 2007, "The Cultural Revolution and returns to schooling in China: Estimates based on twins", Journal of Development Economics, 84: 631 -639.

[44] Zhang, J., Zhao Y., Park A., Song X. 2005, "Economic Return to Schooling in Urban China: 1988 -2001", Journal of Comparative Economics, 33 (4): 730 -752.

[45] Zhao, Y., "Labor Migration and Returns to Rural Education in China", American Journal of Agricultural Economics, Vol. 79 (1997), No. 4, 1278 -1287.

[46] 艾利思：《农民经济学：农民家庭农业和农业发展》，上海人民出版社 2006 年版。

[47] 巴泽尔：《产权的经济分析》，上海人民出版社 1997 年版。

[48] 贝克尔：《人力资本理论：关于教育的理论和实证分析》，中信出版社 2007 年版。

[49] 布坎南：《自由、市场与国家》，北京经济学院出版社 1988 年版。

[50] 蔡昉、都阳、王美艳：《中国劳动力市场转型与发育》，商务印书馆 2005 年版。

[51] 陈建军：《中国高速增长地域的经济发展：关于江浙模式的研究》，上海人民出版社 2000 年版。

[52] 陈吉元：《中国农村社会经济变迁（1949—1989）》，山西经济出版社 1993 年版。

[53] 陈晓宇、陈良焜、夏晨："20 世纪 90 年代中国城镇教育收益率的变化与启示"，《北京大学教育评论》（第 1 卷）2003 年第 2 期，第 65—72 页。

[54] 道、汉科和瓦尔德斯：《发展经济学的革命》，上海三联出版社 2000 年版。

[55] 邓宏图、李亚："过渡期中国制度变迁的经济史解释：1956—1996——'体制困局'与改革的内生性和过渡性"，《南开经济研究》2005 年第 2 期，第 3—11 页。

[56] 丁龙嘉：《改革从这里起步——中国农村改革》，安徽人民出版社 1998 年版。

[57] 杜育红、孙志军："中国欠发达地区的教育、收入与劳动力市场经历——基于内蒙古赤峰市城镇地区的研究"，《管理世界》2003 年第 9 期，第 68—75 页。

[58] 费孝通：《江村经济：中国农民的生活》，江苏人民出版社1986年版。

[59] 费雪：《州和地方财政学》，中国人民大学出版社2000年版。

[60] 福格尔：《第四次大觉醒以及平等主义的未来》，首都对外贸易大学出版社2003年版。

[61] 高默波："书写历史：高家村"，《读书》2001年第1期，第9—16页。

[62] 郭熙保：《经济发展：理论与政策》，中国社会科学出版社2000年版。

[63] 韩莉："非农就业机会和我国农村居民的教育需求"，北京大学中国经济研究中心硕士论文，来源自中国经济学教育科研网，2000年。

[64] 侯风云："中国农村人力资本收益率研究"，《经济研究》2004年第12期，第75—84页。

[65] 侯建新：《农民、市场与社会变迁：冀中11村透视并与英国乡村比较》，社会科学文献出版社2002年版。

[66] 胡家勇主笔：《转型经济学》，安徽人民出版社2003年版。

[67] 胡书东：《经济发展中的中央与地方关系：中国财政制度变迁研究》，上海人民出版社2001年版。

[68] 黄佩华：《中国：省级支出考察报告》，世界银行网站，2003年。

[69] 黄仁宇：《中国大历史》，生活·读书·新知三联书店1997年版。

[70] 黄宗智：《长江三角洲小农家庭与乡村发展》，中华书局2000年版。

[71] 库兹涅茨：《现代经济增长》，北京经济学院出版社1989

年版。

[72] 匡家在："1978 年以来的农村金融体制改革：政策演变与路径分析"，《中国经济史研究》2007 年第 1 期。

[73] 赖德胜："教育、劳动力市场与收入分配"，《经济研究》1998 年第 5 期，第 42—49 页。

[74] 赖德胜：《教育与收入分配》，北京师范大学出版社 2001 年版。

[75] 李春玲："文化如何影响人们的经济收益——对目前教育的经济收益率的考察"，《社会学研究》2003 年第 3 期，第 64—76 页。

[76] 李菁："不发达地区农村家庭土地禀赋与农户子女教育投资"，北京大学中国经济研究中心硕士论文，来源自中国经济学教育科研网，2002 年。

[77] 李实、丁赛："中国城镇教育收益率的长期变动趋势"，《中国社会科学》2003 年第 6 期，第 58—72 页。

[78] 李小平："中国制造业劳动生产率增长的源泉及其特征——基于'结构红利假说'的实证检验"，《当代财经》2008 年第 3 期，第 21—23 页。

[79] 联合国开发计划署驻华代表处：《联合国开发署驻华代表处政策和宣传文集：第一卷 扶贫和小额信贷》，社会科学文献出版社 2003 年版。

[80] 林毅夫：《制度、技术与中国农业发展》，上海三联出版社 1992 年版。

[81] 林毅夫、蔡昉、李周：《中国的奇迹：发展战略与经济改革》，上海三联书店、上海人民出版社 1994 年版。

[82] 刘易斯：《二元经济论》，北京经济学院出版社 1989 年版。

[83] 陆慧："我国城乡教育收益率的变动趋势"，《农业技术经济》

2004年第1期，第57—59页。

［84］罗楚亮："城镇居民教育收益率及其分布特征"，《经济研究》2007年第6期，第119—130页。

［85］麦金农：《经济市场化的次序——向市场经济过渡时期的金融控制》，上海人民出版社1997年版。

［86］缪尔达尔：《亚洲的戏剧：对一些国家贫困问题的研究》，北京经济学院出版社1992年版。

［87］诺斯、托马斯：《西方世界的兴起》，华夏出版社1999年版。

［88］青木昌彦、金滢基主编：《政府在东亚经济发展中的作用：比较制度分析》，中国经济出版社1998年版。

［89］青木昌彦：《比较制度分析》，上海远东出版社2001年版。

［90］瑞：《发展经济学》，北京大学出版社2002年版。

［91］森：《以自由看待发展》，中国人民大学出版社2002年版。

［92］世界银行：《中国长期发展的问题和方案的报告》，中国财政经济出版社1985年版。

［93］时磊："由灌溉系统的崩溃到西部乡村社区的瓦解——一个博弈论的分析框架"，《贵州财经学院学报》2005年第2期，第55—60页。

［94］时磊、杨德才："转型期外生公共品内生供给对农村社会的负面影响"，《求索》2006年第9期，第6—9页。

［95］时磊、杨德才："专业化分工、制度引进与新中国经济增长的内在逻辑"，《制度经济学研究》第十四辑，第128—143页。

［96］舒尔茨：《改造传统农业》，北京经济学院出版社1989年版。

［97］舒尔茨：《对人进行投资：人口质量经济学》，首都经济贸易大学出版社2001年版。

［98］孙志军："中国农村家庭教育决策的实证分析"，第三届中国经济学年会会议论文，2003年。

[99] 孙志军：《中国农村的教育成本、收益与家庭教育决策——以甘肃省为基础的研究》，北京师范大学出版社2004年版。

[100] 王绍光："为了国家的统一：中国财政转移支付的政治逻辑"，香港中文大学作者主页，2002年。

[101] 王燕："中国和世界的教育不平等"，载《中国公共财政改革：挑战与对策》，中国财政经济出版社2007年版。

[102] 王永钦、张晏、章元、陈钊、陆铭："十字路口的中国经济：基于经济学文献的分析"，《世界经济》2006年第10期，第3—20页。

[103] 吴华、薛兆丰和艾萨克："中国'教育券'实践的现状、未来与前景"，《教育发展研究》2005年第6期，第15—19页。

[104] 吴敬琏：《当代中国经济改革：战略与实施》，1999年、2004年。

[105] 肖冬连：《崛起与徘徊：十年农村的回顾与前瞻》，河南人民出版社1992年版。

[106] 杨德才：《中国经济史新论（1840~1949）》，经济科学出版社2004年版。

[107] 杨德才编著：《新制度经济学》，南京大学出版社2007年版。

[108] 杨小凯：《经济学原理》，中国社会科学出版社1998年版。

[109] 姚若冰：《中国教育：1949~1982》，华风书局1984年版。

[110] 姚洋："高水平陷阱——李约瑟之谜再考察"，《经济研究》2003年第1期，第71—79页。

[111] 伊斯特利：《在增长的迷雾中求索：经济学家在欠发达国家的探险与失败》，中信出版社2005年版。

[112] 张车伟、王德文："农民收入问题性质的根本转变——分地

区对农民收入结构和增长变化的考察”，《中国农村观察》2004 年第 1 期，第 2—13 页。

［113］张杰：《中国金融制度的结构与变迁》，山西经济出版社 1998 年版。

［114］张军：《中国经济改革的回顾与分析》，山西经济出版社 1998 年版。

［115］张军：《书里书外的经济学》，上海三联书店 2002 年版。

［116］张鸣：“为什么会有农民怀念过去的集体化时代”，《华中师范大学学报：人文社会科学版》2007 年第 1 期，第 4—6 页。

［117］张宇燕、高程：“海外白银、初始制度条件与东方世界的停滞——关于晚明中国何以‘错过’经济起飞历史机遇的猜想”，《经济学季刊》Vol. 4，No2，第 491—518 页。

［118］赵文斌：“农户资金流向的新趋势：山西省运城地区农民家庭支出的调查与思考”，《财金贸易》1992 年第 2 期，第 36—39 页。

［119］赵耀辉：“中国农村劳动力流动及教育在其中的作用——以四川省为基础的研究”，《经济研究》1997 年第 2 期，第 37—42 页。

［120］周黎安：“晋升博弈中政府官员的激励与合作——兼论我国地方保护主义和重复建设问题长期存在的原因”，《经济研究》2004 年第 6 期，第 33—40 页。

［121］周黎安：“中国地方官员的晋升锦标赛模式研究”，《经济研究》2007 年第 7 期，第 36—50 页。

［122］朱农：“论教育对中国农村家庭生产活动和收入的作用”，《中国人口科学》2003 年第 2 期，第 17—26 页。

附录一：

数据来源与统计描述

本文使用的微观数据称为“江苏宿迁调查”是由南京大学“天健社”20余名成员于2006年6月25日至7月9日在江苏省宿迁市宿豫区来龙镇上的农户家庭进行的调查。宿迁市是江苏省最为贫穷的地区之一，人均农民收入以及经济总量远远落后于其他地市，而来龙镇在2005年宿豫区乡镇经济排名中位列最后，所以这里的调查数据大致可以代表经济发展早期或者中期的农村情况，针对中国总体农村经济而言具有良好的代表性。来龙镇农村主要以种植业为主，当地农民主要种植一年一季的水稻和小麦。由于当地土壤是“岗土地”，不适合种植农业经济作物（如花生、油菜等），所以很多农家子弟选择外出务工。

数据采集采用随机抽样的方法。首先将来龙镇的行政村按照经济发展水平划分成上、中、下三个层次，然后从上、中、下每个层次分别随机抽取两个行政村。接着将这六村所有家庭进行编号，利用随机原则进行等距抽样，从每个行政村中抽取出76（66+10）个样本家庭，其中额外的10个家庭作为备选调查对象。如果在调查过程中，出现被访家庭家中无人等意外情况，我们分不同情况区别对待，若该家庭近期家中无人，就从额外10个家庭中进行递补；若该家庭暂时无人，那就暂时跳过这个家庭，在合适的情况下再进行访谈。

最终调查得到了418户91个项目的详细生产、生活资料，包括家庭收入、教育、家庭支出和医疗，本文主要利用的是家庭收入、家庭支出和教育三块资料。样本家庭的年均总收入为12109.46元，其中家庭平均种植业、养殖业、副业、外出务工收入分别为5883.444元、161.729元、2364.286元、3700元。样本家庭收入，包含家庭总收入和各种收入我们进行了对数处理，都显著地通过了正态性检验，虽然正态性检验结果并不会影响估计系数，但对统计检验具有重要的影响。教育指标数据主要有户主的受教育年限、户主配偶的受教育年限、家庭平均受教育年限、家庭最高受教育年限和家庭最低受教育年限，由于调查过程设计的问题，这些指标是通过受教育层级换算过来的，换算规则是根据中国农村教育的一般经验。当然我们还使用了教育层级的虚拟变量测度方式来测度教育。

为了避免回归过程的多重共线问题，我们对回归过程的可能涉及变量的相关系数进行了检验。首先发现，户主的受教育年限与户主的工作经验、工作经验的平方呈现高度相关，相关系数为-0.531、-0.523，如前文所述，这可能是由工作经验的处理方式导致的；户主的受教育年限与户主配偶的受教育年限表现出高度相关，相关系数为0.425，这可能是由于婚配时存在的“门当户对”导致的；户主的年龄与户主的受教育年限也呈现出高度的负相关，相关系数为-0.301，户主配偶的受教育年限与户主年龄也呈现出高度负相关，相关系数为-0.404，这些可能是由于教育扩展随时间发展而出现年龄越大受教育程度越低的现象。另外，我们也发现，家庭生产资料支出和家庭土地拥有量、家庭劳动力数量相关系数也过高，相关系数分别为0.417、0.325，这些都是农业生产中具有互补性的农业生产资料，所以具有较高的相关系数。

表1所描述的是从事各种生产活动的家庭教育指标的平均值和方差。这里对家庭参与某项活动与否的评定标准为：如果家庭某项收入为0或者缺失，我们将这个家庭该项生产活动的参与度计为0；如果该家

庭这项收入不为0且没有缺失，那么我们将该家庭该项活动的参与度计为1。由统计性描述可以看出，从事各种不同活动的家庭的教育特征即使有差异，差异也是很小的。我们认为，这样结论的得出与我们使用的活动参与标准具有重要的关系，由于样本地区尚属于经济发展比较落后的地区，家庭之间的专业化分工程度很低，大多数家庭都从事我们考虑的一种经济活动，即家庭的经济活动结构十分类似，所以这种家庭经济活动参与标准很难将不同家庭分开来。

表1　　调研资料各种教育指标的统计性描述

家庭参与活动	种植业	养殖业	副业	外出务工
户主受教育年限	7.169 (3.158)	7.186 (3.303)	7.726 (2.941)	7.258 (3.318)
户主配偶受教育年限	4.957 (2.913)	4.190 (2.424)	5.379 (3.080)	5.074 (3.098)
家庭平均受教育年限	8.458 (2.659)	8.494 (3.003)	8.532 (2.659)	8.602 (2.552)
家庭最高受教育年限	9.816 (2.997)	9.55 (3.254)	10.125 (3.383)	10.163 (2.907)
家庭最低受教育年限	4.453 (2.564)	4.1 (2.184)	4.790 (2.569)	4.511 (2.770)

注：括号内数值为标准差。

表2中我们试图使用一种新的家庭经济活动参与评定标准：如果某家庭某项收入占家庭收入的比重低于样本地区该项收入占家庭收入比重的平均水平，我们则将这个家庭该项生产活动的参与度计为0；如果该家庭这项收入占家庭收入的比重不低于样本地区该项收入占家庭收入比重的平均水平，那么我们将该家庭该项活动的参与度计为1。我们认为，如果一个家庭从某种经济活动中获得的收入超过了该地区的平均水平（包含该水平），则该家庭属于较为专业化于这项经济活动的家庭，

否则属于不专业化于该项经济活动。这样表2给出了较为专业化从事各种生产活动的家庭教育指标的平均值和方差。

表2　　调研资料整理后各种教育指标的统计性描述

家庭参与活动	总体	种植业	养殖业	副业	非农部门	外出务工
户主受教育年限	7.131 (3.237)	6.966 (3.303)	7.424 (3.597)	7.904 (3.050)	7.455 (3.324)	7.833 (3.185)
户主配偶受教育年限	5.084 (3.074)	5.000 (3.162)	4.424 (2.562)	5.469 (3.298)	4.937 (3.237)	3.750 (2.825)
家庭平均受教育年限	8.540 (2.647)	8.427 (2.495)	9.220 (3.311)	9.214 (2.710)	9.088 (2.928)	9.209 (3.111)
家庭最高受教育年限	9.760 (3.151)	9.220 (3.157)	9.667 (3.747)	10.673 (4.333)	10.273 (4.363)	11.250 (4.144)
家庭最低受教育年限	4.517 (2.630)	4.186 (2.563)	4.152 (2.181)	4.635 (2.559)	4.258 (2.501)	3.479 (2.458)

注：括号内数值为标准差。

对数据进行简单分析后我们发现，种植业收入占家庭收入比重较大的家庭户主的平均受教育程度要明显低于非农和城市部门收入占家庭收入较大比重的家庭。但非农部门收入占家庭收入比重较大的家庭并没有显著地显示出比外出务工收入占家庭收入比重较大的家庭户主更多的教育，可能的原因是：非农部门收入教育回报率虽然很高，但其收入并没有明显地表现出更大的吸引力；非农部门和城市外出务工就业表现为一种家庭内部的分工，年纪较轻、受教育较多的子女主要从事收入更高的外出务工就业，年纪较大、受教育较少的户主及其配偶由于在城市中找到工作的概率较小，只好从事收入高于农村农业部门的农村非农部门。我们对数据进行统计发现，参与非农劳动的家庭户主年龄分布更大，而年龄较大的部分的户主显然受更少的教育，统计显示主要从事非农业的家庭户主的年龄方差是9.735，而主要从事外出务工的家庭户主年龄方差为8.523。户主配偶的受教育年限最低的是主要从事养殖业和外出务工的家庭，如前文所述，这可能与样本地区养殖业尚处于发展比较低级的阶段、家庭主要使用家庭内劳动力从事养殖业有关，由于家庭内分工，户主配偶若受教育较少、较早参加劳动，就主要承担家庭粗重的养殖活动，而其他人由于分工就可以去参与外出务工活动。家庭平均受教育年限除了主要从事种植业的家庭较低外，其余的主要从事农村非农部门和外出务工的家庭各种教育指标的平均值和方差相差无几。家庭最高受教育年限平均值最高的是主要从事外出务工和副业活动的家庭，可能说明样本地区的养殖业和种植业还属于技术层次较低的养殖业和种植业，对教育需求不多，而对于外出务工的工作，受教育最高的人可能更容易冲破劳动力市场分割。

附录二：

教育体制分权与计划经济时期的学校发展“奇迹”：经济史的再考察[①]

内容提要：中华人民共和国成立以来学校教育发展堪称“奇迹”，这一“奇迹”相当部分是计划经济时期（1949—1978年）完成的。计划经济时期普通学校发展“奇迹”的成因是什么？1949年中华人民共和国成立后，实现了教育指导思想的“大众化”转向，其重要体现是教育体制分权。计划经济时期教育体制分权体现在：第一，坚持国家办学和厂矿企业、社队办学的“两条腿走路”方针；第二，建立了具有中国特色的“民办教师”制度。教育体制分权降低了就学的直接成本和机会成本，提高了教学质量，推动了学校教育的发展“奇迹”。使用全国层面时间序列数据，省级层面静态面板、动态面板数据分析均证实，测量教育体制分权的普通学校专任教师数是推动在校学生数量增长的核心因素，许多时候学校数量增长也是非常重要的，但这一指标噪音较大。最后，利用研究结论反思当前农村教育发展的一些问题。

一、问题的提出和现有研究述评

中华人民共和国成立以来学校教育发展堪称“奇迹”，依据巴罗和

---

① 本文原发表于《中国经济史研究》2018年第4期。

李（Barro 和 Lee，2013）的研究[①]，1950 年中国全体国民平均受教育年限为 1.61 年，仅为当年世界平均水平的 54%，2010 年则上升为 7.95 年，达到了当年世界平均水平的 95%；更有趣的是 1980 年的 5.31 年，是当年世界平均水平的 98%[②]。依据下文测算，1965 年中国已基本实现普通小学适龄人口全覆盖，2008 年基本实现普通初中适龄人口全覆盖，普通高中适龄人口入学率由 1949 年不足 1% 上升为 2010 年的 42%，普通高校适龄人口入学率也由 1949 年不足 1% 上升为 2010 年的 23%，这些数据均表明新中国存在学校发展的“奇迹”。更令人吃惊的是，学校教育发展“奇迹”相当部分是在计划经济时期（1949—1978 年）完成的，这似乎与直观印象存在较大不同[③]。计划经济时期学校教育发展的经验是什么？这个问题具有某种程度的现实意义。改革开放后中国经济发展取得巨大成就，但学校教育发展甚至略慢于世界平均水平，部分地区农村学校辍学率逐渐增加，2008 年后高考报名人数不断下降。“以史为鉴，可以知兴替。”重新思考计划时期学校教育发展正当其时。

本文的核心问题是：计划经济时期学校教育发展“奇迹”的成因是什么？现有文献几乎没有直接相关研究。但是，戈尔丁和凯兹（Goldin 和 Katz，2003）[④] 对长达两个世纪美国教育革命的研究提供了许多启发。她们认为，美国教育发展历史的大多数时间段都是由一些突出的“优点”支撑的，这些优点包括：小型的、财政独立的学区（可称为教育体制分权[⑤]），公共资助、世俗控制、性别平等，机会开放和课程标

---

① Barro and Lee, “A New Data Set of Educational Attainment in the World, 1950 - 2010”, *Journal of Development Economics*, Vol 104, 2013, 184 - 198.

② 数据库没有报告 1977 年、1978 年和 1979 年数据，故使用 1980 年。

③ 如蔡昉、都阳：“‘文化大革命’对物质资本和人力资本的破坏”，《经济学（季刊）》2003 年第 3 期，第 2 卷第 4 期。

④ Goldin and Katz, The “Virtues” of the Past: Education in the First Hundred Years of the New Republic, 2003, No. w9958. *National Bureau of Economic Research Working Papers.*

⑤ 吴念香：“美国教育分权体制给我们的启示”，《高教探索》1989 年第 7 期。

准化。这些优点使得教育机构数量迅速扩张，最早推动了教育大众化的发展。早在 1950 年美国全体国民平均受教育年限就高达 8.40 年，仅次于新西兰和瑞士。对照中国计划经济时期，似乎也存在公共资助、世俗控制、性别平等、机会开放和课程标准化，但是这些内容似乎都可以由教育体制分权涵盖，同时中国教育体制分权似乎也与美国有所差异。赵耀辉（Zhao，1997）① 的研究主题与这篇文章有较高相关度，为什么改革开放前中国农村教育回报率较低，但入学率却比较高？她探讨了中国城乡劳动力流动限制政策下教育回报率主要体现为“迁移收益”，故而学校教育需求强烈。时磊、杨德才（2014）② 承接这一思路，将城乡迁移扩展到了“部门迁移”，但这两个研究都属于教育发展需求视角，与本文不同。

教育体制分权是指教育管理部门为发挥底层组织的主动性和创造性，把教育事务决策权分配给下属组织机构，中央政府、高层级政府只集中少数重大问题决策权的教育制度设置。中国计划经济时期为什么会发生教育体制分权？这可能和毛泽东同志对高度集中的计划经济体制的批评有关（麦克法夸尔、费正清，1992；吴敬琏，1999）③，新中国成立初期曾鼓励民间办学，但 1953—1957 年学习苏联式计划经济体制期间对民办中小学进行整顿，使得学校数量和在校学生数大为减少。更为重要的原因可能是教育发展指导思想的“大众化”转向，戈尔丁和凯兹（Goldin 和 Katz，2009）④ 将 20 世纪称为“人力资本的世纪”，她们

---

① Zhao Y. Labor Migration and Returns to Rural Education in China. *American Journal of Agricultural Economics*, 1997, 79 (4): 1278 - 1287.

② 时磊、杨德才：“‘分权计划经济’时期的普通教育发展：经济史的再考察”，《南京大学学报（哲学社会科学版）》2014 年第 1 期。

③ 麦克法夸尔、费正清等：《剑桥中华人民共和国史——中国革命内部的革命（1966—1982）》，中国社会科学出版社 1992 年版。吴敬琏：《当代中国经济改革：战略与实施》，上海远东出版社 1998 年版。

④ Goldin and Katz, *The Race Between Education and Technology*. Harvard University Press, 2009.

发现到20世纪末，即使是最贫穷的国家也已经向大多数国民提供初等以及更高阶段的教育；而在20世纪之初，甚至直到20世纪中期，就连很多相对较为富裕的国家，也只有那些有财力自费上学的人才有机会接受教育，中国的情况也毫不例外。依据《中国教育年鉴（1949—1981）》资料显示[①]，1949年新中国成立前，中国成人识字率不足20%，文盲比例非常高，最核心成因可能是教育发展指导思想的“精英化”。

中国传统时代教育体系是以科举制为纲目，科举制下能接受比较深入教育的人口比例是非常少的。依据罗兹曼（2010）的研究[②]，19世纪整个清朝只有2万人左右通过科举考试获得行政职位，我们将之视作接受深入教育并成功毕业者，相对4亿左右人口规模，比例可忽略不计。即使包含更加宽泛的“士绅阶层”结论不变，这个数字大约有140万人[③]。传统时代中国教育体系是以选拔社会精英、完善国家治理为目的的。近代以来，教育体系才逐渐出现了“大众化”趋势，以提升人力资本存量为目标。1905年的“清末新政”废除科举制度，中国教育发展开始引入现代教育思想，但教育大众化的理念并未深入人心，虽然在大中城市建立了许多新式学校，但相对于庞大人口基数仍显严重不足。首先是新式学校数量非常有限，其次是分布非常不平衡。新中国成立前中学主要建立在大中城镇，许多县没有中学，很多区、乡没有小学。边远省份和少数民族地区更为严重，1946年新疆只有8所中学，宁夏也只有5所中学，青海只有4所中学，西藏连1所中、小学都没有。大部分农村地区仍然依赖非正规传统私塾教育。

---

① 《中国教育年鉴》编辑部：《中国教育年鉴（1949—1981）》，中国大百科全书出版社1984年版。

② 罗兹曼：《中国的现代化》，江苏人民出版社、凤凰出版传媒集团2010年版，第55页。

③ 原始资料来自张仲礼（1955），转引自罗兹曼：《中国的现代化》，江苏人民出版社、凤凰出版传媒集团2010年版，第79页。

值得关注的是，中国共产党的教育发展指导思想从一开始就是“大众化”的。早在井冈山时期，毛泽东同志就指出：苏维埃文化教育的总方针，“在于以共产主义精神来教育广大劳苦民众，在于文化教育为革命战争与阶级斗争服务，在于使教育与劳动联系起来，在于使广大中国民众都成为享受文明幸福的人”。1940 年毛泽东同志的《新民主主义论》要求建设“民族的、科学的、大众的新民主主义文化”。[①] 新中国成立后提出的人民政府的文化教育方针，主要是以提高人民的文化水平，培养国家建设人才，肃清封建的、买办的、法西斯主义的思想，发展为人民服务的思想为主要任务。但是，教育发展指导思想的“大众化”转向又产生了哪些具体的制度设计和政策规划呢？新中国成立初期首先是继承了国民政府时代建立的学校基础，虽然起初也鼓励民间办学，但是随着学习苏联式计划经济对民办教育进行治理整顿，开办学校的权力被集中上收，学校数量和在校学生数量都大幅度减少。最初教育制度设计和政策规划是不成体系的，主要是在各级现有学校基础上实行“向工农开门”方针，在中等以上学校设立了人民助学金，使得各级学校中工农成分的学生逐年增加。直到 1958 年开展轰轰烈烈的“教育革命”时期，教育体制分权才开始逐步建立。

我们认为，明显具有中国特色的计划经济时期教育体制分权主要包括两个方面：第一个是坚持国家办学和厂矿企业、社队办学的“两条腿走路”方针；第二个是建立了具有中国特色的“民办教师”制度。教育发展指导思想的“大众化”转向意味着全体国民都有接受教育、提升人力资本的权利和义务，这导致更多的学校建立、更多的教师被招募，也就需要办学权力和教师招聘权力下放。教育体制分权将从两个方面影响微观家庭的教育选择：第一，降低接受教育的直接成本和机会成

① 转引自《中国教育年鉴（1949—1981）》，第 78 页。

本；更多的学校建立意味着学校与家庭的距离减少，降低了交通通信成本，学龄儿童作为家庭辅助劳动力的机会成本代价也较小，招募低成本“民办教师”也降低了办学费用。第二，教育教学质量得到提高。更多的“民办教师”招募使得师生比下降，“民办教师”更熟悉农村生活教学过程更有针对性，这些可能都会部分程度提高教育回报率。因此，我们预期，测量教育体制分权的学校建立数量、教师招募数量将会推动在校学生数量的扩张，这是本文的核心假说。研究的核心被解释变量是普通中学和小学适龄人口入学率、在校学生数，核心解释变量是普通学校数量和专任教师数[1]。

为增加理解，对测量教育体制分权的普通学校数和专任教师数描述如下[2]：1949 年全国范围普通小学学校有 34 万所，1975 年时增加到 109 万所，改革开放后由于撤点并校这一数量不断缩减；1949 年普通中学数量只有 4045 所（其中高中 1597 所，初中 2448 所），而 1977 年数量高达 20. 1 万所（其中高中 6. 5 万所，初中 13. 6 万所）；专任教师数增加也非常迅速，1949 年普通小学有 83. 6 万人，1976 年这一数据是 528. 9 万人；普通中学专任教师数 1949 年仅有 6. 7 万人（其中高中 1. 4 万人，初中 5. 3 万人），1977 年增加到 318. 7 万人（其中高中 82. 6 万人，初中 236. 1 万人）。更为重要的可能是，教育发展较落后省份学校数和专任教师数增长快速，推动学校教育发展“奇迹”的出现[3]：1949 年，普通中学学校数，青海只有 3 所，宁夏、新疆只有 9 所，数量最多的广东有 454 所；1977 年，青海普通中学数量为 885 所，宁夏、新疆分别为 779 所、1851 所，数量最多的是山东省的 2 万所。而小学学校数量

---

① 民办教师并没有作为一个单独的统计类别，数据缺失严重，我们主要使用专任教师数替代测量。

② 数据来源自《新中国 60 年统计资料汇编》。

③ 这一部分数据由作者整理自各省统计年鉴和统计资料汇编。

的增长趋势稍慢一些。专任教师数类似，1949 年，青海中学专任教师数只有 63 人，宁夏 145 人，新疆 172 人，最多的是四川为 7896 人；1977 年青海 0.85 万人，宁夏 1.1 万人，山东的数量更是达到 27.78 万人。

二、背景介绍和研究设计

（一）背景介绍

由于没有建构起可以精确表达的科学知识体系，人类社会早期的知识传承主要依赖“学徒制度”和“在职培训”（Goldin and Katz, 1998）[①]，学校教育主要的目标是选拔社会精英、完善国家治理。教育发展指导思想由“精英化”向“大众化”转向是漫长历史孕育的结果，原因可能包括技术进步的速度加快、人口流动性增强等，19 世纪晚期的美国是人类历史上第一个开始普及初等教育的国家。美国 19 世纪普及初等教育、20 世纪初开始的“中学革命”非常重要的一个实现方式就是“教育体制分权”，建立更多的正规学校和招募更多的专任教师，这主要是通过小型的、财政独立的学区实现的[②]。新中国成立前中国学校教育发展表现出明显的“精英主义”色彩，社会底层的知识传承具有明显的“学徒制度”和“在职培训”特征，学校教育主要是培养政府官员，这在科举制度废除之前表现得特别明显，儒家教育的核心目标就是“治国、平天下”。新中国成立后，尤其是 1958 年“教育革命”以来，教育发展指导思想产生了明显的“大众化”转向，教育教学内容发生了重大变革，办学、教师招聘权力下放：第一，坚持国家办学和

① Goldin and Katz, “The Origin of Technology - Skill Complementarity”, *The Quarterly Journal of Economics*, Vol. 113, No. 3, 1998, 693 - 732.

② Goldin and Katz, *The Race Between Education and Technology*. Harvard University Press, 2009.

厂矿企业、社队办学的“两条腿走路”方针；第二，建立了具有中国特色的“民办教师”制度。

坚持国家办学和厂矿企业、社队办学的“两条腿走路”方针，是新中国成立后党和政府普及中小学教育一贯坚持的核心政策。早在1951年5月，时任教育部部长马叙伦在政务院报告中就明确指出：“1950年在农村实施鼓励群众办学的政策，大大提高了群众办学的积极性。该年民办小学在校生662.3万人，占全国小学总在校生人数的22.9%。”① 但全面学习苏联计划经济的1952—1957年间，由于对民办中小学进行整顿，使得这些学校数量和在校学生数大为减少，直到1958年9月19日中共中央、国务院下发《关于教育工作的指示》，正式确立了“两条腿走路”的方针。这一指示明确指出，办学“既要有中央的积极性，又要有地方的积极性和厂矿、企业、农业合作社、学校和广大群众的积极性，为此必须采取统一性与多样性相结合，普及与提高相结合，全面规划与地方分权相结合的原则”②。这篇文章的“教育体制分权”，指的是国家允许并鼓励厂矿、企业和农业合作社办学，甚至国家在办学经费上给予一定的补助和支持，这件事情发生在1958年的“大跃进时期”。到1958年年底，普通中学学校数比1957年暴增160%，普通小学学校数也增加了41.9%。如前文所述，学校数量增加将降低直接就学成本。

1958年迅速的“教育革命”虽然深受当时蔓延全社会的“浮夸风”和“大跃进”影响，很多普通中小学建立过于草率，合格的教师队伍、严格的课程体系并没有得到有效实施。但1961年开始的“纠正、调整、充实和提高”时期，这些新增中小学学校至少有一半被保留下

---

① 转引自《中国教育年鉴（1949—1981）》，第123页。

② 中共中央政策研究室：《建国以来重要文献选编（第11册）》，中央文献出版社1995年版，第493页。

来，后经过《中学五十条》《小学四十条》等教育部文件的实施，切实提高了教育质量，教育发展成果得到部分巩固。值得指出的还有这一时期教育教学内容改革，即著名的“两种教育制度和两种劳动制度”（刘少奇，1958）[①]，这是教育发展指导思想“大众化”的重要体现，有一些文献批评教育内容生产劳动化可能降低了教育质量。但张俊森、廖柏伟和尤丽华（2007）[②] 认为，这种强调实际工作经验，让大中小学学生参与农业和工厂生产劳动，提高动手操作能力，未尝不是一种良好的教育方法。他们使用双胞胎数据估计“文革时期”和非“文革时期”的教育回报率，惊奇地发现“文革时期”的教育回报率竟然高于非“文革时期”。这篇文章认为，生产劳动使得学生更接近现实世界，增进了他们的现实技能，磨炼了他们的意志，这种早年的经历和艰难困苦可能使人更努力工作，更有纪律，更有责任感，抵消了知识学习不足。这种更加注重实践性的教育内容设置可能改变了教育回报率，是学校教育发展的推动力之一（时磊、杨德才，2010）[③]。

教育体制分权的另一个表现是迅速增长的专任教师数，其中增长非常迅速的是一种新的类型——“民办教师”，他们是非官方招募的。1949年，我国普通小学专任教师数是83.6万人，1976年这一数字是528.9万人，这个数字甚至与2010年的差距已非常小。1949年，普通中学专任教师数是6.7万人，1977年的数量是318.7万人。依据李若建（2014）[④] 的研究，1950年，普通小学教师大约有25%是民办教师[⑤]，

---

① 刘少奇：《刘少奇选集（下卷）》，人民出版社1985年版，第279页。

② Zhang, Liu, and Yung, “The Cultural Revolution and Returns to Schooling in China: Estimates Based on Twins”, *Journal of Development Economics* 84 (2): 2007, 631–639.

③ 时磊、杨德才：“文革时期的教育扩展”，《二十一世纪》（香港）2010年第117期。

④ 李若建：“荆棘大道：改革开放前社会流动视角下中小学教师研究”，《开放时代》2014年第3期。

⑤ 值得指出，这一时期“民办教师”的含义与后来也有所差异。

普通中学教师此比例大约是35%；但1952年开始的民办学校整顿中这一比例大幅度下降：1956年，普通小学民办教师比例不足5%，普通中学更是不足1%。1958年“教育体制分权”后，民办教师数量迅速增加，到1978年，普通小学教师大约65%是民办教师，普通中学的比例也达到了16%。另一数据来源显示，1977年时普通中小学民办教师总数量是471.2万人，占据全国中小学教师总数量的56%[①]。“民办教师”招募持续到2000年，到目前一些省份这一问题仍没有得到完全解决，这是中国教育史一个值得研究的重要现象。民办教师招募降低了师生比、提高了教育质量，充实了边远农村，是学校教育发展的重要推动力。

“民办教师”通常指的是农村各类学校中没有“干部身份”的教师，工资来源经常是农村生产队，他们是教师队伍中地位和收入最低的一个群体，教师队伍“民办教师化”很大程度上降低了办学成本，加速了学校教育扩张。1968年11月14日，《人民日报》发表了山东省嘉祥县马集小学教师侯振民、王庆余的一封信，信中建议，“所有公办小学下放到大队来办，国家不再投资或少投资小学教育，国家不再发工资，改为大队记工分，教师都回本大队工作”。这封信列举许多理由，最关键的可能是“减轻国家负担”，可谓一针见血，它直接针对的就是穷国普及教育的基本困境[②]。由于这个“侯王建议”，民办教师招募数量快速增长，普通中小学办学成本大大降低，接下来是很长一段时间中小学教育迅速发展，但这也为民办教师待遇问题埋下隐患。由于较为低下的社会地位和收入水平，民办教师制度不具有可持续性，专任教师队伍吸引力较低、长期得不到更新，这使得中国农村教育质量下降，教育

① 刘英杰：《中国教育大事典（1949—1990）》，浙江教育出版社1993年版，第683页。

② 转引自李风华：《中国经济崛起的10大秘密读懂中国模式》，中国商业出版社2010年版。

预期收益率不高，这可能是农村辍学率居高不下的重要原因，农村教育发展的早期经验是后来的核心制约之一。

改革开放后中国学校教育发展速度整体也不慢，但是诚如前文所论证的略慢于世界平均水平，除了这个原因，我们将研究聚焦在计划经济时期（1949—1978 年）仍有如下几个原因：第一，计划经济时期学校教育发展比较特殊，这一时期人口高速增长与教育高速增长同时发生，这与经典教育需求理论的“数量—质量替代”存在一定差异（郭凯明、颜色，2011）[①]，更值得深入研究和探讨。第二，计划经济时期学校教育发展需求因素被严格控制，可增加研究结果的稳健性。计划经济时期中国普通居民家庭可支配收入水平几乎没有增长，人口流动被严格限制，因此居民教育需求可能变动不大，学校教育发展“奇迹”可能更主要是教育供给推动的。第三，计划经济时期的教育体制分权在改革开放后具有强烈延续性，地方政府开办和管理中小学的传统一直延续到目前，“民办教师”制度一直持续到 2000 年才停止，民办教师存量消化持续更久时间。将改革开放后时期加进来，问题复杂性将大大增加，这将作为进一步的研究方向。

（二）研究设计

本文的实证部分区分为全国数据的时间序列分析和省级数据的静态面板、动态面板分析，主要理由是，我们首先试图证明学校教育发展“奇迹”并不是适龄人口高速增长的结果，但是省级层面适龄人口数据构造工作量更大、存在更多问题，而且本文的适龄人口构造方法并不完善。全国数据的时间序列分析被解释变量是普通高中、初中和小学适龄人口入学率、在校学生数，解释变量是普通学校数量和专任教师数。普

---

① 郭凯明、颜色：“性别偏好与人口转型”，《经济学（季刊）》2011 年第 3 期，第 10 卷第 4 期。

通高校没有纳入研究范围，这是由于计划经济时期尤其是“文化大革命”期间对高等学校发展进行明显干预，而且高等学校发展在计划经济时期整个教育体系中占比并不重要。使用在校学生数而不是毕业生数或招生数是为了降低数据波动性，这三个数据时间序列趋势是非常类似的，测量适龄人口入学率时使用在校学生数可以降低测量误差。普通高中、初中和小学在校学生数、学校数量、专任教师数均来自《新中国六十年统计资料汇编》，对原始数据均取自然对数。适龄人口数估算自《中华人民共和国人口统计资料汇编：1949—1985》，使用1953年、1964年、1982年3次人口普查数据构造了“适龄人口数”，依据孟昕和赵国昌（2016）的研究[①]，将6—12岁界定为普通小学适龄人口，13—15岁为普通初中适龄人口，16—18岁为普通高中适龄人口，1953年前（包含1953年）适龄人口数据使用1953年人口普查年龄数据前推，假设适龄人口数量年度间不变，其余依次类推[②]。这种适龄人口数据估算可能存在明显的测量误差，但没有更合适的方法，我们下文使用改变年龄组的稳健性检验，使用在校学生数除以适龄人口数，可以部分降低可能的测量误差。

全国数据分析主要使用时间序列方法。时间序列方法的起点是平稳性检验，平稳性假设是时间序列分析中合理且最重要的假设，其基本思想是，时间序列行为不随时间而变化。对一组非平稳的变量组合，如果经过某种线性组合后可以变成平稳的，那么这组变量就被定义为是“协整”的。尽管这些变量随时间而变化，但随时间推移它们将一起运动，即存在某种影响这些序列的共同因素，使得它们在长期中受到某种

① Meng and Zhao, “The Long Shadow of the Chinese Cultural Revolution: the Intergenerational Transmission of Education”. *Social Science Electronic Publishing*, 2016.

② 这种估算方法存在明显的缺陷，如匿名审稿人所指出的，“使用普查数据进行外推，实际上忽略了人口死亡率的变化（尤其是分年龄段的死亡率），而这一时期的死亡率变化是十分明显的，并且经历了大饥荒的剧烈波动；当时普遍存在推迟入学的现象，即入学年龄远高于6岁”。

关系的约束，“协整关系”可以视作长期均衡现象。对不随时间变化的平稳性序列，格兰杰[①]提出了一种著名的因果性检验，即如果一个变量的滞后项对于解释另一个变量的未来数值有帮助，我们称之为第一个变量是第二个变量的“格兰杰原因”。虽然格兰杰因果关系并非真正意义的因果关系，它只是一种动态相关关系，但在相关变量动态关系研究中可以为我们提供足够的启发意义（陈强，2015）[②]。为节省篇幅，我们的研究设计是，首先对所有时间序列变量进行平稳性检验，这一结果放在附表1中；其次，检验普通高中、初中和小学适龄人口入学率、在校学生数之间的“协整关系”，各级学校适龄人口入学率、在校学生数量和学校数量、专任教师数的“协整关系”[③]；再次，检验“格兰杰因果关系”。

现有研究几乎很少使用时间序列方法捕捉因果关系，时间序列方法主要功能是预测，因果关系识别可能还需依赖省级面板分析。1949—1978年分省教育发展具体数据来源放在附表2中，我们整理了普通高中、初中（许多统计资料中两者进行了合并）和小学的在校学生数、学校数量和专任教师数，这些变量数值均取自然对数。控制变量主要包括：总人口数对数、农村人口比例、人均国民收入对数、国民收入中第一产业比例、总国民收入对数，这些数据整理自《新中国六十年统计资料汇编》。这一部分使用的计量经济学方法，主要是静态面板的固定效应、随机效应，使用豪斯曼检验确定哪一种方法更合适，以及一阶差分广义矩估计（GMM）的动态面板回归。为了减轻联立性和逆向因果可能导致的内生性问题，核心解释变量均滞后1期。许多研究发现，不随时间改变、随时间改变的个体效应的控制，是减少遗漏变量问题的重

① Granger, “Investigating Causal Relations by Econometric Models and Cross - spectral Methods”, *Econometrica*: 37 (3), 1969: 424 - 438.

② 陈强：《计量经济学及Stata应用》，高等教育出版社2014年版。

③ 误差修正模型结果有兴趣读者可以向作者索取。

要方法，因此我们引入固定效应和随机效应模型，同时也对异方差进行了处理。由于学校教育发展具有较强的时间延续性，引入被解释变量滞后项可能是重要的，但这种做法会带来内生性问题，当被解释变量滞后项系数不同于1时，使用一阶差分广义矩估计动态面板回归可能更加有效。

三、实证结果

（一）全国数据的时间序列分析

首先我们对所有时间序列变量进行平稳性检验，结果放在附表1中，结果表明，全部被解释变量和解释变量水平值非平稳，而经过一次差分之后都拒绝了原假设，因而可以认为所有序列均只有一个单位根。表1报告了对各组变量进行的“协整关系”存在性检验，主要结论整理如下：（1）普通小学适龄人口入学率和初中适龄人口入学率组合、普通初中适龄人口入学率和高中适龄人口入学率组合通过了传统的“协整关系”检验，统计上是显著的。这个结果说明，计划经济时期学校教育发展过程中，普通小学适龄人口入学率、初中适龄人口入学率和高中适龄人口入学率存在联动关系，可能是较低层级教育迅速发展产生了对较高层级教育的需求，也为之提供更大的选择人群。（2）令人困惑的是，普通小学在校学生数和初中在校学生数组合、普通初中在校学生数和高中在校学生数组合都没有通过“协整关系”检验，统计上是不显著的。在校学生数与适龄人口入学率之间的不同在于后者去除了“适龄人口数量”，我们猜想，原因可能是由于适龄人口数变动是不平稳的，进一步检验证实，适龄人口数量进行一次差分之后仍然是不平稳的[①]。这一结果说明，虽然普通小学、初中和高中教育发展存在着联动

① 由于篇幅限制，这里没有报告。

作用，但是在校生数量关系并不是长期稳定的，正如数据表明的，各层级教育发展的增长差异非常大。

表1　　计划经济时期中小学教育发展数据的“协整关系”检验结果（1949—1978年）

	组合	Rank	迹统计量	5%临界值	是否存在“协整关系”
	初中入学率—小学入学率	1	0.3728*	3.76	是
	高中入学率—初中入学率	1	0.7167*	3.76	是
	初中学生数—小学学生数	0	14.6053*	15.41	否
	高中学生数—初中学生数	0	11.8868*	15.41	否
普通高中	入学率—教师数对数	0	13.8989*	15.41	否
	入学率—学校数对数	0	7.1931*	15.41	否
	在校生数量—学校数对数	0	7.2095*	15.41	否
	在校生数量—教师数对数	1	0.9135*	3.76	是
普通初中	入学率—教师数对数	0	7.2688*	15.41	否
	入学率—学校数对数	0	6.3555*	15.41	否
	在校生数量—学校数对数	0	14.0244*	15.41	否
	在校生数量—教师数对数	1	1.7328*	3.76	是
普通小学	入学率—教师数对数	0	11.9314*	15.41	否
	入学率—学校数对数	0	13.8506*	15.41	否
	在校生数量—学校数对数	0	14.8234*	15.41	否
	在校生数量—教师数对数	1	2.7445*	3.76	是

注：本表数据由作者使用Stata12.0计算得到。由于篇幅限制对表格进行了压缩，不显著的Rank结果被删除，误差修正项模型结果也没有报告，有兴趣读者可以向作者索取。

表1中，我们同时检验了普通高中、初中和小学适龄人口入学率、在校学生数对数和学校数对数、专任教师数对数之间的“协整关系”，主要结果是：（1）普通高中、初中的适龄人口入学率与学校数对数值、专任教师数对数值组合均没有通过“协整关系”检验，统计上是不显著的；普通小学的适龄人口入学率与学校数对数值组合没有通过“协

整关系”检验，但是与专任教师数对数组合则通过了“协整关系”检验。这一结果可能是由于学校数量、专任教师数主要影响的是在校学生数量而不是适龄人口入学率，而普通小学由于几乎全覆盖，所有两个变量表现出一定程度类似性。（2）普通高中、初中、小学的在校学生数对数与专任教师数对数组合均通过“协整关系”检验，统计上是显著的；但是与学校数对数的组合均没有通过“协整关系”检验，一方面这一结果证实了我们前文的猜测，另一方面可能说明学校数量是一个噪音较大的教育体制分权变量。最典型的是普通中学数量从1957年的11096所突然增加到1958年的28931所，1965年只有18102所，1966年则增加到了55010所，巨大的波动性显示这一指标不如专任教师数稳健。实证结果基本可以证实，教育体制分权推动学校教育发展。

对不随时间变化的平稳性序列，“格兰杰因果”检验可以考察变量动态相关关系，并可以部分推测变量间因果关系。我们将所有涉及变量做一阶差分得到平稳性序列，然后执行“格兰杰因果”检验，由于篇幅限制，我们对结果进行了压缩。表2仅保留了10%显著性水平显著的结果，结果显示，初中入学率是高中入学率的格兰杰原因，这个结论与前文是一致的，说明计划经济时期教育发展普通初中、高中的联动性具有更好的稳健性。普通高中教师数与高中学生数，初中教师数与初中学生数互为格兰杰原因，这个结果说明教师数可能是更好的教育体制分权测量，这与前文结论也是一致的。初中学校数是初中入学率的格兰杰原因，这个结论说明初中学校数可能是比较正常的，能作为教育体制分权的测量方式之一。在格兰杰因果检验中，所有普通小学相关变量之间并没有表现出任何的统计上显著的“格兰杰因果关系”，这里原因可能是1965年前普通小学已经实现适龄人口全覆盖，计划经济时期普通小学教育发展变异性较低，我们可类比戈尔丁和凯兹（Goldin 和 Katz，2008）[①] 将这一时期中国教育发展称为“中学教育革命”。

表 2　　计划经济时期中小学教育发展数据（1949—1978 年）“格兰杰因果”检验结果

原假设	F 值	自由度	P 值
初中入学率是高中入学率的格兰杰原因	3.17	2	0.064
高中教师数是高中学生数的格兰杰原因	4.07	2	0.033
高中学生数是高中教师数的格兰杰原因	4.24	2	0.029
初中学校数是初中入学率的格兰杰原因	2.96	2	0.075
初中教师数是初中学生数的格兰杰原因	5.25	2	0.015
初中学生数是初中教师数的格兰杰原因	4.25	2	0.029

资料来源：本表数据由作者使用 Stata12.0 计算所得。由于篇幅限制对表格进行了压缩，只保留了 10% 水平显著的“格兰杰因果检验”结果，有兴趣读者可以向作者索取。

综上所述研究使用全国层面普通高中、初中和小学适龄人口入学率、在校学生数测量计划经济时期中国学校教育发展“奇迹”，使用“协整关系”检验和“格兰杰因果”检验来推断这一时期的学校教育发展原因。“协整关系”检验结果表明，各级学校适龄人口入学率间表现出明显的长期联动关系，低层级学校迅速发展是高层级学校发展的基础；专任教师数作为一个更好的教育体制分权测量变量，与学校教育发展指标间呈现出显著的长期均衡关系，学校数量指标存在着较大噪音。“格兰杰因果”检验结果整体上支持了“协整关系”检验结果，只是比“协整关系”检验结果更加严格，各层级学校之间的支持关系只表现在普通初中和高中学校间，专任教师数与在校学生数互为因果也只表现在普通高中、初中学校。而普通初中学校数量也是在学校生数的格兰杰原

① Goldin and Katz, “Why the United States Led in Education: Lessons from Secondary School Expansion, 1910 to 1940”. *NBER Working Papers*. 2008.

因，这一结果可以支持我们的理论猜想，只是计划经济时期中国学校数量波动性太大，尤其是两次行政性分权时期，这使得这一指标存在较多噪音。整体而言，我们认为，全国层面时间序列数据分析可以实证，教育体制分权是推动学校教育发展的重要原因。

（二）分省数据的面板方法分析

分省数据回归结果列示在表3中，这里报告了学校数量对数、专任教师数对数对普通中学、小学在校学生数对数的影响，普通高中、初中的相应回归结果放在附表3中，由于“文化大革命”时期学制与之前存在差异（“缩短学制”），我们进行了分时期的回归[①]。担心逆向因果、联立性导致的内生性问题，我们将所有的解释变量都滞后1期，并引入了控制变量：农村人口比、农业产值比、总人口对数、总国民收入对数、人均国民收入对数，对固定效应和随机效应进行了豪斯曼检验，发现固定效应模型更优一些，所以结果报告部分使用固定效应结果。模型（1）、模型（2）显示，控制了许多变量、简单处理了内生性问题后，专任教师数对数、学校数量对数仍然稳健、显著地推动普通学校教育在校学生数的增长，普通高中、初中的结果也是类似的。对普通中学的分时期回归结果显示，1949—1966年、1967—1978年时间段内普通学校数量、专任教师数仍然稳健、显著地促进在校学生数的增长，后一个时期的影响似乎更显著一些。普通小学的分时期回归结果更加有意思，1949—1966年间专任教师数的效应竟然是统计上不显著的，而学校数量的效应明显高于下一个时期，而1967—1978年间两种效应都是显著的，这可能和1968年后“民办教师”招募迅速增长有关，第一个时期主要是学校建立推动学校教育发展，第二个时期则主要是民办教师招募，这一结果对理解计划经济时期教育发展有益。

---

① 感谢匿名审稿人指出这一点。

表 3　　计划经济时期中小学教育体制分权与教育发展省级静态面板回归结果（1949—1978 年）

	(1)	(2)	(3)	(4)	(5)	(6)
被解释变量	普通中学在校生对数	普通小学在校生对数	普通中学在校生对数		普通小学在校生对数	
回归时间段	1949—1978 年	1949—1978 年	1949—1966 年	1967—1978 年	1949—1966 年	1967—1978 年
回归方法	固定效应	固定效应	固定效应		固定效应	
专任教师数对数滞后 1 期	0.569***	0.424***	0.251***	0.457***	−0.069	0.308***
	(20.30)	(11.79)	(3.62)	(15.48)	(−0.41)	(10.72)
学校数对数值滞后 1 期	0.225***	0.191***	0.194***	0.243***	0.262**	0.120***
	(8.95)	(7.38)	(3.43)	(8.71)	(2.31)	(5.65)
农村人口比滞后 1 期	0.635***	0.048	1.915***	0.505***	2.293***	−0.043
	(6.08)	(0.55)	(2.62)	(5.41)	(2.92)	(−0.72)
农业产值比滞后 1 期	−0.205***	−0.010	0.042	−2.398***	0.102	−1.462***
	(−4.81)	(−0.28)	(0.42)	(−12.94)	(0.91)	(−13.78)
人均国民收入对数滞后 1 期	0.999***	−0.046	0.259	−0.205	−0.281	−1.456***
	(4.27)	(−0.24)	(0.45)	(−0.59)	(−0.45)	(−6.85)
总人口对数滞后 1 期	1.437***	0.718***	0.986*	0.341	1.647***	−0.287
	(6.04)	(3.73)	(1.83)	(0.96)	(2.83)	(−1.27)
总国民收入对数滞后 1 期	−0.982***	−0.056	0.248	0.121	0.504	1.230***
	(−4.26)	(−0.29)	(0.44)	(0.36)	(0.81)	(5.86)
常数项	−11.078***	−2.209	−8.931*	0.503	−11.006**	9.789***
	(−5.13)	(−1.28)	(−1.69)	(0.15)	(−1.99)	(4.85)
样本数	1211	1200	228	983	229	971
样本组数	28	28	16	28	16	28
组间 R 平方	0.922	0.693	0.790	0.824	0.521	0.622
F 值	1989.927	376.058	110.482	634.724	32.033	219.877
(P 值)	(0.000)	(0.000)	(0.000)	(0.000)	(0.000)	(0.000)

注：括号内数值为异方差、序列相关修正后 t 统计量值。***、** 和 * 分别表示 1%、5% 和 10% 水平上的统计显著性显著。

我们担心在校学生数量具有较强的时间延续性，可能对结论产生较强的影响力，所以做了如下稳健性检验。引入被解释变量的滞后项，滞后项的引入可以控制在校学生数量内在的演变趋势，但引入被解释变量滞后项，将导致较严重内生性问题，因此我们援引较为成熟的动态面板回归方法，经验法则发现，当被解释变量的滞后项系数接近 1 的时候，系统广义矩估计更为有效，这里回归系数不符合这一条件，故而只是用差分方程的一阶差分广义矩回归。回归结果列示在表 4 中，由于不确定应该将学校数量对数、专任教师数对数设置为内生变量还是外生变量，我们对之进行了反复试验。回归结果显示，即使控制了内在时间趋势之后，普通小学的专任教师数对数、学校数量对数对在校学生数的促进作用仍然是较为显著的，普通中学的专任教师数对数是不显著的，但学校数量的效应在统计上是显著的，本文的核心研究结论，教育体制分权是计划经济时期教育发展“奇迹”的重要原因是可以得到数据支持的。使用新生招生数量、毕业生数量的稳健性检验回归结果也是类似的，由于篇幅限制我们这里不予报告了。综合上述分析，我们认为，这篇文章的假说，教育体制分权是计划经济时期学校教育发展奇迹，是可以得到实证数据的支持的，这是中国教育发展过程的核心“优点”之一。

四、结论性述评

诚如姚先国、张海峰（2008）[①] 等研究所表明的，劳动力平均受教育程度的提高，对中国的地区经济增长具有显著积极的意义，但是现有研究却较少探讨劳动力平均受教育程度提高的原因，尤其是近似于奠基意义的计划经济时期学校教育发展，这篇文章对这一主题进行了初步的

---

① 姚先国、张海峰：“教育、人力资本与地区经济差异”，《经济研究》2008 年第 5 期。

表4　　计划经济时期中小学教育体制分权与教育发展省级动态面板回归结果（1949—1978年）

	(1)	(2)	(3)	(4)	(5)	(6)	(7)	(8)
被解释变量	普通中学在校生对数				普通小学在校生对数			
被解释变量滞后1期	0.723***	0.602***	0.607***	0.606***	0.469***	0.415***	0.555***	0.660***
	(6.56)	(4.53)	(5.36)	(6.66)	(4.69)	(4.78)	(5.43)	(6.38)
专任教师数对数	0.137	0.135	0.168	0.143	0.234	0.345**	0.187	0.287**
滞后1期	(0.84)	(0.68)	(0.82)	(0.82)	(1.47)	(2.45)	(1.14)	(2.01)
学校数对数值	0.148**	0.183***	0.140*	0.158**	0.215***	0.173	0.235***	0.108
滞后1期	(2.53)	(2.69)	(1.94)	(2.30)	(3.61)	(1.45)	(2.75)	(1.25)
农村人口比	0.469**	0.947*	0.617*	0.684**	0.035	0.071	0.127	0.085
滞后1期	(2.18)	(1.92)	(1.78)	(2.12)	(0.14)	(0.19)	(0.52)	(0.27)
农业产值比	-0.361	-0.270	-0.109	-0.124	0.102	0.097	0.125	0.143
滞后1期	(-1.59)	(-1.09)	(-0.33)	(-0.54)	(1.00)	(1.03)	(1.35)	(1.42)
人均国民收入对数	1.807	1.607	0.662	0.728	-0.681	-0.477	-0.598	-0.685
滞后1期	(1.18)	(1.16)	(0.36)	(0.58)	(-1.19)	(-0.90)	(-1.17)	(-1.19)
总人口对数	1.463	1.767	0.797	0.968	-0.544	-0.438	-0.506	-0.866*
滞后1期	(0.84)	(1.10)	(0.44)	(0.70)	(-1.15)	(-0.86)	(-1.21)	(-1.70)

续表

	(1)	(2)	(3)	(4)	(5)	(6)	(7)	(8)
总国民收入对数 滞后 1 期	-1.754 (-1.13)	-1.545 (-1.10)	-0.609 (-0.33)	-0.680 (-0.54)	0.686 (1.21)	0.475 (0.90)	0.624 (1.25)	0.701 (1.25)
样本数	1182	1182	1182	1182	1168	1168	1168	1168
样本组数	28	28	28	28	28	28	28	28
AR^2 (P 值)	-0.517 (0.605)	-0.619 (0.536)	-0.590 (0.555)	-0.598 (0.550)	-1.233 (0.218)	-0.971 (0.331)	-0.990 (0.322)	-0.899 (0.369)
Hansen 统计量 (P 值)	24.537 (1.000)	23.594 (1.000)	25.236 (1.000)	25.064 (1.000)	22.282 (1.000)	22.011 (1.000)	21.032 (1.000)	21.550 (1.000)

注：括号内数值为异方差、序列相关修正后 t 统计量值。这里回归方法是一阶差分 GMM 动态面板回归方法，方程（1）、方程（5）将专任教师数、学校数均设置为外生变量，方程（2）、方程（6）学校数外生变量、专任教师数内生变量，方程（3）、方程（7）学校数内生变量、专任教师数外生变量，方程（4）、方程（8）均设置为内生变量。***、** 和 * 分别表示 1%、5% 和 10% 水平上的统计显著性显著。

探索。对照美国学校教育发展历程，我们总结出了计划经济时期中国学校教育发展的“优点”，最根本的是实现了教育发展指导思想的“大众化”转向，这主要体现为教育体制分权。明显具有中国特色的计划经济时期教育体制分权表现在两个方面：第一个是坚持国家办学和厂矿企业、社队办学的“两条腿走路”方针；第二个是建立了具有中国特色的“民办教师”制度。教育体制分权的两个方面推动了更多的学校建立、更多的教师招募，降低了就学的直接成本和机会成本，提高了教育质量，联合起来诱发了在校学生数的迅速增长，实现了学校教育发展的“奇迹”。进一步，这篇文章使用全国数据的时间序列分析，分省数据的静态面板、动态面板分析表明，测量教育体制分权的学校数量、专任教师数是推动计划经济时期在校学生数增长的核心原因，这证实了教育体制分权可能是计划经济时期学校教育发展“奇迹”的形成“优点”之一。

这篇文章研究结论具有某种程度现实意义，新中国成立后学校教育实现了奇迹般的增长的，但改革开放后伴随中国经济发展的巨大成功，学校教育发展速度还略慢于世界平均水平①，同时城镇地区和农村地区学校教育发展非常不平衡，依据袁桂林等（2004）②、时磊（2009）③ 的研究，城镇地区义务教育阶段辍学率几乎为 0，而农村地区仍然存在较高的义务教育、非义务教育辍学率。此外，根据教育部《2017 年高招调查报告》，以及尹银、邬沧萍（2016）④ 的研究，2008 年后高考报名

---

① 改革开放后学校教育发展速度下降也可能是由于边际效应导致的，教育体制分权初期推动学校教育迅速发展是由于基数比较低，感谢匿名审稿人指出这一点。

② 袁桂林、洪俊、李伯玲和秦玉友：“农村初中辍学现状调查及控制辍学对策思考”，《中国教育学刊》2004 年第 2 期。

③ 时磊：《经济发展中的中国农村教育问题研究》，博士学位论文，南京大学经济学院 2009 年，第 39 页。

④ 尹银、邬沧萍：“扩招以来高考报名人数减少的原因——基于省级面板数据的分析”，《兰州学刊》2016 年第 10 期。

人数一直表现出下降趋势，上述现象的形成原因可能非常复杂，但是“撤点并校”导致的就学直接成本、间接成本提高，农村教育质量的下滑可能都是非常重要的。首先，虽然许多地方政府从财政角度大幅度撤点并校，具有一定的合理性，但是这一过程应加入更多的财政补助、家庭补贴以降低对学校教育发展的冲击。其次，教师招募去“民办教师”化，虽然部分提高教师所拥有的知识质量，但是可能现有教师队伍的教育教学远离农村生活内容，更加理论化，这些使得教学过程的预期收益率下降，可能是影响农村学校教育发展的核心原因之一。我们建议，加强对于新的农村教师队伍培训，设置更加符合农村生活的课程体系。

附表 1　　计划经济时期普通中小学教育发展数据平稳性检验结果（1949—1978 年）

变量	水平值		一次差分后	
	t 统计量	*P* 值	*t* 统计量	*P* 值
普通高中适龄人口入学率	-1.559	0.8080	-5.501	0.0000
普通初中适龄人口入学率	-1.077	0.9328	-2.727	0.0696
普通小学适龄人口入学率	-2.735	0.2219	-3.544	0.0069
普通高中在校生数对数值	-1.296	0.8889	-2.833	0.0537
普通初中在校生数对数值	-2.519	0.3184	-3.587	0.0060
普通小学在校生数对数值	-3.370	0.0556	-3.700	0.0041
普通高中学校数对数值	-2.757	0.2132	-3.501	0.0080
普通初中学校数对数值	-2.747	0.2173	-3.649	0.0049
普通小学学校数对数值	-2.548	0.3046	-4.577	0.0001
普通高中教师数对数值	-1.593	0.7950	-3.611	0.0055
普通初中教师数对数值	-2.065	0.5654	-3.639	0.0051
普通小学教师数对数值	-2.774	0.2066	-4.458	0.0002

注：本表数据由作者使用 Stata12.0 计算所得。这里使用方法是 ADF 平稳性检验，水平值 ADF 检验时加入时间趋势项，但没有加入漂移项；一次差分后则没有加入时间趋势项，也没有加入漂移项。表中 P 值根据 MacKinnon（1996）给出的单边 P 值计算法得出。

附表2　　计划经济时期普通中小学教育体制分权与教育发展省级数据来源及说明（1949—1978年）

省份名称	数据来源	数据缺失情况汇总
安徽	《安徽60年》《安徽五十年》《安徽统计年鉴》（1989—2015）	无
北京	《北京六十年》《北京统计年鉴》（1980—2015）	所有招生数缺失1966年、1970年，小学毕业生数缺1970年
福建	《光辉的历程——福建五十年》《福建奋进的四十年》《福建统计年鉴》（1983—2015）	学校数和专任教师数缺1950—1951年、1953—1956年、1958—1961年、1963—1964年、1966—1969年、1971—1974年、1976—1977年
甘肃	《新中国60年：甘肃》《甘肃统计年鉴》（1984—2015）	中学和小学毕业生数缺1949年
广东	《广东五十年》《广东统计年鉴》（1986—2015）	所有数据缺1951年、1953—1956年、1958—1961年、1963—1964年、1966—1969年、1971—1974年、1976—1977年。专任教师数、招生数缺1949年、1950年，中学毕业生数缺1949年，小学毕业生数缺1949年、1950年
广西	《广西统计年鉴》（1984—2015），《八桂飘香：广西60年经济社会发展成就》《崛起的壮乡——新中国五十年（广西卷）》	全部数据缺1949年，招生数缺1950—1978年
贵州	《贵州六十年：1949—2009》《贵州统计年鉴》（1983—2015）	中学专任教师数缺1949年，招生数缺1949年，中学招生缺1966年、1967年，毕业生数都缺1949年，中学毕业生缺1969年
海南	《海南50年》《海南统计年鉴》（1987—2015）	所有数据缺1949年，招生数和毕业生数缺1968年、1969年，小学招生数缺1950—1955年，中学招生缺1950年、1951年
河北	《新河北60年》《新河北五十年》	所有数据缺1950年、1951年、1953—1956年、1958—1961年、1963年、1964年、1966—1969年

续表

省份名称	数据来源	数据缺失情况汇总
河南	《河南统计年鉴》（1985—2015）和《河南六十年》	所有数据缺1950—1951年、1953—1956年、1958—1961年、1963—1964年、1966—1969年、1971—1974年、1976—1977年，1949年、1952年、1957年、1962年、1965年和1975年仍缺招生数和毕业生数，所有学校数缺1970年
黑龙江	《龙江六十年》《黑龙江统计年鉴》（1987—2015）	小学专任教师数缺1969年
湖北	《湖北五十年》《湖北统计年鉴》（1985—2015）	湖北缺所有数据缺1950年、1951年，中学数量、小学数量、中学、小学专任教师、招生数和在校生数缺1953—1956年、1958—1961年、1963—1964年、1966—1969年、1971—1974年。小学专任教师、中学招生数缺1949年，毕业生缺1949年、1971年
湖南	《湖南统计年鉴》（1982—2015）	所有招生数、毕业生数，和小学在校生数缺少1949年
吉林	《奋进的四十年：吉林分册，1949—1989》《吉林统计年鉴》（1984—2015）	无
江苏	《江苏四十年》《江苏统计年鉴》（1985—2015）	所有招生数、毕业生数缺1949年
江西	《新中国六十年的江西》《新中国五十年的江西》《江西统计年鉴》（1983—2015）	毕业生数缺少1949年、招生数缺1949—1978年
辽宁	《辽宁奋进四十年》《辉煌的岁月——辽宁60年回眸》《辽宁统计年鉴》（1983—2015）	中学和小学学校数、招生、在校生和毕业生数缺1950—1951年、1953—1956年、1958—1964年、1966—1969年、1971—1974年，小学学校数、毕业生、招生数和在校生还缺1976年、1977年和1979年

续表

省份名称	数据来源	数据缺失情况汇总
内蒙古	《辉煌60年》《腾飞的内蒙古》，内蒙古统计年鉴（1988—2015）	所有数据缺1950—1951年、1953—1956年、1958—1961年、1963—1964年、1966—1969年、1970年；缺中学学校数，1971—1974年、1976—1977年
宁夏	《宁夏统计年鉴》（1985—2015）	不存在专任教师数，采用教职工数。中学和小学毕业生缺1949年
青海	《奋进中的青海：1949—1989》《青海统计年鉴》（1985—2015）	中学毕业生数缺1968年，小学毕业生、招生数缺1968年，所有数据缺1950年、1951年
山东	《辉煌山东60年》《山东统计年鉴》（1983—2015）	无
山西	《辉煌山西60年》《山西统计年鉴》（1983—2015）	无
陕西	《陕西六十年》和《陕西统计年鉴》（1986—2015）	无
上海	《光辉的六十载：1949—2009上海历史统计资料汇编》《上海统计年鉴》（1981—2015）	所有毕业生数缺1949年，中学毕业生数缺1970年
四川	《四川统计年鉴》（1987—2015）	招生数、毕业生数，和小学专任教师数缺1949年（包含重庆）
天津	《天津五十年》《天津统计年鉴》（1983—2015）	无
西藏	《西藏统计年鉴》（1989—2015）	专任教师数缺1959—1972年，小学招生数、毕业生数缺1959—1978年，中学毕业生数缺失1959年。西藏所有数据自1959年开始
新疆	《新疆五十年》《奋进的四十年：新疆分册》《新疆统计年鉴》（1989—2015）	所有数据缺少1950—1951年、1953—1954年、1956年、1958—1961年、1963—1964年、1966—1969年、1971—1974年，专任教师数、小学生在校生数缺1976年、1977年

续表

省份名称	数据来源	数据缺失情况汇总
云南	《云南统计年鉴》（1988—2015）	云南全部数据缺 1949 年、1951 年和 1953 年，招生数和毕业生数缺 1950 年
浙江	《浙江 60 年统计资料汇编》《浙江统计年鉴》（1984—2015）	所有数据缺 1950—1951 年、1953—1956 年、1958—1961 年，学校数量、招生数，毕业生数缺 1963—1964 年、1966—1969 年、1971—1974 年、1976—1977 年

附表 3　计划经济时期普通中学教育体制分权与教育发展省级静态面板回归结果（1949—1978 年）

	(1)	(2)	(3)	(4)	(5)	(6)
被解释变量	普通高中在校生对数	普通初中在校生对数	普通高中在校生对数		普通初中在校生对数	
回归时间段	1949—1978 年	1949—1978 年	1949—1966 年	1967—1978 年	1949—1966 年	1967—1978 年
回归方法	随机效应	随机效应	随机效应	随机效应	随机效应	随机效应
专任教师数对数滞后 1 期	0.305***	0.368***	0.243	0.302***	0.794***	0.348***
	(6.55)	(10.30)	(0.93)	(6.44)	(5.44)	(8.89)
学校数对数值滞后 1 期	0.639***	0.197***	−0.416	0.691***	0.161*	0.215***
	(15.38)	(5.34)	(−1.44)	(15.00)	(1.93)	(5.13)
农村人口比滞后 1 期	0.668***	0.541***	−2.661	0.720***	4.765***	0.501***
	(5.21)	(5.08)	(−1.43)	(5.61)	(3.32)	(4.56)
农业产值比滞后 1 期	−2.493***	−3.305***	−1.885*	−1.781***	−3.801***	−3.434***
	(−8.01)	(−12.82)	(−1.83)	(−5.10)	(−5.60)	(−11.67)
人均国民收入对数滞后 1 期	2.336***	−0.398	−0.371	2.815***	0.960	−0.316
	(4.08)	(−0.82)	(−0.14)	(4.84)	(0.46)	(−0.63)
总人口对数滞后 1 期	1.044*	0.564	0.976	1.445**	0.545	0.363
	(1.82)	(1.17)	(0.37)	(2.43)	(0.25)	(0.73)
总国民收入对数滞后 1 期	−2.085***	0.214	0.316	−2.505***	−0.883	0.147
	(−3.69)	(0.45)	(0.12)	(−4.38)	(−0.41)	(0.30)

续表

	(1)	(2)	(3)	(4)	(5)	(6)
常数项	-12.948**	0.725	-0.096	-17.654***	-5.708	2.120
	(-2.42)	(0.16)	(-0.00)	(-3.17)	(-0.29)	(0.46)
样本数	511	511	21	490	21	490
样本组数	20	20	3	20	3	20
组间 R 平方	0.845	0.799	0.963	0.796	0.987	0.688
卡方值	2655.088	1936.771	452.815	1821.152	1114.646	1030.538
(P 值)	(0.000)	(0.000)	(0.000)	(0.000)	(0.000)	(0.000)

注：括号内数值为异方差、序列相关修正后 t 统计量值。这里回归方法是固定效应和随机效应。***、** 和 * 分别表示 1%、5% 和 10% 水平上的统计显著性显著。

附录三：

“分权计划经济”时期的普通教育发展：经济史的再考察[①]

一、引言

2009年9月28日，李玲教授在《第一财经日报》撰文称，“中国经济奇迹”的一部分答案，可能还要到前30年留下的遗产里去找，这些遗产中重要的一个，是新中国前30年奠定的人力资本基础。新中国教育发展数据显示，1956—1978年中国教育经历了一次异乎寻常的普通（中小学）教育扩展，尤其“文化大革命”中后期表现相当明显（附图1、附图2），这似乎与现有文献既有结论存在相当大的不同（如蔡昉、都阳，2003），却与李玲的结论不谋而合。中国普通教育发展主要集中在1956—1978年这一段，而根据本文的研究从1956年中共八大开始中国计划经济表现出与苏联计划经济存在许多迥然不同的特征，这些中国计划经济的独特特征与中国普通教育的迅速发展是否有着某种内在的联系？根据费正清的观点，“把一个局部的问题研究得切实彻底，以后举一反三，对旁的问题就有独具只眼的看法了”[②]。我们试图以一斑而窥全豹，从普通教育发展问题的解读来深入剖析中国计划经济时代

① 本文原发表于《南京大学学报（哲学社会科学版）》2014年第1期，略有调整。

② 转引自高王凌（2005）。

的社会经济特征。

第一个有待考察的问题是，1956—1978年中国普通教育发展真的很迅速么？如附表1所示，1956—1978年中国普通教育一直保持着较高的增长速度，这种增长是否是教育发展过分落后的“后发优势”导致的？格申克龙（2009）指出，在落后国家中，在其实际的经济活动状态及发展障碍与这种发展本身所固有的高期望值之间存在着一种“紧张”关系，落后的程度越大，其紧张关系就越强，从而对经济发展的刺激作用就越大。不可否认，这种由于教育发展落后导致的张力是推动中国教育发展的核心动力之一，但我们发现1966—1978年普通教育的发展速度普遍高于1956—1978年和1971—1978年，这意味着在“文化大革命”中前期存在一次教育发展的加速，教育发展状况改善导致的张力减小并没有有效阻止这一次教育发展加速。更令人意外的是，改革开放以后的1978—1986年，中国普通教育发展的各种指标无一例外都发生了大幅度地下降，这是否意味着1956—1978年中国教育过度发展了？

1956—1978年中国普通教育发展现象的第一个备选解释是，这种现象可能是由人口结构变动导致的。我们使用教育发展数据与新生儿数据实施格兰杰因果检验，结果显示，从统计上无法拒绝新生儿数量的增长是导致小学新生数量变化的格兰杰原因的原假设，但可以拒绝新生儿数量的增长是导致初中和高中新生数量变化的格兰杰原因的原假设，具体过程见附录。这说明人口结构的变动只能够解释小学入学数量的变动但不能够解释初中、高中教育的迅速发展，普通教育发展中的重要部分需要寻求新的解释。第二个备选解释是，政府通过分权方式大幅度提高学校的数量（村村办小学，乡乡办高中），学校数量增加导致了就学成本的下降从而引致了这一次异乎寻常的教育扩展。我们使用教育发展数据与学校数量、教职工数据和教师数据实施格兰杰因果检验，结果显示，从统计上我们可以拒绝教职工数量和教师数量是初中和高中新生数量变化的格兰杰原因。从统计上我们无法拒绝初中和高中新生数量变化是学校数量变化的格兰杰原因，这意味着并不是学校的增加导致了普通教育扩展，而是普通教育扩展导致了学校数量的增加。此外，统计上也无法拒绝初中新生数量的变化是高中新生数量变化的格兰杰原因，这说明高中扩招是初中扩招的一个结果。稳健性检验显示，使用在校生数据、毕业生数据可以得到类似的结论。

上述分析使我们必然得出一个结论：某种程度上，中国居民在1956—1978年这一阶段尤其"文化大革命"中后期对普通教育的需求有了相当程度的增加，供给增加是由需求的变动拉动的。竟然是教育需求的增加导致了中国改革开放以前的教育扩展，这似乎与我们的直观印象存在较大的不同。一般而言，教育需求是由教育的高回报率导致的，但现有文献普遍认为，在改革开放以前中国的教育回报率是十分低下的：Li和Zhang（1998）利用1977年河北一个生产队的资料估算，生产队在分配劳动收入时从不奖励大多数成员的教育；赖德胜（2001）也证实，在改革开放以前中国工矿企业里教育回报率是十分低下的。甚至到了20世纪80年代早期和中后期，研究也发现教育回报率仍然十分低下，Meng和Kidd（1997）估算1981年城镇教育回报率为2.5%，而到1987年估计教育回报率为2.7%。但显然，仅仅将教育回报率高视作教育需求旺盛的原因是不够的，Zhao（1997）指出，教育可以通过两个途径来使受教育者获得收益，即影响找到工作概率和提高在工作中的收入。

教育回报率较低评估的只是教育在提高人们工作中收入的作用有限，但是如果教育可以在人们获取高工资工作中作用增强，那么教育需求也会显然增加。中国1956—1978年发生了这样的事情，而这样的事情是如何发生的，什么样的社会内在演变逻辑导致了这一事件的发生？

这是本文的核心问题。文章的结构将作如下安排：第二部分通过对中国经济史的梳理详细论述中国计划经济的独特性特征，这种独特性特征我们认为包括两个主要方面：分权化和平均主义分配，而两者产生的原因是中国农民革命的“路径依赖”；第三部分是理论模型，首先建立劳动力市场分割背景下的劳动需求基本模型，然后结合中国计划经济的两个主要独特性特征，解释两者如何影响中国居民教育需求；第四部分利用统计资料、地方志和其他经济史材料来验证有关普通教育发展与中国计划经济独特性特征关系逻辑演绎的一些中间环节；最后是结论和政策建议。

二、中国计划经济的独特性特征

中国计划经济具有许多与苏联式计划经济不同的特征，这已为许多历史学和经济学研究者所注意。Qian、Roland 和 Xu（1998）意识到，中国经济较之于苏联和东欧有着更大的地方权力，这使从计划经济向市场经济的转型过程降低了改革的难度和系统性风险，它允许类似经济特区的实验，导致改革进程对信息完全的要求也较低。吴敬琏（1999）批评中国计划经济的行政性分权，充其量只不过使企业由原来的中央机关附属物，变成了地方行政机关附属物，并不能使企业成为独立的商品生产者，也不能改善经济机制。在保持命令经济框架不变的情况下实行分权，既与改革的市场化目标南辕北辙，又损害了计划经济所要求的政令统一。可以说分权的命令经济是一种最坏的命令经济。麦克法夸尔、费正清（1992）也认识到，中国从 1957 年开始试图修正苏联式计划经济体制的缺陷和弊端，进行了类似于“大跃进”、人民公社的尝试。另一个较少引人注意的计划经济特征是平均主义分配，对按劳分配原则的放弃或部分放弃是中国计划经济体制的另一个重要特征。

（一）"分权计划经济"

新中国成立后，全面学习苏联计划经济体制并试图在苏联帮助下实现工业化和现代化成为一条重要的国家方针政策。但1956年苏共二十大赫鲁晓夫做了《关于个人崇拜及其后果》的秘密报告引起了社会主义阵营的极大震动，本身就对苏联经济体制的许多特征感到担心的中国领导人开始反思苏联经济体制的弊端。麦克法夸尔、费正清（1992）写道，一些人对这种高度集中的计划和管理体制的僵化表示担心；另外一些人则认识到，中国不能照搬苏联的模式而忽视农业。在某些方面，毛泽东等人，对苏联制度与日俱增的社会官僚化的含意，对它重视与资本主义而不是与未来共产主义理想更一致的价值观的做法，感到颇为不解。1956年4月25日，在中共中央政治局扩大会议上，毛泽东作出了《论十大关系》的讲话，提出了以苏联经济建设的经验教训为借鉴，探索适合中国国情的建设社会主义路线的任务。此后的中共八大以《论十大关系》为核心全面反思苏联式计划经济的缺陷与弊端，提出了反对官僚主义、主观主义和宗派主义的基本思想。

1957年开始，中国政府做了一些减少过度集中的尝试，措施是放松对某些私人市场的控制以及将一些决策权下放到省和省以下的机构。1958年和1959年，出现了"大跃进"和人民公社这样的尝试（麦克法夸尔、费正清，1992）。这些尝试虽然经历了1959—1961年的失败，但毛泽东等人并没有认为是这种尝试设想的失败而认为只是实施过程的问题，毛泽东的建国设想被系统总结为社会主义总路线、"大跃进"和人民公社的"三面红旗"。"三面红旗"背后的基本逻辑是什么呢？麦克法夸尔、费正清（1992）认为，中国偏离苏联计划经济的经济发展战略与方式的根源是"延安模式"，他们将延安模式总结为"经济工作的分散经营和自力更生"。杨小凯（2002）认为是政治挂帅、群众路线、各地自给自足，采用小型、本地生产技术，反对大型、现代、全面规划的技术，反对专家路线，物质刺激。对毛泽东社会建设思路的总结应当结合稍后的“文化大革命”来分析，麦克法夸尔、费正清（1992）指出，1966年以后所贯彻的政策，就是自20世纪50年代以来提出的、在60年代初期加以修改的、加进了1958—1959年间“大跃进”方式的某些部分的那些政策。

1957年与1969年中国计划经济实施了分权化，吴敬琏（1999）称之为新中国历史上的第一次和第二次分权。显然这种分权的思路是一以贯之的，只是第一次分权迅速失败后又做了一些恢复性的调整。1969年的分权之所以进行得更加彻底是因为清洗了苏联式计划经济赖以维持运转的中央计划机构和官员。1966年开始，几乎摧毁整个计划经济赖以生存的中央计划机构，麦克法夸尔、费正清（1992）总结，政府机构失去了经验丰富的领导人。与权力下放相伴随的是财政收入的下放，1967年中央财政收入为491.4亿元，比1966年少收入139.3亿元，减少幅度为25%。1968年财政收入为361.3亿元，减少幅度为13.9%。中央政府对国家机构也进行大撤并，将原有的90个部门合并、调整为27个，缩减编制82%（董辅礽，1999；赵德馨，1989）。

中国“分权计划经济”产生原因是什么呢？苏联式计划经济试图以计划替代市场进行资源配置，从而避免市场经济会带来的社会问题，但计划经济的有效性基于两个基本假定：一是信息费用为零，二是计划者具有无限理性。但这些理论假设是脆弱的，首先信息搜集和处理异常困难，根据格鲁希科夫计算，为保持经济计划和管理体制，苏联计划部门到1980年止，将要雇用全国全部成年人。同时电子计算机实施障碍来自难于设计一种经济模式准确描述经济间关系，而且决策和信息搜集间总存在时间差距（张军，2004）。在不具备理论假设前提下，苏联式计划经济必须采取分权才能提高经济运行的效率，而信息处理效率越低和能力越差的国家需要越多的分权，故中国计划体制的分权必然多于苏联和东欧。同时，如下文将指出，由于农民革命的“路径依赖”导致的政治运动会周期性地对具备现代国家治理能力的人才进行清理和去除，从而中国经济不得不依赖更多的分权。

（二）平均主义分配

马克思（1975）认为，资本主义通过剥夺小生产实现生产社会化是一种历史的进步；但资本主义私有制导致收入差距加大和工人绝对贫困化，社会消费能力跟不上社会化生产的速度，过剩产能以经济危机方式表现出来。通过剥夺剥夺者的收入均等化有利于资本主义基本矛盾的缓解和解决。但部分否定甚至完全否定按劳分配，实行绝对平均主义却是中国计划经济的一个与众不同的特征，这一现象出现的原因是什么呢？这可能与中国革命的性质有一定关系，中国农民革命的历史遗留会导致"弱势群体"大量进入社会决策机构，在革命时期和建设时期存在不同的精英结构，农民革命促使了中国社会决策结构现代素养不足。这些"弱势者"不具备现代国家治理的基本能力和知识素养，只有寄希望于制定限制竞争策略才可以保持自身的经济和社会地位。在新中国成立后，尤其是"文化大革命"时期均有显著体现，这是理解中国改革开放前历史的重要基础。

这里的"弱势群体"实质上是宽泛的界定，指在自由竞争环境中生存状况会严重恶化，从而排斥至少限制自由竞争的群体。无论是完全的自由竞争，还是按劳分配式的竞争，都必然在"弱势群体"中激起强烈的反对，这些人显然更喜欢废除"八级工资制"，吃饭不要钱，更反对什么生产责任制、反对按劳分配。某种程度上，这个群体的一少部分还对社会的稳定建设有着极大的恐惧，所以提出"造反有理"，造反就是要把"旧世界打个天翻地覆，打个人仰马翻，打个落花流水，打得乱乱的，越乱越好！"[①]"弱势群体"主导社会的政策制定，尤其是在

① 转引自吴建国等（1993）。

“分权计划经济”改革时期，导致了经济发展的巨大波动，经济状况滑坡时重新引进竞争性规则和有经济管理能力的人才来恢复和调整，经济形势好转马上又重提“以阶级斗争为纲”。这种经济发展与政治运动之间的周期性波动被邓宏图、李亚（2005）称为“体制困局”。深入剖析“体制困局”产生的内在原因，就不难理解中国社会的决策群体构成主导，从而平均主义思潮的泛滥也不言而喻。

综上所述，由于中国革命具有的农民革命性质，导致新中国成立后政府决策机构内部存在着相当一批不具备现代国家治理和经济发展素养的政策制定者，而不幸的是，在这样一个时代，中国存在着要建设一个现代国家的使命。这种社会结构的“路径依赖”性质导致中国社会陷入了平均主义思潮，这个群体的斗争武器就是阶级斗争，阶级斗争的扩大化引致对体制内部精英分子的排斥，降低了社会信息处理能力和效率。社会经济体系信息处理能力和效率下降，只有进一步地分权和不断分权，客观上也降低了中国社会改革的风险，这可以说无心插柳柳成荫。1956年开始的中国偏离苏联经济发展路线的尝试，由于中国社会决策主体内部结构的博弈，最终中国计划经济呈现出与苏联式计划经济完全不同的经济社会特征。这种特征与本文研究的普通教育发展具有时期上的契合性，两者之间是否存在着一定的理论逻辑联系？这是下文将要研究的内容。

三、理论模型

（一）基础模型

Zhao（1997）推导了一个具有劳动力市场分割的教育需求模型，本文将对该模型做些修改用于讨论限制流动的政策环境及教育投入机会成本的变化对居民教育需求的影响。模型假定给定一个贴现率 r，个人通过选择最优教育水平 s 最大化其终生教育净收入。$Y(s,H)$ 是收入方程，H 代表个人能力。与 Zhao（1997）、韩莉（2000）不同的是，本文假设教育的收益为增加值（Value Added）而不是直接用个人的收入函数表示，同时本文将受教育的机会成本显性化。然后，假设受教育的边际机会成本是与受教育年限无关的一个函数 $C(H)$，由 Greenwood 和 Seshadri（2004）的研究可知，传统农业生产方式和家庭技术落后会导致传统家庭生产是一个令人难以置信的劳动密集型过程。劳动密集型家庭生产中，个人接受教育必然会放弃一些本可用于家庭生产生活活动的时间，机会成本不可忽视。最后，假设个人如果不接受教育，收入函数表现为一个与能力有关的函数 $y(H)$。个人最优化教育投资净收益为：

$$\max_s E = \int_s^{\infty} e^{-rt}[Y(s,H) - y(H)]\mathrm{d}t - \int_s^{\infty} e^{-rt}C(H)\mathrm{d}t \tag{1}$$

一阶条件为：

$$(\partial/\partial s)Y(s,H) = r[Y(s,H) + y(H) - C(H)] \tag{2}$$

教育迁移效应必然发生在劳动力市场分割情况，Zhao（1997）研究的是劳动力市场的城乡分割，本文研究的既包含劳动力市场的城乡分割，又包含计划经济体制中普通生产人员与计划官僚的市场分割。在计划经济体制下，计划官僚（官员）掌握着资源的分配与使用权，掌握着劳动者工作岗位与工作性质的分配权，因此可以获得较高收入或从事幸福指数较高的工作。而要获得这些岗位，受良好的教育可能是必备条件之一。计划官僚和普通生产者的区别在大多经济史研究中称之为"干群差别"，武力（1999）承认，计划经济体制产生了少数干部享有经济特权、脱离群众、贪图享受的官僚主义现象。并认为，一些政策造成了较为明显的城乡差别、干群差别，一些经济不平等通过政治地位差别反映出来。对于农村干群关系，黄宗智（2000）通过长三角地区的研究进行了说明，大队领导每年可免除 80% 的生产劳动，且掌握着经济管理权、集体收入和财产的分配使用权。而且有显著证据证实，当一个大队领导那样的行政单位干部是众人企望，但大队干部必须有相当的文化水平。

为研究方便，我们只考虑计划官僚与普通生产者之间的劳动力市场分割，城乡分割的研究类似，将两者结合起来也可以进行，但模型复杂性增加且没有更多的新的启示。由劳动力市场分割为两个劳动力市场：一个劳动力市场即计划官僚市场，收入较高；另一个劳动力市场即普通生产者市场，收入较低。个人面临的劳动力市场没有失业。只考虑计划官僚与普通生产者之间的劳动力市场分割，我们可以将上述模型修改为：

$$\max_s E = \int_s^{\infty} \{p(s)B(s) + [1 - p(s)]W(s,F) - y(H)\} e^{-rt}\mathrm{d}t - \int_0^s e^{-rt} C(H)dt \tag{3}$$

其中，$W(s,F)$表示个人在普通生产者市场的收入方程；F表示个人拥有的土地或其他生产资料数量；$p(s)$表示个人接受教育后实现从普通生产人员到计划官僚迁移的概率；$B(s)$表示个人在计划官僚市场就业的收入方程。这里个人要么在计划官僚市场，要么在普通生产者市场就业，没有失业。出于分析的方便，我们将迁移概率表述为：

$$\begin{aligned} &p(s) = \alpha + \beta \cdot s \\ &0 < p(s) \leqslant 1,\ \alpha > 0,\ \beta > 0 \end{aligned} \tag{4}$$

这里用α表示迁移的固定障碍。α越小，说明普通生产者市场以外的就业机会越少；$\beta \cdot s$是可以通过教育改变的部分，教育水平s提高，找到计划官僚部门工作的概率增大。因此，α描述的是整个市场环境对流动限制的松动。β描述的是教育对流动的效应，β越大，教育水平对找到工作的概率的影响越大。由此，我们可以通过对α和β做比较静态分析来讨论政策或制度造成就业机会的变化对教育选择的影响。由

（2）式、（3）式、（4）式可得最优化的一阶条件如下：

$$(\beta s+\alpha)[r(B-W)-(B_s-W_s)]+\beta(B-W)+[r(W+y-C)-W_s]=0 \tag{5}$$

令 $G=(\beta s+\alpha)[r(B-W)-(B_s-W_s)]+\beta(B-W)+[r(W+y-C)-W_s]=0$

由二阶条件：$\frac{\partial G}{\partial s}<0$ （6）

我们来做比较静态分析：

$$\frac{\partial G}{\partial \beta}=(1+rs)(B-W)-s(B_s-W_s) \tag{7}$$

$$\frac{\partial G}{\partial \alpha}=r(B-W)-s(B_s-W_s) \tag{8}$$

$$\frac{\partial G}{\partial C}=-r \tag{9}$$

（1）由$\frac{ds}{d\beta}=-\frac{\partial G/\partial \beta}{\partial G/\partial s}$和（6）式、（7）式可知，$\frac{ds}{d\beta}$的符号取决于（7）式的符号，若（7）式符号为正，则$\frac{ds}{d\beta}$的符号也为正。由经济理性可知，劳动者要迁移，自然是从收入较低的部门迁移到收入较高的部门，因此可知：$B-W>0$。由前文文献回顾可知，在计划经济条件下，制度结构不奖励大多数成员的教育，无论是在哪一个部门，因此我们可以得到这样一个结果：$B_s-W_s\approx 0$，由上分析我们可以得到结论：$\frac{ds}{d\beta}>0$，我们将这一结果总结为一个命题：

命题1：在计划经济条件下，由于计划官僚部门的收入高于普通生产者部门，两个部门都不奖励个人的教育，因此当教育影响迁移概率的程度加大时，将会促进社会微观主体受教育激励的加强。

（2）由$\frac{ds}{d\alpha}=-\frac{\partial G/\partial \alpha}{\partial G/\partial s}$和（6）式、（8）式可知，$\frac{ds}{d\alpha}$的符号取决于

（8）式的符号，若（8）式符号为正，则$\frac{\mathrm{d}s}{\mathrm{d}\alpha}$的符号也为正。由前文分析可知在本文研究情况下存在 $B-W>0$ 和 $B_s-W_s\approx 0$，故可以得到结论：$\frac{\mathrm{d}s}{\mathrm{d}\alpha}>0$，我们也将这一结果总结为一个命题：

命题 2：在计划经济情况下，由于计划官僚部门的收入高于普通生产者部门，两个部门都不奖励个人的教育，因此当向官僚部门迁移的机会增多时，将会促进社会微观主体受教育激励的加强。

（3）由$\frac{\mathrm{d}s}{\mathrm{d}C}=-\frac{\partial G/\partial C}{\partial G/\partial s}$和（6）式、（9）式可知，$\frac{\mathrm{d}s}{\mathrm{d}C}$的符号取决于（9）式的符号，若（9）式符号为正，则$\frac{\mathrm{d}s}{\mathrm{d}C}$的符号也为正。但显然$\frac{\partial G}{\partial C}=-r<0$，故显而易见可以得到结论：$\frac{\mathrm{d}s}{\mathrm{d}C}<0$，由此得到命题：

命题 3：在计划经济情况下，当受教育机会成本下降时，将会促进社会微观主体受教育激励的加强。

上文的劳动力市场分割主要是计划官僚和普通生产者的市场分割，城乡分割也可以利用类似的框架得出结论。Zhao（1997）就是利用劳动力市场城乡分割来研究迁移的教育激励；韩莉（2000）则研究了劳动力流动管制放松导致的教育需求变化。本文理论模型基础是劳动力市场分割的存在，如果这种劳动力市场分割很容易消失那么结论可能就十分脆弱。显然，这种劳动力市场的分割是由外生政府管制导致的，计划经济体制下人们没有自由选择的权利，所以不存在可以自由转换身份实现普通生产者到计划官僚的转变，也很难实现劳动力的城乡迁移。但在改革开放之后，对劳动力城乡迁移管制的放松显然对教育需求具有明显的替代效应（韩莉，2000）。由于计划经济的城市偏向政策和集中决策，城市部门、官僚部门相对于农村部门、普通生产者部门的收入较高，这一点可以得到文献证实。由前文文献研究可知，存在劳动力市场管制，大多数企事业单位都不奖励社会微观主体所受的教育，教育收益主要来自超越劳动力市场分割的就业效应。

（二）"分权计划经济"时期普通教育发展的解释

由基础理论模型可知，教育对劳动市场间迁移的影响增加，向更优部门迁移机会增加，受教育机会成本下降会导致社会微观主体受教育激励加强。"分权计划经济"时期普通教育发展的是什么原因导致的？比照这一框架，显然后两个原因是极其重要的："分权计划经济"时期由于信息处理权力的下放，丧失了信息处理的规模经济优势，如吴敬琏（1999）所说，底层计划部门可能需要更多的计划官员来搜集和处理信息。而且底层官员处理信息的能力和效率一般会低于上层官员，这也可能增加对计划官员的内在需求，官员队伍的增加根据基础模型可知显然就会提供更大的教育需求激励。同时，由于平均主义分配泛滥，让孩子不接受教育而参加工作的收益显然降低了，即使孩子去学校接受教育也可以获得类似份额的收入，在预期成本为社会承担的前提下预期收益有了增长，显然会进一步强化受教育的需求激励。

城乡劳动力市场分割也可以利用类似方法处理，"分权计划经济"是否也导致了城市更多的就业机会呢？计划经济分权就是社会经济资源被转移到了地方政府手中，地方政府投资能力和技术支持力度都不如中央政府，地方政府倾向于投资资本密集度较低的工业，这必然引发城市工业系统就业机会的增长，根据理论模型研究也会刺激教育需求激励。这样，结合中国计划经济的两个特殊性特征，我们可以逻辑一致地解释中国"分权计划经济"时期的普通教育发展，而且这时期的一致性，似乎也可以部分支持本文的理论推测。当改革开放来临，开始体制性地移除计划经济主要表现是缓解社会劳动力市场的严厉管制、拆除平均主义分配，这时候教育的迁移功能被劳动力市场管制放松所取代，且受教育机会成本大大增加，出现迅速而普遍的普通教育需求下滑。总之，理论模型的基础框架可以解释改革开放前后教育发展的几乎整个过程。

四、经济史的证据

上文将基础模型应用到“分权计划经济”时期教育发展的理论演绎过程，逻辑链条显得较长，这就可能导致结论的不稳健性。只有进一步证实在理论链条中所推测的现象真的发生了，才能够证明理论推测是完整的。我们认为，至少需要证实下面几个事件是否真的在现实中发生了：第一，“分权计划经济”时期底层官员数量确实比权力下放以前有了增加？第二，“分权计划经济”时期随着权力的下放，随地方政府掌握资源的增加地方政府投资增加了，并且这些投资项目大都是资本密集度更低的企业？第三，“分权计划经济”时期，社会分配的平均主义确实有所加剧么？依据此三个问题为脉络，本文对新中国经济史的相关资料进行搜集整理，从而对本文的理论研究做进一步的补充，由于材料限制这方面可能还存在诸多不尽如人意之处。

（一）“分权计划经济”时期地方官员数量

由于统计年鉴数据较为粗略，很难分离出地方官员数量，我们试图使用替代性指标：国有单位职工人数，我们整理了 8 个省区 1950—1978 年国有单位职工人数的年增加数，结果放在附图 3 中。结果显示，1957 年、1969 年中央政府放权之后，地方国有单位就业人数都有显著的增加，这一定程度上可以证实我们的理论推测，分权在缩减中央政府编制的同时大幅度增加了地方政府国有单位工作人员，而且这些趋势在 8 个省区表现出一致的趋势。国有单位职工人数应该还包括国有企业的人数，根据前文理论推测，放权也会导致地方国有企业增加工人数量，这里的效应应该与前文是一致的，当然也许这里面两者存在不一致效应会导致结果产生误差。1969 年的分权改革不像 1957 年，1958 年之后由于经济形势的迅速滑坡国有单位工作人员数量也迅速减少，而1969年之后则保持国有单位人员的稳步增长，在制度框架不变前提下，国有单位就业机会增加必然促进教育需求激励增强。

宏观层面的汇总数据是否会存在加总谬误，如果可以找到一些类似微观数据证实这些理论推测可能会更加有趣。幸运的是，我们找到了一个数据来源：贵州省桐梓县县志（1997），据县志提供的数据，全县国家行政干部数量1965年为1138人，而到了1970年为1730人，1971年为2889人，1972年为2911人，1974年为3405人，1976年为3615人。我们没有找到更早的数据，不能对比第一次分权改革的状况，但第二次分权的效应是十分明显的。微观数据证实，这种分权导致的地方政府编制扩张并不仅仅表现在省级层面上，可能在更低级的政府层面上也是如此。而且这种趋势确实证实了，在1970年以后的一段时间内，地方政府国家工作人员数量急速增长，这与前文的省级层面数据的趋势是一致的。根据本文的理论推测，一旦计划经济开始实施分权，那么成为官员的机会增加，就会激发教育需求成为推动教育发展的动力之一。

（二）"分权计划经济"时期地方政府投资与企业招工

与前文类似，很难从统计数据中分理出地方政府企业投资具体数据，我们选取的替代性指标为：地方政府财政收入、地方政府财政支出和地方政府基本建设支出，选取的理由是财政收支代表着地方政府资源掌控能力，资源掌握得越多其可能进行的投资就越多，而这一时期的企业投资大多都是由政府来实施的，统计上计入政府财政基本建设支出。对8个省区的1950—1978年地方财政收入、地方财政支出和地方基本建设支出的绝对指标进行整理，结果放在附图4、图5、图6中，结果显示，1957年、1969年中央政府放权之后，地方财政收入、地方财政支出和地方基本建设支出都有了显著的增长。与上文的分析不同，这里的增长都具有一定程度的持续性，1957年之后持续了3年保持相关指标的增长，而1969年之后一直持续到改革开放都是增长的。而且在8个省区之间存在着趋势的共振现象，说明本文的理论推测是符合实际的。

地方政府投资的增长是否导致了就业的增长，相比较于中央政府投资的工业就业增长是否有显著的提升呢？我们使用分权前后单位财政支出或收入创造的城镇就业数量可以得到非常正面的结论，由于篇幅限制不再一一具列。其他经济史资料也从宏观层面证实了，这一时期尤其是“文化大革命”时期就业规模有着急速增长。到了1971年，全民所有制职工人数突破5000万人，达5318万人；工资总额突破300亿元，达302亿元；粮食销售量突破800亿斤，达870亿斤。李宗植、张润君（1999）称之为“三个突破”。

与上文类似，我们进一步寻找微观数据来印证本文的理论设想。桐梓县志报告：1965年县财政总支出为486.13万元，到1969年增加到527.76万元，1972年为589.48万元。上缴更高层财政的收入由1965年278.96万元降到了1971年54.21万元，1972年为27.77万元，1973—1976年间最高的是1974年的49.40万元。1973年，桐梓县兴办“五小”工业和社队工业企业240个，其中社办企业33个，队办企业207个，有“小煤窑”114个，锅厂6个，硫黄厂13个，陶瓷厂6个，纸厂27个，农村水电站72座。遗憾的是，这里没有从业人员的数据。企业层面的微观数据：山东烟台造锁总厂志（1993）报告，该厂自1949年到改革开放前有三次招工，第一次是1958—1959年，招了265人；第二次是1971年招收161人，第三次是1975—1977年招收358人。全部都发生在本文所称的“分权计划经济”时期，“文化大革命”时代占了很大的比重。

（三）“分权计划经济”时期的平均主义思潮

本文先使用两个宏观角度的指标来近似测度平均主义：国有企业平

均工资与集体企业平均工资的比值及城市居民收入和农村居民收入的比值。第一个数据显示1964年国有企业平均工资与集体企业平均工资的比值达到最大值，之后大幅下跌一直到改革开放初期，这一数值的最低点在1958年"大跃进"时期。显然上述指标还是过于粗略，城乡居民收入比缺失值较多，只包含了1952年、1964年和1978年3个年份，但很明显也可以看出来，在1964年和1978年城乡收入差距远小于新中国成立初年的1952年，由于篇幅限制不再具表列出。根据理论模型部分的研究，平均主义思潮的出现，会导致受教育机会成本降低从而在预期成本下降、预期收益增加的时候出现受教育需求的增加。但这种宏观数据描述太过粗糙，证据不能让人信服。

使用经济史资料和微观证据来证实的时候，需要简单交代一下"分权计划经济"时期城乡不同的分配方法：城市是"八级工资制"，农村则是"工分制"。"八级工资制"始自1956年工资改革，这次改革建立了国家机关、企事业单位等几大类分配制度。最高工资与最低工资间的比例约为28∶1。各系列间可以互相换算，同时适当照顾重点发展地区和生活条件艰苦地区。1956年工资改革刚刚完成国务院即发布指示：行政十级以上全面降薪，降幅"1—5级为10%，6—8级为6%，9—10级为3%"。1959年中央明令将最高1—3级干部工资标准合并，降到460元。1960年下令17级以上党员干部降低工资标准，1—3级再降12%，4级降10%，5级降8%，6级降6%，7级降4%，8级降2%，9—17级降1%。对1956年的工资标准，毛泽东同志评论："现在高级干部拿的薪金和人民生活水平相比，悬殊是太大了。"毛泽东同志后来写道："绝不要实行对少数人的高薪制度。应当合理地逐步缩小而不应当扩大党、国家、企业、人民公社的工作人员同人民群众之间的个人收入的差距，防止一切工作人员利用职权享受任何特权。"

我们获得了来自福建省情数据库的煤炭工业志相关"八级工资制"

的微观数据。数据显示的这一套标准从1959年4月开始执行，省属企业、专区和县属企业分别执行不同的“八级工资制”，但规定省属企业最高级不得超过六级，专区和县属企业最高级不得超过五级。这样井上人员每月最高工资省属企业为69.98元（六级），最低工资收入为31元，专区和县属企业最高月工资为51.3元（五级），最低月工资为27.4元。1961年8月，新工人开始执行五级工资制，最高月工资和最低月工资分别为39.5元（五级）和24.2元（一级），收入差距大大缩小。“文化大革命”时期平均主义进一步加剧，“左倾”思潮热衷限制微乎其微的个人收入差别，即“八级工资制”（赵德馨，1989）。孙健（1992）发现，“文化大革命”期间一再提废除“八级工资制”，吃饭不要钱，反对生产责任制和按劳分配。毛泽东1974年说道，从供给制到工资制未必是一种进步，共产党人仅仅是因为要迁就现实，才不得不做这样的让步，但让步的结果，却让出一个“跟旧社会没有多少差别”的“等级制”来。

“工分制”是“分权计划经济”时期农村的分配方法。张江华（2004）描述：粮食分配到户方式有两种，一是口粮，按照每家户粮食消费能力确定的粮食定额；另一种是工分粮，按照工分多少来分配的粮食。口粮与工分粮分配比例通常是“人七劳三”，但无论口粮还是工分粮，都在年终决算中的家庭总工分值中抵扣，口粮配给主要根据年龄确定。生产队作为基本核算单位后，这一制度成为集体经济时期各地统一的分配制度。它以生产队为核算单位，以生产队内的家户为基本单位分配，全年共进行两次分配，夏收一次，年终一次。生产队会计用全年生产队可分配收入除以全年生产队总工分，得出一个壮劳力工作日价值。每个家户全年总收入就是每家总工分乘以该工分值，减去家户这一年在生产队中的总支出（主要是口粮消费），即得出该家户在该年净收入（或净负债）。

农村的平均主义程度取决于口粮在所有收入中的比重，虽然口粮收入按照上述原理也应在年终决算的家庭总工分值中扣除，理论上也应属于劳动所得。但在现实中，由于存在类似国有企业的预算软约束问题，农村家庭可以去集体借入粮食或其他经济作物，即使年终形成了净负债也不必急于偿还，这种预算软约束的示范效应必然导致大规模地对集体负债（高王凌，2006）。这种状况下，口粮分配就变成了一种不必偿还且没有正当理由拒绝借入的债务，口粮比重的加大必然意味着平均主义的加剧。黄宗智（2000）等研究认为，粮食中有五成是按人头均分的，而到了"文化大革命"时期这一比例达到八成以上。人民公社化、集体经济下的农村分配制度，比之前的农村家庭经营和以自愿为基础的初级社、互助组和高级社显然是更平均主义，而且在实施这种制度后平均主义倾向一直不断加剧直到改革开放初期。

综上所述，以"分权计划经济"时期地方官员数量、地方政府投资与企业招工和平均主义思潮为脉络，利用统计资料数据、地方志与企业志、经济史研究等材料，我们试图验证理论演绎过程逻辑链条的一些重要环节。结果证明，在"分权计划经济"时期官员数量有了显著的增长，地方政府投资也明显鼓励企业招工。同时，无论是城市还是农村在这一时期平均主义都有所增强。根据理论模型，官员队伍的增加、平均主义分配泛滥，城市工业就业机会的增长都会增加中国居民家庭教育投资的激励，从而家庭对教育需求大幅度增加引发了这一时期的普通教育扩展。

五、结论和政策建议

新中国成立60多年来取得了举世瞩目的经济发展成就，回顾中国经济的增长历程不难发现，中国经济发展的成就一方面印证了当代经济理论的一些结论，但更多的“中国经济奇迹”表现出与传统经济理论存在诸多不同，这些不同彰显了中国发展的独特性和创造性的同时，也为经济理论的创新提供了一些土壤，中国发展的独特性应该成为理论工作者研究中国问题的重要内容。本文以 1956—1978 年中国普通教育发展为索引，深入中国计划经济体制的内在特征进行研究，发现中国计划经济存在着两个与苏联式计划经济显著不同的特征，而这两个特征导致了中国普通教育在“分权计划经济”时期的高速发展，这种发展本身为改革开放后的经济高速增长奠定了人力资本基础。

文章首先通过数据整理研究了中国 1956—1978 年普通教育发展的速度，得出与传统文献存在较多不同的结论，中国改革开放前教育发展的速度是十分迅速而不是缓慢的，甚至在一定程度上还可以称得上过度发展了。然后文章检验了两种可能的解释，认为并非人口的增长和教育机构的扩展导致了这次教育发展，而是需求原因导致的。在此基础上本文借助一个理论模型系统地阐述了中国计划经济的两个独特性特征：分权和平均主义，如何从教育需求层面上加强居民家庭教育投资的激励，从而引致“分权计划经济”时期的普通教育发展。由于逻辑链条中可能存在一些过长问题，我们接着使用统计资料数据、地方志与企业志、经济史研究等材料，以“分权计划经济”时期地方官员数量、地方政府投资与企业招工和平均主义思潮为脉络，验证了理论演绎过程逻辑链条的一些重要环节。结果证明了，官员队伍的增加、平均主义分配泛滥，城市工业就业机会的增长增加中国居民家庭教育投资的激励，引发了这一时期的普通教育扩展。

文章得出启示，首先，微观主体教育投资激励是教育发展的根本动力，即使计划经济时期也如此。其次，促进农民向城市迁移、强化教育影响迁移概率会加快教育发展。最后，降低受教育机会成本，有利于教育发展。20 世纪 90 年代以来，中国农村教育发展遇到诸多问题，农村学校学生辍学率居高不下，如何为社会大量培育符合未来发展要求的合格劳动者成为教育研究者和教育管理部门的重要任务。本文研究表明，促进教育教学内容向更符合农村家庭需求的方向转变、提高农村师资队伍素质、减少劳动力市场阻碍，在贫困地区继续加强资本密集型家用电器补贴、发展农贸市场等政策可以从提高教育预期收益、降低受教育机会成本等角度增加农村家庭教育投资激励。

参考文献

[1] 蔡昉、都阳："'文化大革命'对物质资本和人力资本的破坏"，《经济学（季刊)》2003 年第 2 卷第 4 期。

[2] 邓宏图、李亚："过渡期中国制度变迁的决定因素的经济史解释：1956—1996——'体制困局'与改革的内生性与过渡性"，《南开经济研究》2005 年第 3 期。

[3] 董辅礽：《中华人民共和国经济史》（上卷)，经济科学出版社 1999 年版。

[4] 高王凌：《活着的传统：十八世纪中国的经济发展和政府政策》，北京大学出版社 2005 年版。

[5] 高王凌：《人民公社时期中国农民"反行为"调查》，中共党史出版社 2006 年版。

[6] 格申克龙：《经济落后的历史透视》，商务印书馆 2009 年版。

[7] Greenwood, J. and A. Seshadri 2004, "Technological Progress and Economic Transformation", NBER Working Paper, No. 10765.

[8] 韩莉：《非农就业机会和我国农村居民的教育需求》，北京大学中国经济研究中心硕士论文，来源自中国经济学教育科研网，2000 年。

[9] 黄宗智：《长江三角洲小农家庭与乡村发展》，中华书局2000年版。

[10] 赖德胜：《教育与收入分配》，北京师范大学出版社2001年版。

[11] Li, T., Zhang, J., 1998, "Return to Education under Collective and Household Farming in China", Journal of Development Economics, Vol. 56, 307-335.

[12] 李宗植、张润君编著：《中华人民共和国经济史》，兰州大学出版社1999年版。

[13] 林毅夫、蔡昉、李周：《中国的奇迹：发展战略与经济改革》，上海三联书店、上海人民出版社1994年版。

[14] 马克思：《资本论》（第1卷），人民出版社1975年版。

[15] 麦克法夸尔、费正清等：《剑桥中华人民共和国史——中国革命内部的革命（1966—1982）》，中国社会科学出版社1992年版。

[16] Meng, X. and M. Kidd, 1997, "Labor Market Reform and the Changing Structure of Wage Determination in China's State Sector during the 1980s", Journal of Comparative Economics, 25 (3): 403-421.

[17] Qian, Y., Roland R. and C. Xu, 1998, "Why is China Different from Eastern Europe? Perspectives from Organization Theory", European Economic Review, 1998, 43 (46): 1058-1094.

[18] 孙健：《中华人民共和国经济史》（1949—1990年代初），中国人民大学出版社1992年版。

[19] 吴建国、陈先奎、刘晓、杨凤城：《当代中国意识形态》，警官教育出版社1993年版。

[20] 吴敬琏：《当代中国经济改革：战略与实施》，上海远东出版社1999年版。

[21] 武力：《中华人民共和国经济史：1949—1999》，中国经济出版社 1999 年版。

[22] 杨奎松："毛泽东为何对'职务等级工资制'不满"，《同舟共进》2007 年第 10 期，第 9—13 页。

[23] 杨小凯：《百年中国经济史笔记》，来自搜狐网，2002 年。

[24] 张军：《制度、组织与中国经济改革》，上海财经大学出版社 2004 年版。

[25] Zhao, Y., 1997, "Labor Migration and Returns to Rural Education in China", American Journal of Agricultural Economics, Vol. 79, No. 4, 1278 - 1287.

[26] 赵德馨：《中华人民共和国经济史：1967—1984》，河南人民出版社 1989 年版。

[27] 张江华："工分制下农户的经济行为——对恰亚诺夫假说的验证与补充"，《社会学研究》2004 年第 6 期，第 95—110 页。

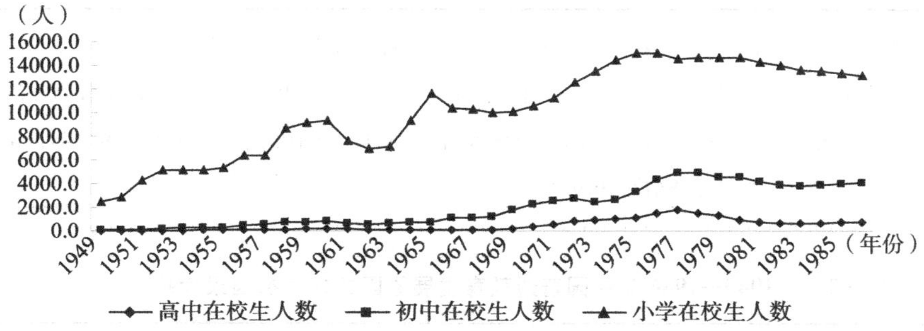

附图 1　1949—1986 年中国普通教育发展（高中、初中和小学在校生数）

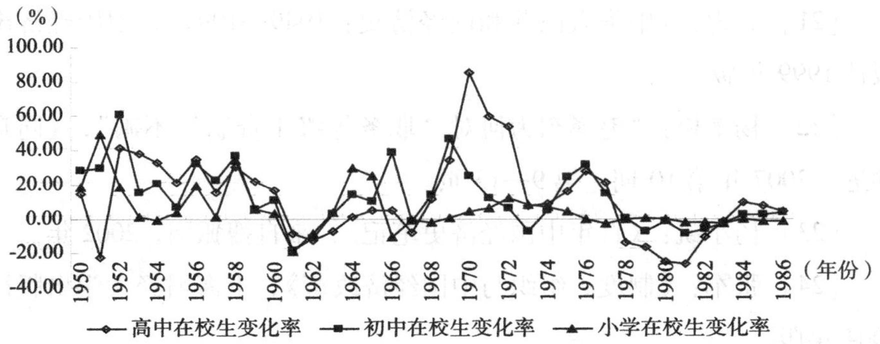

附图2　1949—1986年中国普通教育发展（高中、初中和小学在校生数变化率）

附表1　　　1949—1986年中国普通教育发展分期指标

年份	小学年均增长率（%）			初中年均增长率（%）			高中年均增长率（%）		
	新生	在校生	毕业生	新生	在校生	毕业生	新生	在校生	毕业生
1949—1956	12.92	14.64	30.0	28.46	26.78	20.00	28.46	20.95	14.14
1956—1978	3.39	3.87	8.19	11.13	11.70	14.98	11.13	14.54	18.81
1966—1978	4.84	2.93	8.08	18.09	13.33	21.60	18.09	22.40	30.49
1971—1978	-0.31	3.87	7.53	7.18	9.97	10.62	7.17	15.73	31.50
1978—1986	-4.69	-1.47	-1.80	-4.51	-2.39	-5.71	-5.14	-9.48	-13.00

资料来源：表中数据由作者计算，原始数据来自《新中国五十年统计资料汇编》。小学新生数的峰值在1972年，在校生的峰值在1975年，毕业生数的峰值在1977年，初中新生数的峰值在1977年，在校生的峰值在1978年，毕业生的峰值在1978年，高中生新生的峰值在1977年，在校生峰值在1977年，毕业生峰值在1979年。

附表2　　1949—1986年中国普通教育发展原因的格兰杰因果检验

原假设	滞后期	样本数	F统计量	P值	结论
新生儿数量不是小学新生数的格兰杰原因	6	32	6.487	0.000	拒绝
新生儿数量不是初中新生数的格兰杰原因	9	27	4.107	0.232	接受
新生儿数量不是高中新生数的格兰杰原因	12	26	3.203	0.413	接受
小学教职工数不是小学新生数变化的格兰杰原因	2	36	0.242	0.786	接受
初中教职工数不是初中新生数变化的格兰杰原因	3	35	1.189	0.332	接受

续表

原假设	滞后期	样本数	F统计量	P值	结论
高中教职工数不是高中新生数变化的格兰杰原因	3	35	1.577	0.217	接受
小学教师数不是小学新生数变化的格兰杰原因	3	35	1.884	0.155	接受
初中教师数不是初中新生数变化的格兰杰原因	2	36	1.903	0.125	接受
高中教师数不是高中新生数变化的格兰杰原因	1	37	2.788	0.104	接受
小学学校数不是小学新生数变化的格兰杰原因	2	36	0.461	0.635	接受
初中学校数不是初中新生数变化的格兰杰原因	2	36	0.642	0.437	接受
高中学校数不是高中新生数变化的格兰杰原因	1	30	0.855	0.363	接受
初中新生数不是高中新生数变化的格兰杰原因	3	35	5.753	0.003	拒绝
小学学校数不是小学在校生数变化的格兰杰原因	3	35	1.331	0.284	接受
初中学校数不是初中在校生数变化的格兰杰原因	3	26	2.159	0.126	接受
高中学校数不是高中在校生数变化的格兰杰原因	1	30	2.485	0.127	接受
小学学校数不是小学毕业生数变化的格兰杰原因	3	35	2.940	0.050	拒绝

资料来源：表中数据由作者计算，原始数据来自《新中国五十年统计资料汇编》。

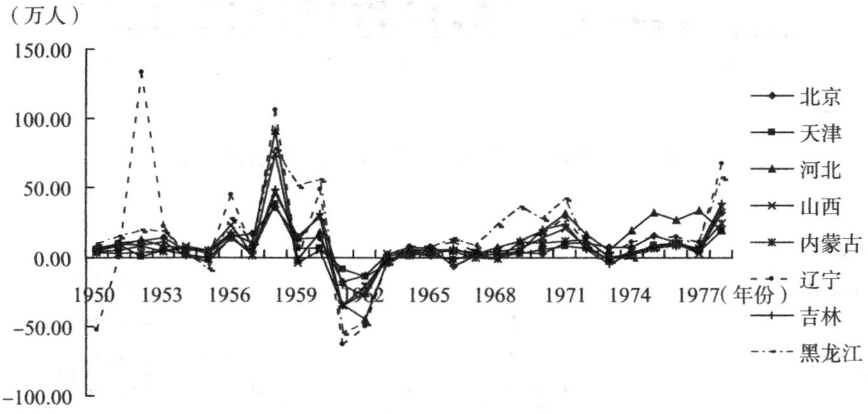

附图3　1950—1978年八省区国有单位职工人数年增加数

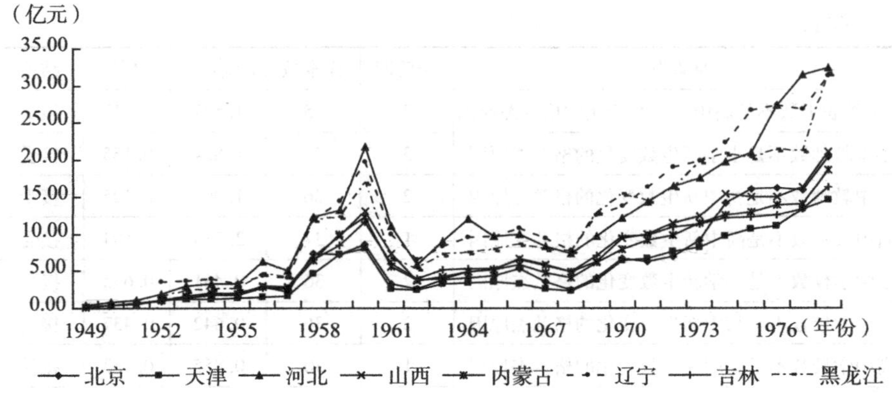

附图4　1949—1978年八省区基本建设投资

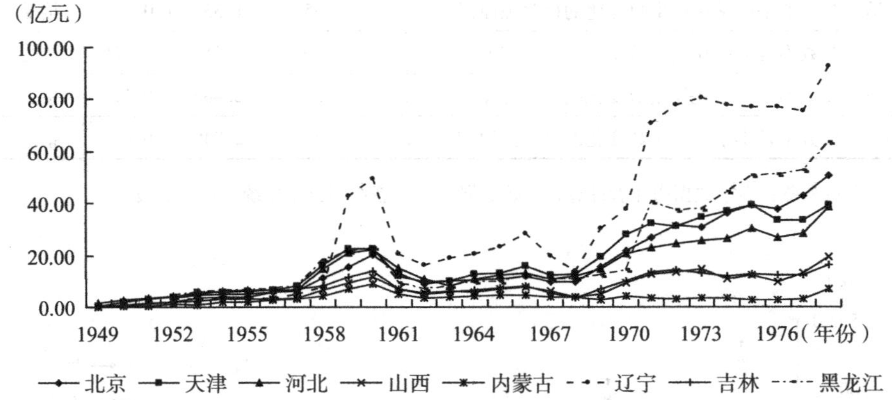

附图5　1949—1978年八省区地方政府财政收入

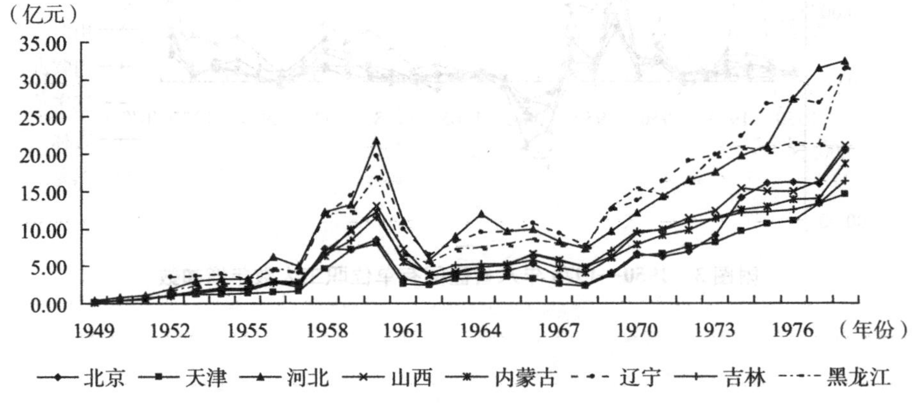

附图6　1949—1978年八省区地方政府财政支出

附录四：

“分田到户”、收入增长与教育发展：经济史的再考察

一、引言

1949年到2019年，新中国成立已经70年，70年来中国社会、经济在诸多方面取得了举世瞩目的发展成就，其中最核心之一可能就是普通学校教育的迅速发展，2018年，中国普通小学净入学率达到99.95%，普通初中毛入学率高达100.9%，九年义务教育巩固率94.2%，高中阶段毛入学率88.8%，高等教育毛入学率也达到48.1%[①]。Goldin和Katz（2009）将20世纪描述为“人力资本的世纪”，以表达美国为主的经济发达国家在普通学校教育发展方面异乎寻常的增长趋势。而过去70年中国普通中小学学校教育发展与经济发达国家相比则有过之而无不及。中国普通学校教育在相当长的时间内，为什么会获得如此迅速的增长速度，而且这一趋势似乎也没有减缓的迹象？对于这一问题，现有文献系统的长期研究不多见，而对不同教育发展阶段存在一些研究，如Zhao（1997）及时磊、杨德才（2014、2018）对计划经济时期的普通学校教育发展原因进行了一些探索，其中一些原

① 转引自：教育部的《2018年全国教育事业发展统计公报》，2019年7月25日。

因可以延伸到整个 70 年，例如教育体制分权，但也有一些原因可能导致研究比较困难，例如城乡分割、部门分割导致的教育迁移作用研究。

与上述文献不同，这篇文章试图回到微观理论视角，探讨“中国经济奇迹”对“中国教育奇迹”的推动作用，我们认为，可能是居民人均收入快速增长推动教育发展，这一原因在改革开放后尤其明显。Becker（1960）最早将经济分析工具引入家庭行为研究，将子女和汽车、房屋等耐用消费品类比，父母对子女数量和质量权衡可以在既定偏好下分析。父母可能既从子女数量中获得效用，也从子女的质量（教育投资）中获得效用，Becker（1960）在研究中最早提出了家庭收入变化可能会影响父母对子女质量的反应，这和家庭对汽车、房屋等耐用消费品的收入质量弹性非常类似。例如，随家庭变得更加富裕，家庭可能并不是买入更多汽车和房屋，而是买入质量更高的汽车和房屋。这一研究的一个问题是父母将子女视作“耐用消费品”，但另一些文献如 Qian（2006）则认为，父母不仅仅将子女视作消费品，尤其是在发展中国家父母可能将子女也视为投资品，更有趣的是班纳吉和迪弗洛（2013）认为对于穷人家庭而言，子女承担了“储蓄、保险和彩票”等多重功能。当然，也有一些文献如 Bourguignon 等（1993）认为，家庭内部父母的偏好可能是不一致的，存在着家庭内部的“讨价还价”。但是，从这些理论视角出发做出的收入增长和教育发展的预测基本与“耐用消费品”假设是一致的，即：如果父母将子女视作投资品，随着家庭变得更加富裕，家庭可能会增加子女的教育投资，许多发展中国家的研究表明，对子女进行初等教育投资的回报率非常高（Psacharopoulos，1994）。

在上述推理基础上，似乎需要使用微观数据识别“收入增长→教育发展”，但是对家庭而言，教育投资可能是一个长期行为，短期收入冲击的影响是不容易观察的，而且不同家庭子女所处的教育阶段也存在差异，故而从宏观层面识别"收入增长→教育发展"这一因果关系可能是更合适的。但是，简单使用居民人均收入和普通学校发展进行回归可能存在诸多问题，这里最核心的可能是逆向因果、遗漏变量和测量偏误等原因导致的内生性问题。对一个地区而言，教育发展具有较长的时间持续性，教育发展迅速可能导致收入增长，收入增长会进一步加速教育发展；地区所具有的独特特征例如文化传统、方言体系、性别比例（Wei 和 Zhang，2011）都可能作为混杂因素，既影响教育发展也影响居民人均收入增长。宏观层面的教育发展和人均收入等可能存在测量误差，虽然这一问题可能并不会对结论产生根本的影响[①]。为了解决上述问题，这篇文章试图使用 1978 年左右开始的家庭联产承包责任制（HRS）的外生冲击，利用双重差分法（DID）识别"分田到户→收入增长→教育发展"这一传导逻辑。首先，家庭联产承包责任制这一政策具有较强的外生性，与教育发展状况无关，但对人均收入增长具有较强的影响；其次，可以使用个体固定效应和时间固定效应、地区时间趋势项控制遗漏变量；再次，HRS 是一个农村导向的政策，可以通过区分农村人口占比进一步分析政策的异质性影响。

实证结果发现：（1）共同趋势假设满足基础上，家庭联产承包责任制（HRS）的确促进了普通中学在校生数量的增长；（2）加入其他控制变量、时间趋势后，这一结论仍然是稳健的；（3）使用遗漏变量较严重的混合横截面方法（POLS）和静态面板固定效应（FE）甚至可能产生错误的符号，双向固定效应，加趋势项的双向固定效应统计显著性上不稳健；（4）区分不同省、市和自治区农村人口占比，利用三重差分法（DDD）的确发现农村人口占比较高的地区确实有着更强的效应；（5）使用普通小学在校生数对数值、普通高中、初中在校生对数

① 测量误差产生的偏误属于"压缩偏误"。

等替代指标的回归结果表明，本文的结论是非常稳健的；（6）利用农村人均纯收入作为中介变量，使用中介效应检验的程序，证实了“分田到户→收入增长→教育发展”逻辑的存在性。新中国成立70年来，尤其是改革开放40年来，中国人均收入实现了长期的、持续的高速增长，这可能导致居民家庭增加子女的教育投资，进而引发了普通学校教育发展的加速，形成了人力资本的增长“奇迹”。

和文献相比，本文使用中国经济史中外生政策冲击，利用双重差分法（DID）识别了“分田到户→收入增长→教育发展”这一传导逻辑，对中国普通学校教育迅速发展的因果关系进行了新的解释。本文利用新的研究设计进行量化历史研究，契合安格瑞斯特和皮施克（2012、2019）的“可信性革命”精神：可靠的实证结果依赖于细致的研究设计。

二、背景介绍和研究设计

（一）背景介绍

毫无疑问，教育是推动经济增长，改善人类发展的最重要手段之一。舒尔茨（2001）写道，“改进穷人福利的关键性生产因素不是空间、能源和耕地，而是提高人口质量，提高知识水平”。“而人口质量的提高很大程度上是由于接受了更多的教育”。伊斯特利（2005）指出，“教育可以实现‘更安全、更健康、更繁荣和更环保的世界，同时促进社会、经济、文化发展，促进宽容和国际合作’”。“特定国家的总体教育水平……决定了一个国家分享全球发展成果、从知识进步中受益和在自身进步的同时对他国教育有所贡献的能力。这是一个不言自明、不容争论的真理。”新中国成立70年来，尤其是改革开放40多年来，“中国经济奇迹”的增长成果可能来自于“教育发展奇迹”，那么中国

"教育发展奇迹"形成的原因是什么，现有文献对这一话题的讨论并不深入。相当多的文献例如 Goldin 和 Katz（2009）以及时磊、杨德才（2018）认为，中央政府、地方政府等供给视角是教育发展的最大推动力。伊斯特利（2005）认为，在发展中国家，从 1960—1990 年，学校的规模急剧扩展，反映了政府对教育的重视，当然实质上还有国际组织。在世界银行和各国政府的推动下，1990 年全球有一半的国家已经实现 100% 的小学教育。而在 1960 年，仅有 28% 的国家达到这一目标。在 1960 年，小学入学率的平均水平为 80%，而在 1990 年则增加到了 99%。在这些枯燥的数字背后是一个个的"教育发展奇迹"。

值得注意的是，在很多发展中国家，普通学校教育数量迅速增长的同时，教育质量十分低下。伊斯特利（2005）认为，产生这种结果的原因是，"政府通过行政手段普及基础教育并不能产生投资激励从而影响经济增长，教育的质量因投资激励的不同而异"。"在有投资激励的国家，孩子们将会努力地学习，家长的督导更严格，教师的压力也更大。而在一个经济停滞、没有投资激励的国家，孩子们就不会认真学习甚至有时逃课，家长会让孩子们不上课而去地里帮忙干活，老师的工作会接近一个保育员。""腐败、教师的低工资和文具开支不足，这些问题都会扭曲提高教育质量的激励。"这种评论显然并不适用于中国，许多研究都认为中国的普通学校教育教学质量很高，整体国民的阅读水平和计算能力属于优等之列，这也可以从教育回报率的数据中得到体现。例如，Zhang 等（2005）发现，早在劳动力市场改革尚不完善的 2001 年，中国城镇居民的教育回报率就高达 10.2%，这是已经接近甚至达到了发达国家的平均水平。赵西亮（2016）发现，甚至在农村地区中国的教育回报率也高达 5.7%。要知道，Li 和 Zhang（1998）利用 1977 年的农村数据估计的教育回报率几乎就是 0；Meng 和 Kidd（1997）估算 1981 年城镇教育回报率为 2.5%，而到 1987 年估计教育回报率为

2.7%。当然，这个时候中国劳动力市场制度还没有进行改革。综上分析，我们提出的问题是，为什么中国的教育发展会数量和质量“齐飞”？

由 Becker（1960）、Becker 和 Lewis（1973）构建的微观家庭模型发现，随家庭收入增加，生育会下降，子女会受更好的教育。这里的机制除了父母基于投资收益以及耐用消费品决策的考虑之外，可能的原因还有家庭生育规模的下降。Greenwood 和 Seshadri（2004）发现，伴随技术进步，妇女就业机会增加，导致平均每个育龄妇女生育数量大幅度下降；Fan（2004）认为，随着童工被禁止和就业机会减少，生育数量就被质量所替代；随着妇女劳动参与率的提升，母亲家庭地位提升，母亲往往更在意子女的教育（Qian，2006）；对孩子教育投入的增加与经济发展、技术进步和由此而带来的社会观念都密不可分。而高质量的教育投资往往不是中央政府、地方政府投入的结果，更重要的是居民家庭的教育投资，而居民家庭的教育投入可能和家庭收入是紧密相关的。但是，如同前文指出的，简单使用居民家庭人均收入和学校发展数据进行回归可能存在诸多问题，主要是逆向因果、遗漏变量和测量偏误等原因导致的内生性问题。为了解决这些问题，我们试图使用1978年左右开始的家庭联产承包责任制（HRS）的外生冲击，利用双重差分法（DID）识别“分田到户→收入增长→教育发展”这一传导逻辑。

首先，HRS这一政策具有较强的外生性，与教育发展状况无关；虽然一些研究表明，HRS是一种自下而上形成的“诱致性制度变迁”，但是这一制度变迁的目的并不是要解决教育发展不足的问题，因此这一制度是外生的，当然，DID研究方法实质上并不要求政策外生，只要满足平行趋势假设即可。其次，农村地区实施HRS，的确实现了农村居民家庭收入的迅速增长，这已经为Lin（1989）及孙圣民、陈强（2017）的研究所证实，主要的原因可能是提高了激励，农民获得了生产自主权。这里主要的问题是HRS是否还存在其他渠道影响普通学校教育发展？例如，家庭内部可能存在劳动力不足，HRS 导致的农村家庭分配方式改变或乡镇企业等非农就业机会增加是否可能导致孩子"退学回家"，进而降低家庭教育投资。但 Qian（2006）认为，中国农村土地稀缺和严格劳动力流动管制，使得成年劳动力过剩现象普遍存在，因此农村家庭并不太需要更多的儿童劳动力，而且这一理论预测与我们的理论是相反的，只会削弱结果或者改变符号而不会误导。由于 HRS 是一种农村导向的政策冲击，这一问题可以通过控制农村人口占比来加以识别。然后需要考虑的是可能存在的遗漏变量问题，这主要是地区个体效应、时间固定效应、地区时间趋势等，这些都可以通过双重差分中的差分项将之剔除，测量误差也可以在这个过程中剔除一部分。Zhao（1997）认为，"恢复高考"可能对改革开放后普通学校教育产生持久的冲击，这应该成为一个重要的控制变量予以考虑。

（二）研究设计

这篇文章计量模型基本设置为：

$$Y_{it} = \alpha_0 + \alpha_1 hrs_{it} \cdot after_{it} + \alpha_2 hrs_{it} + \alpha_3 after_{it} + \varepsilon_{it} \tag{1}$$

$$Y_{it} = \alpha_0 + \alpha_1 hrs_{it} \cdot after_{it} + \alpha_2 hrs_{it} + \alpha_3 after_{it} + \alpha_4 X_{it} + \gamma_i + \gamma_t + \varepsilon_{it} \tag{2}$$

其中，i 指省、市和自治区；t 指年份；Y_{it}是本文的核心被解释变量，主要是普通中学在校生对数值、普通小学在校生对数值等一系列普通学校教育发展测量变量；hrs_{it}是本文的核心解释变量家庭联产承包责任制（HRS），这一变量数据来自于 Lin（1992），定义为截至当年年底的转化为家庭联产承包责任制的生产队的百分比；$after_{it}$是一个虚拟变量，当 HRS 政策冲击数值为 1 时，即全部的生产队都采用了 HRS 时，这一变量开始取 1，否则则为 0[①]。

---

① 我们也尝试了其他定义方式，由于大部分省份实施速度较快，过于保守的方式没有观察值，略微转变例如使用超过 0.8 界定为 after 为 1，对结果影响不大。

公式（1）是一个典型的 DID 回归设计，公式（2）只是加入了一些协变量，许多时候只有控制了协变量后才能实现 DID 所要求的共同趋势假设。本文章的处理变量 hrsit 是一个程度不同的变量，而不是一个简单的虚拟变量。为了和 DID 研究设计实证结果进行对比，我们也报告混合横截面数据设计（POLS）和面板固定效应（FE）、面板双向固定效应和加入时间趋势项的面板双向固定效应的回归结果。为了缓解可能的逆向因果问题，孙圣民、陈强（2017）也指出了针对 HRS 政策冲击进行评价时，应当使用其滞后一期的变量，本文也进行了滞后处理，对于控制变量也采用类似的处理，滞后 1 期。DID 方法政策评估的有效性的一个重要前提假设是共同趋势假设，而这个假设需要检验，即平衡性检验，现有文献的处理一般是使用画图的方式或者回归的方式，本文使用类似于“安慰剂检验”的方式，处理方法是基础回归使用 HRS 测量变量滞后 1 期，“安慰剂检验”部分使用 HRS 水平值，提前 1 期，甚至提前多期，这可以检验“伪”处理是否存在。当然，画图的方式需要重新定义处理组和控制组。

当存在随时间变化的混杂因素时，可能会使得政策干预的干预组和控制组不会平行变化，但这些组别之间的增量可能是平行变化的，满足共同趋势假设，这样就可以使用三重差分策略（DDD）来识别参数的因果效应。但是使用这样方法可能需要引入新的信息，本文的识别过程有一个优势，即 HRS 是一个农村基础的政策冲击，而各个省、市和自治区农村人口占比存在一些变异性，我们可以利用这一点来识别进一步的政策冲击异质性或者解决共同趋势不满足问题。图 1 中我们根据 31 个省、市和自治区 1970—1987 年农村人口占比取均值的均值，将样本分为两组，农村人口占比较高组和农村人口占比较低组，发现 HRS 快速增长期间，两组之间普通中学在校生对数平均值差距迅速缩小，甚至在 1987 年完全收敛。绘图区存在两条垂直虚线，第一条是全国范围内开始出现 HRS 政策冲击的第 2 年——1979 年，第二条虚线是全国几乎所有的省、市和自治区都完全实现 HRS 的年份——1984 年，这个区间结果和我们的预期是基本一致的，当然，严格的因果关系可能需要更为精细的研究设计。本文的核心控制变量和中介变量主要包括：普通中学学校数对数值，普通中学教师数对数值，人均国民收入对数值，农业在国民收入中比重、人口规模对数、总国民收入对数，农村人口占比，以及"恢复高考"虚拟变量。

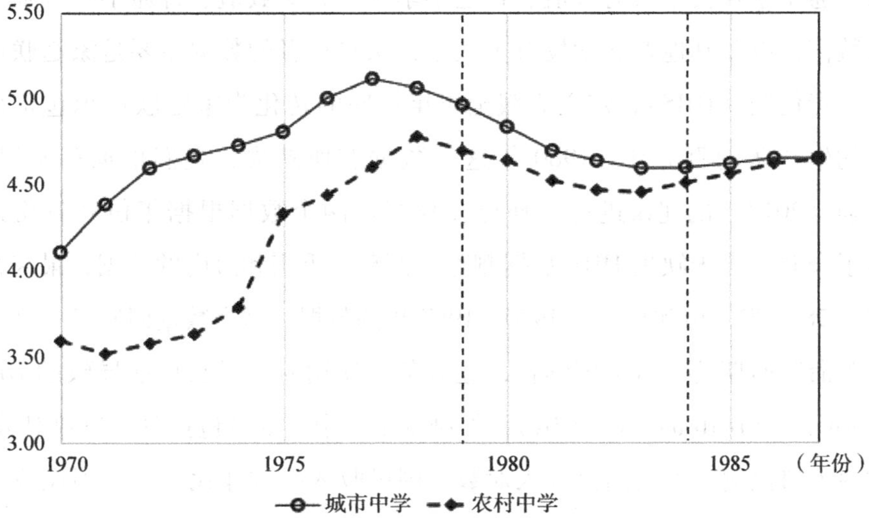

图 1　1970—1987 年中国分城市和农村省区的普通中学在校生对数平均值对比

资料来源：由于统计资料汇编没有直接提供城市和农村普通中学发展数据，这里使用方法是分别对 31 个省、市和自治区 1970—1987 年农村人口占比取均值，再对 31 个省、市和自治区农村人口占比的均值取均值，低于均值归为城市组，高于均值归为农村组，然后分别取在校生数对数值的平均值。原始数据来源自《新中国 60 年统计资料汇编》。

三、数据来源和描述性统计

（一）数据来源

本文使用数据主要来自时磊、杨德才（2018）和Lin（1992），来自前者的数据主要包括普通学校发展数据：普通中学在校生数对数值、普通中学学校数对数值、普通中学教师数对数值，稳健性检验部分使用的普通小学在校生数对数值、普通小学学校数对数值、普通小学教师数对数值，以及其他普通学校有关数据；来自后者的数据主要是家庭联产承包责任制（HRS），定义为截至当年年底的转化为家庭联产承包责任制的生产队的百分比，1980年这一数据有所缺失，我们根据孙圣民、陈强（2017）的建议进行了补充。我们将两个数据根据年份和省份进行了合并，由于缺失HRS数据删除了西藏、重庆和海南的数据，最终得到了28个省、市和自治区1970—1987年的数据，这个数据回避了"文化大革命"时期的大量关闭学校，也避免了使用时期过长可能导致的DID识别问题（Bertrand等，2004）。控制变量和中介变量包括总人口数对数、农村人口比例、人均国民收入对数、国民收入中农业比例、总国民收入对数、农村人均纯收入、城市人均可支配收入等，这些数据均整理自《新中国六十年统计资料汇编》。相关变量描述性统计列示在表1中。

表1　1970—1987年中国分省、市和自治区普通中学发展回归变量描述性统计结果表

	样本数	均值	标准差	最大值	最小值
家庭联产承包责任制（HRS）	479	0.348	0.452	1.000	0.000
普通中学在校生对数值	474	4.808	0.886	6.315	1.359
普通中学学校数对数值	460	7.837	1.027	10.188	3.892
普通中学教师数对数值	470	1.871	0.885	3.406	-1.984

续表

	样本数	均值	标准差	最大值	最小值
农村人口占比	400	0.714	0.204	0.926	0.016
农业总国民收入占比	504	0.332	0.128	0.593	0.032
人均国民收入对数值	504	6.095	0.700	8.376	4.615
总人口对数值	504	7.849	0.813	9.006	5.625
国民收入对数值	504	4.729	0.916	6.827	1.875
"恢复高考"虚拟变量	504	0.611	0.488	1.000	0.000

资料来源：本表由作者计算所得，原始数据来自时磊、杨德才（2018）、林毅夫（Lin，1992）和《新中国六十年统计资料汇编》。

（二）描述性统计

中国的普通学校教育可以区分为普通高等学校、普通中等学校（包括普通高中和普通初中）和普通小学，但是在本文研究时期内，普通高等学校发展仍然在整个学校体系中无足轻重，而根据作者测算，大概在1965年中国已经基本实现普通小学适龄人口全覆盖，地区间变异性比较小，故而也没有使用这一数据，这个放在稳健性部分。而普通高中和普通初中数据分开报告在很多省、市和自治区是改革开放之后的事情，虽然这些数据有一些缺陷，我们在稳健性检验的部分也进行了尝试。普通中学学校数我们使用的单位是所，普通中学教师数量使用的则是和在校生数相同的万人，故而存在一些对数值为负的情形。家庭联产承包责任制（HRS）的推广速度数据的描述性统计结果列示在表2中，1981—1985年原始数据来自Lin（1992），1980年数据来自孙圣民、陈强（2017），1986年之后数据和1985年完全相同，故而就没有列示，全国基本已经完全实现了HRS。1979年之前所有的省份都是0，虽然有一些轶事性的证据，但是可以忽略不计。HRS政策在不同地区时间变化的异质性类似于1953—1957年的农业集体化运动，借鉴Chen和Lan（2017）的研究，可以使用DID方法来加以识别。

表2　　1980—1985年分省、市和自治区转化为HRS生产队百分比描述性统计结果表

地区	1980年	1981年	1982年	1983年	1984年	1985年
安徽	0.10	0.85	0.98	1.00	1.00	1.00
北京		0.00	0.00	0.46	0.75	0.80
福建		0.65	0.81	0.84	0.94	1.00
甘肃		0.81	0.93	0.99	1.00	1.00
广东		0.66	0.90	0.95	0.97	1.00
广西		0.55	0.95	0.99	0.99	1.00
贵州		0.96	1.00	1.00	1.00	1.00
河北		0.38	0.78	0.99	1.00	1.00
黑龙江		0.00	0.17	0.86	1.00	1.00
河南		0.64	0.87	0.99	0.99	1.00
湖北		0.16	0.75	1.00	1.00	1.00
湖南		0.30	0.92	1.00	1.00	1.00
江苏		0.07	0.38	0.98	0.99	1.00
江西		0.61	0.90	0.99	1.00	1.00
吉林		0.04	0.31	0.96	1.00	1.00
辽宁		0.09	0.33	0.92	0.93	1.00
内蒙古		0.64	0.83	0.98	1.00	1.00
宁夏		0.68	1.00	1.00	1.00	1.00
青海		0.34	0.62	1.00	1.00	1.00
陕西		0.20	0.89	0.80	0.99	1.00
山东	0.024	0.30	0.79	0.99	1.00	1.00
上海		0.00	0.07	0.77	0.87	0.90
山西		0.37	0.82	0.98	0.98	1.00
四川		0.30	0.81	1.00	1.00	1.00
天津		0.04	0.38	0.83	0.88	0.90
新疆		0.30	0.44	1.00	1.00	1.00
云南		0.56	0.92	1.00	1.00	1.00
浙江	0.016	0.32	0.83	0.94	0.99	1.00

资料来源：本表由作者计算所得，1981—1985年原始数据来自林毅夫（Lin，1992），1980年数据来自孙圣民、陈强（2017）。

四、实证结果

（一）基础回归

表3报告的是基础回归的结果，这一部分结果主要是为了和DID回归结果对比，以及琢磨识别"分田到户→收入增长→教育发展"因果关系过程中可能出现的问题。表3第（1）、第（2）列结果使用的是混合横截面（POLS）方法回归结果，HRS的符号和预测是相反的，而且在统计上是显著的，即使加入控制变量之后这一结果也没有发生改变，原因可能是因为存在较为严重的遗漏变量偏误，尤其是地区个体特征。表3第（3）、第（4）列结果使用的是静态面板固定效应（FE）方法的回归结果，HRS的符号和预测是相反的，统计上也是显著的，但是加入控制变量后符号改变和显著性消失了，这说明了加入更多的协变量控制可能的遗漏变量确实会改善因果关系的识别，但是这里的结果和预测仍然是不一致的，特别是统计上并不显著。表3第（5）、第（6）、第（7）和第（8）列结果使用的是静态面板双向固定效应（FE + TIME）方法的回归结果，后两项加入了时间趋势项，这里的结果和理论预期是一致的，统计上也是边际上显著的，但是加入控制变量后显著性消失了。原因可能是：第一，控制变量可能是HRS作用于教育发展的渠道，尤其是这里控制了人均国民收入、农业国民收入占比等，这一点后文还会讨论；第二，双向固定效应可以处理一部分的遗漏变量，但是仍然有不少的局限性，这可以通过进一步引入信息来加以处理，特别是政策处理组和控制组类比，这是DID方法的优势。

表3　　1970—1987年HRS、收入增长和普通中学教育发展基础回归表

	(1)	(2)	(3)	(4)	(5)	(6)	(7)	(8)
回归方法	POLS		FE		双向固定效应		加趋势项双向固定效应	
HRS	-0.199***	-0.140***	-0.155***	0.041	0.180*	0.150	0.180*	0.150
滞后1期	(-7.50)	(-4.91)	(-4.86)	(0.45)	(1.77)	(1.40)	(1.77)	(1.40)
普通中学学校数	0.119**	0.015	0.089***	0.057	-0.027	-0.044	-0.027	-0.044
对数值	(2.32)	(0.51)	(3.46)	(1.36)	(-0.92)	(-1.21)	(-0.92)	(-1.21)
普通中学教师数	0.815***	0.665***	0.630***	0.789***	0.880***	0.818***	0.880***	0.818***
对数值	(12.08)	(11.47)	(13.21)	(6.93)	(10.04)	(8.99)	(10.04)	(8.99)
农村人口占比		-0.161**		-0.286		0.197		0.197
滞后1期		(-2.61)		(-0.60)		(0.79)		(0.79)
农业产值占比		-0.570**		-0.366		-0.281		-0.281
滞后1期		(-2.32)		(-0.77)		(-0.60)		(-0.60)
人均国民收入对数		-2.825**		-2.187		0.431		0.431
滞后1期		(-2.15)		(-1.27)		(0.23)		(0.23)
总人口对数		-2.339*		-3.050		1.611		1.611
滞后1期		(-1.82)		(-1.41)		(0.84)		(0.84)
总国民收入对数		2.674*		2.009		-0.199		-0.199
滞后1期		(2.04)		(1.17)		(-0.10)		(-0.10)
时间趋势项							-0.034***	-0.070***
							(-3.66)	(-3.09)
常数项	2.485***	26.795**	3.044***	30.864	3.144***	-11.148	69.951***	128.186**
	(7.99)	(2.24)	(19.65)	(1.62)	(11.44)	(-0.64)	(3.88)	(2.62)
样本数	398	321	398	321	398	321	398	321
R平方	0.932	0.960	0.681	0.699	0.847	0.853	0.847	0.853
调整后R平方	0.931	0.959	0.678	0.691	0.839	0.841	0.839	0.841
F值	221.556	386.573	178.687	45.199	75.957	—	75.957	—
（P值）	(0.000)	(0.000)	(0.000)	(0.000)	(0.000)		(0.000)	

注：括号内数值为省、市和自治区层面聚类修正后t统计量值。***、** 和 * 分别表示1%、5%和10%水平上的统计显著性显著。

（二）双重差分法（DID）

表4报告的是双重差分法（DID）回归的结果，这里使用的政策冲击处理变量是家庭联产承包责任制（HRS），我们将之滞后1期，如前文言，$after_{it}$是一个虚拟变量，当HRS政策冲击数值为1时，这一变量开始取1，否则则为0。两者相乘结果的系数即为DID结果的系数，这是我们最关注的结果。表4第（1）列结果显示，不加任何控制变量的DID回归系数是符合理论预期的，但是统计上没有显著性，这里的结果可能是存在着其他的遗漏变量导致的偏误，我们使用的将HRS提前1期的"安慰剂检验"，竟然发现这种虚假的处理统计上具有显著的且和理论预期一致的处理效应[①]。这可能说明了不引入控制变量，HRS政策冲击可能不能满足共同趋势假设，这里的处理方法是引入重要的控制变量，例如普通中学学校数量对数值和普通中学教师数量对数值。控制了这些协变量之后的结果放在表4的第（2）、第（3）、第（4）和第（5）列，然后我们仍然使用下文使用的将HRS提前1期的"安慰剂检验"，采用虚假处理，发现这一次无论是否加入时间趋势项——其他主要控制变量、"恢复高考"虚拟变量等，虚假处理都无法产生统计上具有显著性的处理效应，由于篇幅限制，这里的结果没有全部报告。第（6）、第（7）和第（8）列则报告了另一种形式的"安慰剂检验"，分别使用HRS水平值和after变量的交乘项[②]、HRS提前1期和after变量的交乘项、HRS提前2期和after变量的交乘项。

前文已经检验了DID方法的共同趋势假设，我们也仔细核对了共同区间假设、外生性假设和SUVTA假设，认为这些假设也是满足的，即存在政策干预组和控制组的区分，可以观测的控制变量都外生于政策

---

① 由于篇幅限制，这里结果没有报告，有兴趣的读者可以向作者索取。

② 这里注意，前面是用的是滞后1期的HRS和after变量的交乘项。

表 4　1970—1987 年 HRS、收入增长和普通中学教育发展双重差分法（DID）回归表

	(1)	(2)	(3)	(4)	(5)	(6)	(7)	(8)
DID 变量设置	HRS 滞后 1 期 * after 虚拟变量					HRS 水平值 * after	HRS 提前 1 期 * after	HRS 提前 2 期 * after
HRS 滞后 1 期	-0.189** (-2.14)	-0.349*** (-6.41)	-0.098 (-1.35)	-0.149 (-1.64)	-0.158* (-1.80)	-0.204* (-2.01)	-0.110 (-1.42)	-0.024 (-0.31)
After 虚拟变量	0.104 (0.88)	-0.293*** (-4.80)	-0.390*** (-3.14)	-0.429*** (-3.54)	-0.415*** (-3.62)	0.172*** (5.50)	0.178*** (4.89)	0.085 (1.68)
DID	0.181 (1.47)	0.543*** (7.14)	0.630*** (4.70)	0.694*** (5.18)	0.674*** (5.24)	0.097* (1.99)	0.054 (0.96)	0.024 (0.38)
普通中学学校数对数值		0.089*** (3.49)	0.053** (2.08)	0.048 (1.39)	0.056 (1.54)	0.053 (1.49)	0.053 (1.40)	0.039 (1.06)
普通中学教师数对数值		0.625*** (13.76)	0.837*** (9.89)	0.803*** (8.05)	0.827*** (7.47)	0.812*** (7.61)	0.815*** (6.81)	0.824*** (6.46)
时间趋势项			-0.033*** (-3.05)	-0.052*** (-2.83)	-0.039** (-2.10)	-0.047** (-2.43)	-0.037* (-1.82)	-0.036* (-1.77)
农村人口占比滞后 1 期				0.399 (1.54)	0.410 (1.54)	0.260 (0.82)	0.330 (0.61)	2.533 (1.26)
农业产值占比滞后 1 期				0.293 (0.79)	0.229 (0.64)	0.323 (0.83)	0.247 (0.67)	0.477 (1.56)
人均国民收入对数滞后 1 期				-2.091 (-1.08)	-2.193 (-1.05)	-2.569 (-1.16)	-3.021 (-1.71)	-2.707* (-1.76)
总人口对数滞后 1 期				-1.301 (-0.65)	-1.632 (-0.71)	-2.061 (-0.91)	-2.581 (-1.28)	-2.035 (-1.03)
总国民收入对数滞后 1 期				2.210 (1.11)	2.273 (1.07)	2.679 (1.19)	2.933 (1.63)	2.611 (1.67)
"恢复高考"虚拟变量					-0.072 (-1.22)			
常数项	4.844*** (264.36)	3.059*** (19.39)	68.578*** (3.20)	117.759** (2.61)	95.984** (2.35)	115.220** (2.45)	101.476** (2.27)	93.241** (2.23)
样本数	421	398	398	321	321.000	277	254	236
R 平方	0.049	0.718	0.751	0.764	0.766	0.757	0.744	0.740
调整后 R 平方	0.042	0.714	0.747	0.755	0.757	0.747	0.732	0.727
F 值 (P 值)	5.541 0.010	111.584 (0.000)	81.994 (0.000)	65.948 (0.000)	61.508 (0.000)	54.732 (0.000)	50.558 (0.000)	41.127 (0.000)

注：括号内数值为省、市和自治区层面聚类修正后 t 统计量值。***、** 和 * 分别表示 1%、5% 和 10% 水平上的统计显著性显著。

干预，政策干预只影响干预组，不会对控制组产生交互影响（赵西亮，2017）。这样我们认为，表4的结果是可以信赖的。表4的第（2）、第（3）、第（4）和第（5）列结果显示，HRS统计上显著地增加了普通中学在校生对数，进一步增加控制变量使得影响的系数还在不断增加，而且统计结果是较为稳健的。第（6）、第（7）和第（8）列结果则显示，HRS的作用主要是对未来的影响，当年的影响也是显著的，但是显著性明显弱一些，影响系数也较小，政策冲击发挥作用可能需要一段时间周期，这和现实中的观察也是较为一致的，也和孙圣民、陈强（2017）的推断是一致的。如果将HRS提前1期，甚至提前2期，则这一结果就不再是显著的，这是一个虚假的政策冲击，理论上应该是如此，故而这个方法可以用来作为"安慰剂效应"检验模型设定问题。同时，也说明这个政策具有较强的外生性，并没有人可以提前预知政策并做出反应。控制变量中的普通中学学校数量对数值在没有加入经济社会变量时是较为显著的，但是加入后就不再显著，普通中学数量可能可以使用这些经济社会变量加以解释；普通中学教师数量对数值则是一直都较为显著的，这一变量可能不能完全用其他的控制变量解释。

普通中学学校数量对数值和普通中学教师数量对数值的符号都是和理论预期是一致的，不再赘述。控制变量中有两个值得注意，第一个是时间趋势项。数据分析发现，1978年开始，普通学校在校生人数急剧下跌，例如，普通中学在校生人数，由1977年的6700多万人一路下滑到1983年的4397.8万人，下降幅度高达35%；普通高中在校生数量下降幅度更为惊人，由1977年的1800万人降低至1983年的629万人，短短6年时间下降幅度高达65%；普通初中在校生数量也是非常类似的，由1977年的接近5000万人下降为1983年的3768.8万人，相比1977年也下降了24.3%。这一现象产生原因可能比较复杂，并不属于本文的研究主题，可能包括：农业中学、职业中学招生增加[①]；教育部“‘整顿提高初中，调整改革高中’的方针”[②]；“恢复高考”；非农就业机会增加等 Zhao（1997），但这里显然要对这一趋势进行控制，这一趋势并不区分城乡，对地区也具有类似性，故而难以识别具体原因。第二个控制变量是“恢复高考”虚拟变量，可能是由于控制了时间趋势项，这一变量的系数不具有统计显著性。

（三）异质性、稳健性检验

由于 HRS 是一个农村基础的政策冲击，故可以利用各省、市和自治区农村人口占比的不同来进一步识别 HRS 对普通中学在校生数量影响的异质性，当然这里的结果也可以视作三重差分法（DDD）的回归结果，如果共同趋势假设得不到满足或者仍然有一些混杂因素无法得到有效清理，进一步处理可能有利于改善研究设计的质量。当然，这里需要指出，由于在本文研究时期，中国绝大多数人都生活在农村地区，各省、市和自治区农村人口占比的变异性并不大，根据作者测算，1970—1987 年各省、市和自治区农村人口占比均值的均值为 0.717，但是标准差只有 0.194。表 5 报告的是双重差分法（DDD）和异质性检验回归的结果，第（1）、第（2）和第（3）列中农村地区虚拟变量构造方式为农村人口占全省人口比超平均值为 1，否则为 0；第（4）、第（5）和第（6）列中农村地区虚拟变量构造方式为农村人口占全省人口比超 25 百分位为 1，否则为 0；第（7）和第（8）列中农村地区虚拟变量构造方式为农村人口占全省人口比超 75 百分位为 1，低于 25 百分位则为 0。所有的 DDD 回归中都加入 DID 项加以控制，不同农村人口占比的省、

① 《中国教育年鉴》编辑部：《中国教育年鉴（1949—1981）》，中国大百科全书出版社 1984 年版，第 982 页和第 1017 页。

② 《中国教育年鉴》编辑部：《中国教育年鉴（1949—1981）》，中国大百科全书出版社 1984 年版，第 153 页和第 154 页。

市和自治区是否存在着不同程度的 HRS 政策冲击效应？回归结果显示，在第一种农村地区虚拟变量构造下两者的差异并不显著，但是 t 值在 1 附近；第二种农村地区虚拟变量构造下则逐步变得统计上显著了；第三种农村地区虚拟变量构建则是统计上显著的。

表 5　1970—1987 年 HRS、收入增长和普通中学教育发展三重差分法（DDD）回归表

	(1)	(2)	(3)	(4)	(5)	(6)	(7)	(8)
农村虚拟变量构造	农村人口占全省人口比超平均值为 1，否则为 0			农村人口占全省人口比超 25 分位为 1，否则为 0			农村人口占比超 75 分位为 1，低于 25 分位为 0	
HRS 滞后 1 期	-0.106 (-1.33)	-0.148 (-1.62)	-0.158* (-1.78)	-0.106 (-1.33)	-0.147 (-1.60)	-0.156* (-1.76)	0.022 (0.21)	-0.039 (-0.31)
After 虚拟变量	-0.368*** (-3.10)	-0.427*** (-3.60)	-0.413*** (-3.69)	-0.370*** (-2.99)	-0.428*** (-3.52)	-0.414*** (-3.60)	-3.446*** (-4.75)	-3.610*** (-5.76)
DID	0.587*** (4.55)	0.670*** (5.08)	0.649*** (5.11)	0.555*** (4.07)	0.640*** (4.76)	0.617*** (4.73)	3.652*** (4.96)	3.822*** (6.17)
DDD	0.046 (1.36)	0.031 (0.92)	0.033 (0.93)	0.075 (1.68)	0.060* (1.81)	0.063* (1.83)	0.138*** (3.24)	0.156*** (4.04)
普通中学学校数对数值	0.061** (2.16)	0.051 (1.47)	0.059 (1.62)	0.064** (2.18)	0.053 (1.52)	0.062 (1.67)	0.111*** (3.36)	0.125*** (3.64)
普通中学教师数对数值	0.827*** (9.80)	0.802*** (8.04)	0.826*** (7.45)	0.826*** (9.64)	0.800*** (7.96)	0.825*** (7.38)	0.932*** (15.12)	0.926*** (10.45)
时间趋势项	-0.034*** (-3.06)	-0.051** (-2.75)	-0.038* (-2.01)	-0.034*** (-3.04)	-0.051** (-2.72)	-0.038* (-1.97)	-0.052*** (-4.86)	-0.062*** (-3.57)
农村人口占比滞后 1 期		0.379 (1.48)	0.389 (1.49)		0.397 (1.52)	0.408 (1.53)		0.459 (1.72)
农业产值占比滞后 1 期		0.314 (0.85)	0.250 (0.70)		0.289 (0.79)	0.224 (0.64)		0.571 (0.89)
人均国民收入对数滞后 1 期		-2.220 (-1.15)	-2.329 (-1.12)		-2.231 (-1.16)	-2.343 (-1.13)		-4.384** (-3.17)

续表

	(1)	(2)	(3)	(4)	(5)	(6)	(7)	(8)
总人口对数滞后 1 期		-1.495 (-0.74)	-1.836 (-0.78)		-1.521 (-0.76)	-1.868 (-0.81)		-4.419*** (-3.82)
总国民收入对数滞后 1 期		2.339 (1.19)	2.408 (1.14)		2.350 (1.19)	2.421 (1.15)		4.571*** (3.28)
"恢复高考"虚拟变量			-0.072 (-1.22)			-0.073 (-1.23)		
常数项	71.028*** (3.21)	117.614** (2.61)	95.668** (2.35)	70.794*** (3.17)	117.225** (2.60)	95.042** (2.32)	106.015*** (5.01)	164.363*** (4.83)
样本数	329	321	321	329	321	321	170	170
R 平方	0.755	0.764	0.766	0.755	0.764	0.766	0.743	0.755
调整后 R 平方	0.749	0.755	0.756	0.750	0.755	0.756	0.732	0.736
F 值 (P 值)	64.547 (0.000)	63.607 (0.000)	62.574 (0.000)	63.410 (0.000)	61.263 (0.000)	77.431 (0.000)	376.178 (0.000)	

注：括号内数值为省、市和自治区层面聚类修正后 t 统计量值。***、** 和 * 分别表示 1%、5% 和 10% 水平上的统计显著性显著。

诚如前言，可能中国绝大多数人都生活在农村地区，各省、市和自治区农村人口占比的变异性并不大，只有使用较为极端的设置后两者差别才是统计上较为显著的。值得指出的是，这个过程中，DID 的回归系数一直是正向的、统计上显著的，说明这一结果也是十分稳健的。稳健性检验的结果则是放在表 6 中，第（1）、第（2）和第（3）列分别使用普通小学在校生对数值、普通高中对数值和普通初中对数值作为被解释变量，使用较为类似的方法进行了检验发现，HRS 在统计上正向地、较为显著地增加了这些普通学校的在校生规模，虽然普通小学的数值偏小一些。普通高中在校生数对数值和普通初中在校生对数值则由于样本损失可能导致结果和前文并不具有可比性，但是可以看得出来，这一结果整体上和前文的分析结果基本结论还是一致的。我们也尝试了使用普通中学招生数对数值、普通中学毕业生数对数值、普通小学招生数对数值、普通小学毕业生对数值、普通高中招生数对数值、普通高中毕业生数对数值、普通初中招生数对数值、普通初中毕业生数对数值等一系列替代指标来测量普通学校的教育发展，得出的结论都是类似的，这和文献的研究也是一致的，由于篇幅限制，不再赘述。

（四）中介效应讨论

前文已经使用双重差分法（DID）识别了"分田到户→教育发展"的因果关系，这一结果和理论上的预期是一致的，那么 HRS 政策冲击导致普通学校教育发展的核心传导机制是什么，我们认为可能是收入增长，但是前文控制变量一直使用的收入变量是非常粗糙的省级层面人均国民收入对数，我们认为这个指标不足以支持我们的理论检验，主要原因是：第一，人均国民收入不是居民家庭的可支配收入，这里面有相当一部分属于政府、企业等，而且可能是较为重要的一部分；第二，家庭联产承包责任制影响的主要是农民收入，这可能才是这一因果关系的传导机制。为了检验这一理论猜想，我们从《新中国六十年统计资料汇编》中进一步整理了各个省、市和自治区的农村居民人均纯收入和城市居民人均可支配收入，城市居民平均可支配收入可以实施一种"安慰剂检验"，遗憾的是，这里的数据缺失非常严重，所有的省、市和自治区 1978 年之前的这些数据都没有报告，而 1978 年之后也有部分年份存在缺失，所以样本损失了一些。根据中介效应的处理程序，我们在表 6 的第（4）、第（5）列以农民人均纯收入对数和城市居民人均可支配收入对数为被解释变量，检验 HRS 政策冲击可能产生的影响，第（6）、第（7）和第（8）列则将这两个变量加入到普通中学在校生对数回归中，检验传导机制效应，为了避免可能的多重共线性，这里都没有进一步控制人均国民收入对数的滞后 1 期。

表 6 的第（4）、第（5）列中回归结果表明，HRS 政策冲击的确正面地、统计上显著地增加了农村居民人均纯收入，但是对于城市居民人

均可支配收入却没有统计上显著的影响，这和我们的理论预期是一致的，HRS 是一种农村基础的政策冲击，主要是增加了农村居民的人均纯收入。将这两个变量分别加入第（6）、第（7）和第（8）列则表明，农村居民的人均纯收入正向地、统计上显著地增加了普通中学的在校生人数，但是城镇居民人均可支配收入的效应却是统计上不显著的，而且这一结果的符号也是不稳健的。整体上，实证研究的结果是支持我们的理论预期的，这样，“分田到户→收入增长→教育发展”的整个逻辑可能是的确存在的。还有一个问题是，HRS 导致普通教育的迅速发展是不是通过非农就业机会的增加导致的，第（6）、第（7）和第（8）列中回归结果也显示，农业在国民总收入中占比越高，普通中学教育发展的速度是越慢的，这一逻辑似乎是和预期的方向一致的，我们使用农业在国民收入中占比作为被解释变量进行检验，发现 HRS 不是降低了这一比例，而是提高了这一比例，由于篇幅关系，这一结果没有报告。如果这一结果是可信的，那么，这里的逻辑反而是，HRS 提高了农业在国民收入中占比，而农业在国民收入中占比提高可能反而降低了普通学校教育发展速度。出现这种和文献预期不同的原因可能是 HRS 早期主要是促进了农业发展，后期才是促进非农就业机会的增加，而本文研究时期主要是前者，故而主要是本文验证的逻辑。

表 6　1970—1987 年 HRS、收入增长和普通教育发展稳健性检验和机制检验回归表

	(1)	(2)	(3)	(4)	(5)	(6)	(7)	(8)
被解释变量	小学在校生对数	高中在校生对数	初中在校生对数	农村居民纯收入对数	城市可支配收入对数	普通中学在校生对数	普通中学在校生对数	普通中学在校生对数
HRS 滞后 1 期	-0.139*** (-6.12)	-0.242** (-2.77)	-0.223*** (-4.32)	0.167*** (3.32)	0.024 (0.56)	0.096** (2.49)	0.063 (1.39)	0.100** (2.19)

续表

	(1)	(2)	(3)	(4)	(5)	(6)	(7)	(8)
被解释变量	小学在校生对数	高中在校生对数	初中在校生对数	农村居民纯收入对数	城市可支配收入对数	普通中学在校生对数	普通中学在校生对数	普通中学在校生对数
After 虚拟变量	-0.165*** (-2.99)	-0.186*** (-3.39)	-0.155** (-2.42)					
DID	0.221*** (3.36)	0.388*** (5.47)	0.278*** (3.33)					
农村居民纯收入对数						0.442*** (5.75)		0.441*** (4.51)
城市可支配收入对数							-0.056 (-0.69)	0.033 (0.40)
对应普通学校数对数值	0.137 (1.66)	0.360*** (3.46)	-0.047 (-1.17)			0.040 (1.07)	0.127*** (3.58)	0.068* (2.06)
对应普通教师数对数值	0.814*** (8.02)	0.760*** (32.35)	0.922*** (23.11)			0.901*** (11.36)	1.068*** (9.27)	0.859*** (8.80)
农村人口占比滞后 1 期				0.673*** (3.63)	-0.099 (-0.36)	0.215 (0.61)	0.058 (0.17)	0.237 (0.72)
农业产值占比滞后 1 期				0.804 (1.55)	-0.982** (-2.30)	-0.765** (-2.62)	-1.095*** (-2.87)	-0.650** (-2.37)
总人口对数滞后 1 期				4.377*** (3.20)	2.632*** (3.09)	-2.904 (-1.57)	-2.812*** (-2.92)	-0.906 (-1.27)
总国民收入对数滞后 1 期				0.475*** (3.75)	0.582*** (5.54)	2.582 (1.44)	0.286** (2.40)	0.389*** (3.19)
常数项	2.385** (2.73)	1.247 (1.73)	4.192*** (16.30)	-31.770*** (-3.12)	-16.863** (-2.71)	29.100* (1.72)	22.931*** (3.36)	10.022* (1.96)
样本数	404	130	130	203	189	200	186	185
R 平方	0.623	0.927	0.815	0.935	0.955	0.783	0.727	0.782
调整后 R 平方	0.619	0.924	0.807	0.933	0.954	0.773	0.714	0.771
F 值 (P 值)	18.414 (0.000)	388.470 (0.000)	249.280 (0.000)	222.434 (0.000)	432.660 (0.000)	60.020 (0.000)	52.799 (0.000)	45.207 (0.000)

注：括号内数值为省、市和自治区层面聚类修正后 t 统计量值。***、** 和 * 分别表示 1%、5% 和 10% 水平上的统计显著性显著。

五、结论性述评

新中国成立 70 年来，中国普通中小学学校教育迅速发展，取得了令世人惊叹的经济社会发展成就，我们认为，教育发展、经济发展和社会进步互相支撑，尤其是在改革开放后，形成了一种循环累积的正反馈，这可能是“中国经济奇迹”的一个重要答案。但是可能正是由于这种循环累积，识别其中的因果关系可能存在逆向因果、遗漏变量和测量误差产生的内生性问题，这篇文章利用相对外生的家庭联产承包责任制政策冲击，使用双重差分方法（DID）识别了“分田到户→收入增长→教育发展”的中国普通学校教育发展逻辑，这为理解中国经济社会发展“奇迹”提供了一个方面的视角。林毅夫（2019）指出，中国 70 年发展是理论创新的“金矿”，我们认为，新中国 70 年波澜壮阔的经济发展史可能也为许多理论逻辑的检验提供了重要的背景，长期的历史发展过程中更容易找到较为外生的政策冲击，还可以寻找到更好的工具变量，这些都为经济理论发展提供了基础。这篇文章使用 1970—1987 年省级层面面板数据，利用 HRS 外生冲击，对微观经济理论家庭教育投资行为进行了检验发现，外生冲击导致的居民家庭收入增加，的确可以促进家庭教育投资，进而推动宏观层面的普通学校教育发展。

本文的实证结果发现：（1）控制了普通中学学校数对数值和普通中学教师数对数值之后，利用“安慰剂检验”排除可能的共同趋势假设不满足基础上，使用双重差分法（DID）实证研究证实，家庭联产承包责任制（HRS）的确促进了普通中学在校生数对数值的增长；（2）加入其他控制变量、时间趋势后，这一结论仍然是稳健的；（3）使用遗漏变量较为严重的混合横截面方法（POLS）和静态面板固定效应（FE）甚至可能产生错误的符号，双向固定效应，加趋势项的双向固定效应统计显著性上不稳健；（4）由于 HRS 是一个农村基础的政策冲击，区分了不同省、市和自治区农村人口占比，利用三重差分法（DDD）的确发现农村人口占比较高的地区确实有着更强的效应；（5）使用普通小学在校生数对数值、普通高中、初中在校生对数等指标的回归结果表明，本文的结论是非常稳健的，只是效应有所降低而已；（6）利用农村人均纯收入作为中介变量，使用中介效应检验的程序，文章证实了“分田到户→收入增长→教育发展”逻辑的存在性。综合上述实证结果，我们认为，新中国成立 70 年来，中国普通中小学学校教育迅速发展，一个重要的推动原因是城乡居民人均收入的快速增长，而快速的教育发展带来的人力资本又进一步支撑了高速的经济增长，这一个循环累积的正反馈促成了“中国的奇迹”。

参考文献

[1] 安格里斯特、皮施克：《基本无害的计量经济学：实证研究者指南》，格致出版社 2012 年版。

[2] 安格里斯特、皮施克：《精通计量：从原因到结果的探寻之旅》，格致出版社 2019 年版。

[3] 班纳吉和迪弗洛：《贫穷的本质：我们为什么摆脱不了贫穷》，中信出版社 2013 年版。

[4] 林毅夫：“中国发展经验是经济学理论创新金矿”，《联合时报》2019 年 6 月 14 日，第 4 版。

[5] 时磊、杨德才：“‘分权计划经济’时期的普通教育发展：经济史的再考察”，《南京大学学报（哲学社会科学版）》2014 年第 1 期，第 49—59 页。

[6] 时磊、杨德才：“教育体制分权与计划经济时期的学校发展

‘奇迹’：经济史的再考察”，《中国经济史研究》2018 年第 4 期，第 169—182 页。

［7］舒尔茨：《对人进行投资：人口质量经济学》，首都经济贸易大学出版社 2001 年版。

［8］孙圣民、陈强：“家庭联产承包责任制与中国农业增长的再考察——来自面板工具变量的证据”，《经济学季刊》第 16 卷 2017 年第 2 期，第 815—832 页。

［9］伊斯特利：《在增长的迷雾中求索：经济学家在欠发达国家的探险与失败》，中信出版社 2005 年版。

［10］赵西亮：“教育、户籍转换与城乡教育收益率差异”，《经济研究》2017 年第 12 期，第 168—182 页。

［11］赵西亮：《基本有用的计量经济学》，北京大学出版社 2017 年版。

［12］《中国教育年鉴》编辑部：《中国教育年鉴（1949—1981）》，中国大百科全书出版社 1984 年版。

［13］Becker, Gary S. 1960. “An Economic Analysis of Fertility.” Demographic and Economic Change in Developed Countries. Princeton: Princeton University Press.

［14］Becker and Lewis, 1973, On the Interaction between Quantity and Quality of Children, Journal of Political Economy, 81: 279 - 288.

［15］Bertrand, Marianne, Esther Duflo, and Sendhil Mullainathan. “How much should we trust differences - in - differences estimates?” The Quarterly Journal of Economics, 119. 1 (2004): 249 - 275.

［16］Bourguignon, Francois, Martin Browning, Pierre - Andre Chiappori and Valerie Lechene, “Incomes and Outcomes: A Structural Model of Intra - household Allocation.” Journal of Political Economy, 1993.

[17] Chen, Shuo, and X. Lan. There Will Be Killing: Collectivization and Death of Draft Animals. American Economic Journal: Applied Economics, 9.4 (2017): 58 – 77.

[18] Fan, 2004, Child Labor and the Interaction between the Quantity and Quality of Children, Southern Economic Journal, 71 (1): 21 – 35.

[19] Goldin and Katz, The Race Between Education and Technology. Harvard University Press, 2009.

[20] Greenwood, J. andA. Seshadri 2004, "Technological Progress and Economic Transformation", NBER Working Paper, No. 10765.

[21] Li, T., Zhang, J., 1998, "Return to education under collective and household farming in China", Journal of Development Economics, Vol. 56, 307 – 335.

[22] Lin, Justin Yifu. The Household Responsibility System in China's Agricultural Reform: A Theoretical and Empirical Study, Economic Development and Cultural Change, 36.3 (1989): 199 – 224.

[23] Lin, Justin Yifu. Rural Reforms and Agricultural Growth in China. American Economic Review, 82.1 (1992): 34 – 51.

[24] Meng, X. and M. Kidd (1997), "Labor Market Reform and the Changing Structure of Wage Determination in China's State Sector during the 1980s", Journal of Comparative Economics, 25 (3): 403 – 421.

[25] Psacharopoulos, George. "Returns to Investment in Education: A Global Update." World Development, 22.9 (1994): 1325 – 1343.

[26] Qian, Nancy. Missing Women and the Price of Tea in China: The Effect of Sex – Specific Earnings on Sex Imbalance. Quarterly Journal of Economics, 2006, 123 (3): 1251 – 1285.

[27] Wei, S. J., and Zhang, X. (2011). The Competitive Saving

Motive: Evidence from Rising Sex Ratios and Savings Rates in China. Journal of Political Economy, 119 (3): 511 - 564.

[28] Zhao Y. Labor Migration and Returns to Rural Education in China. American Journal of Agricultural Economics, 1997, 79 (4): 1278 - 1287.

[29] Zhang, J., Zhao Y., Park A., Song X. 2005, "Economic Return to Schooling in Urban China: 1988 - 2001", Journal of Comparative Economics, 33 (4): 730 - 752.